대승불교개론

대승불교개론

초판 1쇄 찍음 2023년 8월 20일
초판 1쇄 펴냄 2023년 8월 30일

엮은이　대한불교조계종 교육원
발행인　정지현
편집인　박주혜

대　　표　남배현
본부장　　모지희
편　　집　손소전 김옥자
디자인　　정면
경영지원　김지현
구입문의　불교전문서점 향전(www.jbbook.co.kr) 02-2031-2070

펴낸곳　조계종출판사
　　　　서울 종로구 삼봉로 81 두산위브파빌리온 1308호
　　　　전화 02-720-6107 | 팩스 02-733-6708
　　　　출판등록 제2007-000078호(2007. 04. 27.)

ⓒ 대한불교조계종 교육원 불학연구소, 2023
ISBN　979-11-5580-202-1　03220

- 책값은 뒤표지에 있습니다.
- 이 책에 수록된 작품의 저작권은 해당 저작자에게 있습니다.
- 저작자의 허락 없이 일부 또는 전부를 복제·복사하는 것을 금합니다.
- 조계종출판사의 수익금은 포교·교육 기금으로 활용됩니다.

공부인을 위한 불교 안내서

대승불교개론

편찬·대한불교조계종 교육원

조계종
출판사

발간사

 기원전 5세기 석가모니 부처님의 깨달음을 통해 인도에서 시작된 불교는 수천 년 세월이 지난 지금 세계 각지에 전파되어, 현대인들에게 삶의 질곡에서 벗어나 행복과 자유로 가는 길을 안내하고 있습니다. 이는 불교가 부처님 가르침 본연의 진리성을 간직하면서도 각 시대와 지역에 사는 다양한 대중들의 요청에 부응하여 시대적 상황과 지역적 특성에 맞게 부처님의 가르침을 변주하며 발전하였기 때문일 것입니다. 이런 점에서 다양한 대승불교의 사상과 실천 체계는 국가와 시대 및 개인이 처한 상황에 맞추어 진행된 대기설법이라 할 수 있습니다.

 대승불교는 기원 전후에 탄생하여 여러 계통의 사상을 발전시켰으며, 특히 중국, 한국, 일본과 티베트로 전파되면서 동아시아 대승불교와 티베트불교 각각의 특징적인 사상과 문화를 발전시켜왔습니다. 이처럼 방대한 사상과 정교한 교리를 갖춘 대승불교의 면모로 인해

지금까지 출간된 대승불교 개론서들은 특정 학파와 주제를 중심으로 치우치는 경향이 있었습니다. 한국불교는 동아시아 대승의 유구한 전통을 간직하고 있음에도 그동안은 외국 학자들의 시각에 의한 개론서를 참고해왔을 뿐입니다. 차제에 소개드리는 이 책은 대승불교의 각 분야를 전공한 국내 학자들로 구성된 집필진들이 각자의 전공 분야를 저술한 심혈의 옥고를 편찬위원들과 함께 다듬고 조율한 성과물로서, 한국불교의 주체적인 관점으로 대승불교 전 분야를 다룬 개론서라 할 수 있습니다.

 이 책은 대승불교 사상을 중심으로 서술하되 문화, 역사, 경전 전반의 요지도 함께 다루었습니다. 아울러 대승불교 전개 과정의 연속성과 각 사상의 특징을 밝힘으로써 전체적인 맥락과 주제를 이해할 수 있도록 하였습니다. 대승불교의 핵심 개념들이 나오게 된 당시 사회·문화적 배경과 전개 과정을 설명함으로써 각 사상의 역사적 흐름과 실천적 지향점을 파악하며 현대 인문학적 관점으로도 소통할 수 있는 여지를 두었습니다. 또한 기존 학설에서부터 최신의 학설을 종합적으로 소개하였으며, 대승불교 개론서에서는 잘 다루지 않았던 밀교를 포함하였고, 동아시아 대승불교의 중심인 한국·중국·일본의 불교를 균형감 있게 다루려고 한 점 역시 이 책의 특징이라 할 수 있습니다.

 이 책이 불교를 공부하는 분들뿐만 아니라 불교에 관심이 있는 모든 분들께 대승불교를 보다 쉽게 이해하고, 깨달음으로 향하는 여정의 좋은 길잡이가 되기를 바랍니다. 집필진과 편찬위원님들을 비롯하여 이 책이 나오기까지 아낌없는 정성을 기울여주신 모든 분들께 깊이 감사드립니다.

불기 2567(2023)년 8월
대한불교조계종 교육원장 직무대행 지우

일러두기

- 원어는 발음대로 표기함을 원칙으로 하나 널리 알려진 용어는 기존의 표기를 따름.
- 초기불교는 빨리어, 대승불교는 산스크리트를 기본 원어로 표기함.
- 산스크리트 va는 '바'로 표기하였으나, 인도 지역에 따라 그리고 빨리어로는 '와'로 발음되기도 함.
- f : 해당 쪽에서 다음 쪽까지, 혹은 해당 줄에서 다음 줄까지 참조.
  ex) 보살지 27f : 27쪽에서 다음 쪽.
  　　　AKBh 27, 3f : 27쪽의 3째 줄에서 4째 줄.
- ff : 해당 쪽 이하 여러 쪽, 혹은 해당 줄 이하 여러 줄 참조.
  ex) Vin I 4ff : 빨리 율장 4쪽 이하의 여러 쪽.
- * : 산스크리트로 환원 시 그 단어에 해당되나, 산스크리트본이 없어 확정된 것은 아님.

차례

발간사   5

제1장 대승불교의 흥기

1. 대승불교의 근본정신과 보살의 이념   21
   1) 대승불교의 근본정신   21
   2) 보살의 출현   23
      (1) 보살의 어의   23
      (2) 초기경전에서의 보살   25
      (3) 자따까의 보살   27
      (4) 초기불전의 보살과 대승보살의 차이   31

2. 대승과 부파불교   34
   1) 부파불교와 대승의 관계   34
   2) 부파불교의 사상   36
      (1) 부파불교의 사상적 특징과 지향점   36
      (2) 승단분열   38
   3) 부파와 대승   39
      (1) 설일체유부   39
      (2) 경량부   44

  (3) 상좌부   47
  (4) 대중부   48
3. 대승불교의 기원   50
 1) 대승불교의 기원에 대한 최근 학계의 연구   50
  (1) 재가기원설의 문제   51
  (2) 불탑신앙과 경전의례   55
 2) 법신의 관념   57

제2장 대승불교의 특징과 양상

1. 대승경전의 출현과 전개   67
 1) 경전신앙의 등장   67
 2) 인도 대승경전의 역사적 전개   70
  (1) 초기 대승경전   70
  (2) 중기 대승경전   74
  (3) 후기 대승경전   76
2. 신앙의 대중화, 의례와 문화의 확산   77
 1) 지혜의 길과 신앙의 길   77
 2) 불상과 종교 의례의 등장   82
  (1) 불상의 탄생과 의의   82
  (2) 의례를 통한 부처님과의 만남, 의례의 보편화   87

3. 보살사상과 보살행　　　　　　　　　　　　　91
　1) 보살 관념의 형성　　　　　　　　　　　　91
　2) 보살의 자격과 보살행의 실천　　　　　　93
　　(1) 종성種性　　　　　　　　　　　　　　93
　　(2) 발보리심과 서원　　　　　　　　　　96
　　(3) 공성과 대비, 그리고 무주처열반　　　98

4. 대승불교의 부처님　　　　　　　　　　　　101
　1) 초기·부파불교의 불신관　　　　　　　　101
　2) 초기대승의 불신관　　　　　　　　　　　104
　3) 유식사상에서 불신설의 형성과 그 의미　106
　4) 동아시아 대승불교의 불신관　　　　　　110

5. 대승불교의 보살계사상　　　　　　　　　　113
　1) 인도의 보살계　　　　　　　　　　　　　114
　2) 동아시아의 보살계　　　　　　　　　　　117

제3장 대승의 주요 사상

1. 공사상과 중관사상　　　　　　　　　　　　125
　1) 공사상의 기원과 전개　　　　　　　　　　125
　　(1) 초기불교의 공관과 중도설　　　　　　125
　　(2) 부파불교의 공사상과 중도설　　　　　126

2) 부파불교의 유자성론과 『반야경』의 공사상   129
    (1) 부파불교의 유자성론   129
    (2) 반야경의 공사상   130
    (3) 삼해탈문과 무상정등각의 성취   131
3) 반야계 대승경전의 공사상   134
4) 용수의 중관사상   138
    (1) 용수보살   138
    (2) 중관사상의 기본 개념   139
    (3) 팔불중도   140
    (4) 이제와 열반   143
    (5) 무상정등각의 성취   145
5) 인도에서 중관학파의 전개   147
    (1) 인도 중관학파의 역사   147
    (2) 귀류논증파와 자립논증파   149
6) 동북아시아의 중관학파   151
    (1) 삼론종의 주요 인물들   151
    (2) 삼론종의 소의논서   153

2. 유가행유식사상   156
1) 유가행유식사상의 배경   156
2) 유가행파의 논사와 논서   159
    (1) 미륵, 무착과 세친보살   159
    (2) 세친보살 이후의 논사와 계보   161
3) 유가행파의 사상   163

(1) 유가행파의 자기 인식　　　　　　　163

　　　(2) 삼성설　　　　　　　　　　　　　164

　　　(3) 유식설　　　　　　　　　　　　　169

　　　(4) 팔식설　　　　　　　　　　　　　174

　　4) 불교인식논리학　　　　　　　　　　　178

　　5) 동아시아의 유식학　　　　　　　　　　182

　　　(1) 중국의 유식학　　　　　　　　　　182

　　　(2) 신라의 유식학　　　　　　　　　　186

3. 여래장사상　　　　　　　　　　　　　　　189

　　1) 여래장사상의 기원과 의미　　　　　　　189

　　　(1) 부처님의 열반　　　　　　　　　　189

　　　(2) 상주의 의미　　　　　　　　　　　189

　　　(3) 상주의 관상　　　　　　　　　　　190

　　　(4) 사리와 불성, 불탑　　　　　　　　191

　　　(5) 불탑신앙의 내면화와 여래장　　　　192

　　2) 여래장계 경전　　　　　　　　　　　　193

　　　(1) 여래장 삼부경　　　　　　　　　　193

　　　(2) 열반경과 그 주변 경전　　　　　　197

　　3) 『보성론』의 여래장사상　　　　　　　　202

　　4) 『대승기신론』과 동아시아 여래장사상　　209

　　　(1) 불성·여래장사상의 동아시아 전래　　209

　　　(2) 『대승기신론』의 성립과 유포　　　　210

　　　(3) 『대승기신론』의 구조와 내용　　　　212

(4) 기신론의 위상 확립 - 원효대사의 기여　　216

4. 밀교사상　　220

　1) 밀교의 정의와 분류　　220

　　(1) 밀교란 무엇인가　　220

　　(2) 밀교 분류와 전개　　221

　2) 분류법에 따른 특징과 대표 경전　　222

　　(1) 초기밀교의 특징과 소작딴뜨라 경전　　222

　　(2) 중기밀교의 특징과 대표 경전　　225

　　(3) 후기밀교의 특징과 대표 경전　　229

　3) 밀교의 주요 특징　　232

　　(1) 입문의례　　232

　　(2) 만뜨라　　233

　　(3) 만다라　　234

　　(4) 사다나　　235

　4) 밀교의 역할과 전개　　235

　　(1) 밀교의 의의　　235

　　(2) 밀교의 전파　　236

제4장 동아시아 대승불교

1. 동아시아 대승불교의 전개　　241

　1) 동아시아불교에서 중국불교의 위치　　241

(1) 불교의 중국 전파와 주요 역경가   241
     (2) 중국불교의 특징   245
     (3) 중국불교의 역사적 의의   248
  2) 한국불교의 특징과 역사적 의의   251
  3) 일본불교의 특징과 역사적 의의   253

2. 천태사상   256
  1) 『법화경』의 성립과 특징   256
  2) 천태교학의 성립과 전개   260
     (1) 천태 지의대사의 생애와 저술   260
     (2) 천태의 교판론   261
     (3) 천태삼대부   263
  3) 천태의 실상론   264
     (1) 일념삼천설   265
     (2) 일심삼관·삼제원융   268
  4) 천태종의 수행   269
     (1) 사종삼매   269
     (2) 십경십승관법   271
  5) 한국과 일본의 천태사상   275
     (1) 대각국사 의천스님   275
     (2) 원묘국사 요세스님의 백련사결사   277
     (3) 일본 천태종의 사이초스님과 엔닌스님   278

3. 화엄사상   281

1) 화엄사상이란?	281
2) 불교와 화엄사상의 목표·방법·내용	281
3) '나'는 여래출현	282
4) 법계연기를 통한 '나'의 이해	285
5) '나'의 관찰 방법	289
(1) 십현연기설	289
(2) 육상설	292
6) 지금, 여기에서 불행佛行할 뿐	277
7) 『화엄경』의 이해	299
8) 화엄종	301
(1) 화엄종의 성립	301
(2) 화엄종의 전개	304
(3) 한국 화엄사상의 흐름	306

4. 정토사상   309

1) 정토신앙의 성립과 전개	309
(1) 정토신앙의 역사적 전개	309
(2) 정토의 의미	311
(3) 제불정토의 여러 가지 유형	313
2) 정토계 경전과 정토교학의 주요 사상	317
(1) 정토계 경전	317
(2) 극락정토와 아미타불	321
(3) 정토수행과 염불	325
3) 동아시아 정토사상과 염불수행	330

(1) 중국의 염불수행	330
(2) 한국의 염불수행	336
(3) 일본의 염불수행	338

5. 대승불교와 선사상 — 342

  1) 인도의 선 — 342

  2) 중국의 선 — 344

  3) 조사선과 대승불교 — 346

    (1) 조사선과 대승불교 사상 — 346

    (2) 조사선과 대승불전 — 350

  4) 동아시아 선의 흐름 — 352

    (1) 간화선, 묵조선, 염불선 — 352

    (2) 중국, 한국, 일본의 조사선 전개양상 — 355

참고문헌 — 358

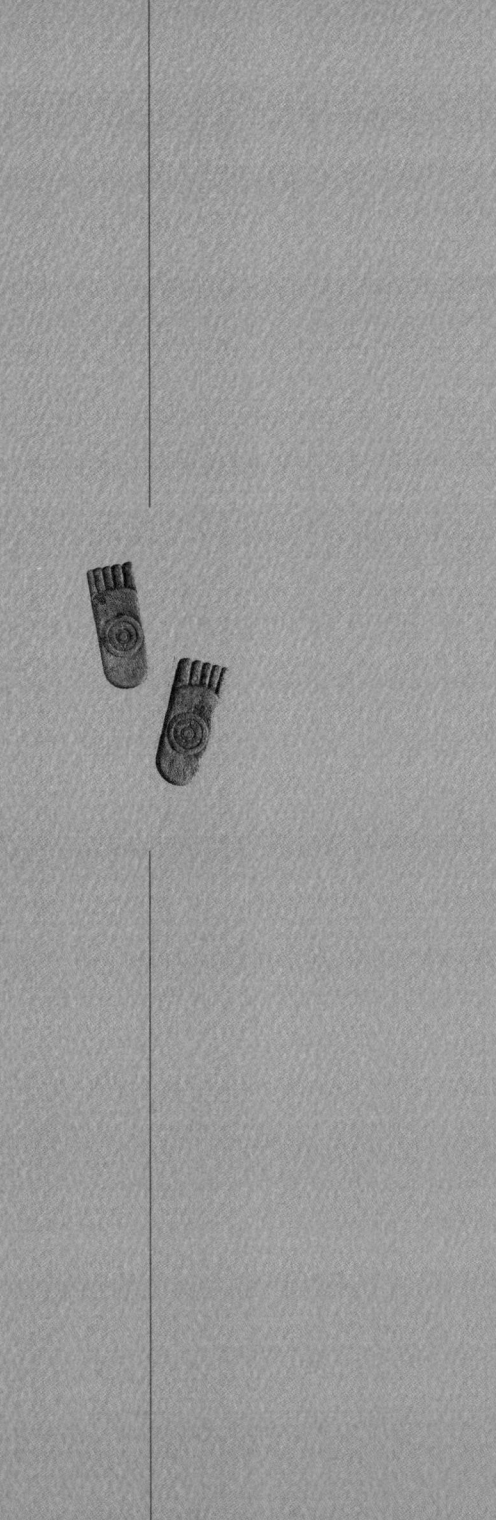

제1장

대승불교의 흥기

1. 대승불교의 근본정신과 보살의 이념

2. 대승과 부파불교

3. 대승불교의 기원

1. 대승불교의 근본정신과 보살의 이념

1) 대승불교의 근본정신

　대승불교는 불교 내에서 패러다임의 변화라고 할 정도로 전통적인 부파불교의 사상과 구별되는 커다란 내적 발전과 사상적 차이를 보여준다. 가장 두드러진 차이는 초기불교나 부파불교의 이상은 아라한인 데 비해, 대승불교의 목표는 부처님의 완전한 깨달음 성불成佛과 일체중생의 구제라는 점이다. 초기대승문헌에는 삼승三乘의 구분이 자주 나타난다. 여기서 일체중생의 구제를 목표로 하는 보살승을 자신만을 위한 열반의 증득을 목표로 하는 다른 이승二乘과 차별화함으로써 대승의 자기정체성을 보여준다.

　대승은 이를 위해 공성空性과 대비大悲 또는 반야와 방편의 수습을 필수적인 선행조건으로 제시하면서, 이들 양자는 마치 새의 두 날개와 수레의 두 바퀴와 같다고 설한다. 이런 설명은 대승불교의 사유에 익숙한 사람에게는 당연한 것처럼 들리지만, 공성과 대비가 함축하는 의미를 살펴보면 언뜻 생각하는 것처럼 그다지 자명한 것은 아니다. 왜냐하면 공성은 대상의 본질이 비어있다는 점에서 그 어떤 것도 존재하지 않는 것인 반면, 비심悲心이나 연민심은 중생들의 고통에 대한 공감과 그들의 고통을 나누려는 심리로, 고통받는 중생들의 존재가 당연한 것으로 전제되고 있기 때문이다. 이와 같이 공성과 대비가 마치 원심력과 구심력처럼 서로 반대되는 심리적 힘이라는 사실을 고려할 때, 이 상반되는 두 힘이 어떻게 수행자를 일체지자一切智者의 상태로 이끄는지를 설명하기란 쉬운 일은 아니다.

이러한 딜레마가 이미 초기부터 불교도들에게 의식되고 있다는 점을 부처님의 정각체험에 나오는 범천권청의 일화에서 발견할 수 있다. 『전법륜경』(Vin I 4ff; MN I 167)에 따르면 부처님의 성도 직후 범천梵天은 부처님께 깨달음의 내용을 타인들을 위해 설법해 달라고 청했다. 하지만 부처님은 그 내용이 너무 심원하고 이해되기 어렵기 때문에, 또 이를 이해할 사람들이 없다고 생각하여 이를 거절하셨다. 이는 분명 당시 부처님이 느꼈을 자신의 깨달음의 심오함을 보여 주기 위한 것일 수도 있지만, 후대에 확립된 대비의 구현자로서의 부처님의 이미지와 상충됨에도 불구하고 여러 판본에서 전승되고 있기 때문에 역사적이고 종교적인 어떤 '사실'을 반영하고 있을 것이다.

부처님은 세 차례에 걸친 범천의 요청을 마침내 받아들여 설법하시기로 결심한다. 부처님이 설법하시기로 결심한 결정적인 이유가 바로 중생들에 대한 비민悲愍, kāruññata이다. 여래들은 "많은 중생들의 이익과 많은 중생들의 즐거움을 위해, 세간에 대한 연민과 이익을 위해, 신과 인간을 포함한 생명체들의 이로움과 즐거움을 위해"(Vin I 21; SN I 105) 법을 설한다는 이 정형구는 초기경전부터 대승에 이르기까지 관용적으로 나타나며, 설법이 이타행의 최고임을 보여준다.

범천의 권청에 부처님이 주저한 일화는 궁극적인 것에 대한 언설

불가능성과 설법 사이의 긴장을 보여준다. 다시 말해 중생들에 대한 비심悲心이 적어도 정각체험으로부터 저절로 나오는 것은 아니라는 점, 그리고 깨달음 자체의 불가언설성과 그럼에도 그것을 설법을 통해 접근하려는 방식 사이의 긴장이 초기불교도들에게도 충분히 인식되고 있었다는 사실이다. 설법을 통해 부처님의 깨달음을 추체험함으로써 불제자들이 아라한이 될 수 있다고 한다면, 이는 부처님과 아라한의 질적 차이를 이미 전제하는 것이다. 이와 같이 부처님의 정각체험에서 나오는 딜레마가 깨달음의 증득과 일체중생의 구제라는 대승의 두 가지 목표와 사상적인 면에서 연결될 수 있지만, 이런 측면이 초기 및 부파불교의 이상적 인간상인 아라한의 목표와 상당한 차이가 있다는 것도 분명해 보인다.

대승불교의 성격에 대한 관심은 근대불교학이 시작된 이후부터 나타났다. 특히 1960년대 대승불교의 기원에 관한 히라카와 아키라 平川彰의 방대한 연구 이래 서구불교학사들의 관심을 끌었고, 다양한 측면에서 연구되어왔다. 다양한 측면이란 보살의 성격과 교단사의 문제, 부파와 대승의 관계, 그리고 대승의 기원과 관련해 재가-출가의 문제 및 불탑과 경전신앙의 역할 등이다. 제1장에서는 이러한 주제들에 관해 살펴보겠다.

2) 보살의 출현

(1) 보살의 어의

보살菩薩이란 보리살타菩提薩埵의 줄임말로 산스크리트 보디사뜨바bodhisattva, 빨리어 보디사따bodhisatta를 음사한 용어다. 이를 의

역하여 각유정覺有情이라 하며, '보리를 향한 중생' 또는 '보리에 (헌신하는) 중생'을 의미한다.

다얄Har Dayal은 bodhisattva라는 단어가 약 7개의 다른 의미로 사용되고 있다고 보았다. 그중 (가) 보리를 향한 유정과 (나) 빨리어 사따satta의 잘못된 산스크리트 표기로 '보리에 헌신하거나 집착하는 자', (다) '보리를 향한 힘이나 에너지', 그리고 '용기를 가진 자'라는 세 가지 의미가 주목할 만하다. (다)는 베딕 산스크리트 사뜨반satvan, 즉 '영웅, 용사'와 관련이 있다. 보살의 티베트역인 '보리를 향한 용감한 마음을 가진 자byang chub sems dpa'는 이와 비슷하며, 또한 『팔천송반야경』 제1장의 '굳건한 갑옷을 입은 자'라는 표현과도 상통한다. 그런데 보다 주목해야 할 의미는 두 번째 '보리에 헌신하거나 집착하는 자'이다. 상응부(SN III 190,3)에서 satta는 오온에 집착하거나 강하게 집착하고 있다는 의미로 사용되고 있다는 점에 의거하여 bodhisatta는 '보리에 헌신한, 매달린'이라고 해석된다. 빨리어 주석자들도 bodhisatta를 '보리에 매달린 자'의 의미로 해석하고 있으며, 이 의미가 보살의 원의라고 할 수 있다. 특히 중세 인도어 보디-사따bodhi-satta는 산스크리트 보디-삭따bodhi-sakta에 대응하지만 이를 보디-사뜨바bodhi-sattva라는 산스크리트 형태로 바꾼 것은 삭따sakta가 '집착된'이라는 정신적으로 부정적인 뉘앙스를 갖고 있기 때문이다.

이와 같이 보살 관념은 불교의 여러 원천 속에서 다양한 의미로 사용되고 있다. 한역자들이 bodhisattva를 보리살타라고 음사한 것도 이 단어가 다양한 의미를 지니고 있으며, 단일한 맥락에서 이해될 수 없다고 생각했음을 보여준다.

(2) 초기경전에서의 보살

보살 관념의 형성은 불교 내적 요소와 외적 요소의 영향으로 나누어 살펴볼 수 있다. 외적 요소로는 『마하바라따』 등의 힌두 문헌에 나타나는 행위의 요가와 페르시아 종교로부터의 영향이다. 역사적으로 불교사상은 불교 외적 요소들도 수용하여 불교적으로 변용시켜 왔기에 보살 관념도 충분히 그럴 가능성이 있다. 그렇지만 하나의 문화공간으로서 인도에서 그 영향관계는 적어도 일방적이지는 않았을 것이며, 관음·문수보살 등 천상적 보살의 유래와 관련하여 조로아스터 교리로부터의 영향이라는 설도 현재까지 확실하게 증명된 것은 없다. 따라서 보다 중요한 것은 불교 내적 발전이란 측면이다. 여기서 주목할 사항은 보살이란 단어가 베다 문헌에는 나오지 않고, 니까야 Nikāya에서 정각을 얻기 전의 고타마 싯다르타를 가리키는 용어로 처음 사용된다는 점이다. 그는 전생에 과거불로부터 미래에 부처님이 될 것이라는 수기를 받았고, 그런 의미에서 보살은 미래의 부처님 Buddha-to-be이었다. 이는 보살 관념의 기원이 불교 내부에 있음을 보여준다. 이러한 상좌부 경전에 나타나는 보살을 편의상 니까야보살이라고 부르고, 그 유형을 살펴보자.

니까야보살은 '정각 正覺 이전에 보살이었을 때'라는 정형구로 언급된다. 그런데 그 보살의 용어는 현생에서 정각을 위해 수행하는 경우나, 또는 전생의 무수한 공덕을 갖추고 태어난 경우에 모두 사용된다. 먼저 전자의 경우 그 보살은 고타마가 불선 不善한 마음의 상태를 극복하고, 사마타와 위빠사나를 닦아 나아가는 수행 맥락에서 주로 사용된다. 불선한 마음은 주로 감각적 욕망을 말한다. 사마타는 수식관의 수행과 이로 인한 신통력의 획득으로 이어지며, 위빠사나는 지혜를 통해 고통의 의존적 발생과 오온, 12처 등을 관찰하는 것이다. 이런 점에서 니까야보살은 정각을 이룬 부처님의 근본 교법에 따라 수행하는 불교 출가수행자의 이상형이다. 이는 위에서 언급한 정형구에서 출가를 재가의 장애를 넘어서 해탈을 향한 노력의 토대로 보는 것에서도 잘 나타난다.

그렇다면 니까야보살은 어떤 동기에서 정각을 이루려 했을까? 대승보살과 같이 '상구보리 하화중생'을 실현하기 위해 보살로서의 삶을 살고자 했는가? 니까야(M I 163)에서는 "늙어감과 죽음에 종속된 보살이 늙어감과 죽음을 여읜 위없는 평화인 열반을 추구하는 것이 낫지 않을까"라고 생각하는 구절이 나온다. 아날라요Anālayo는 이 구절이 니까야 전체에서 보살이 열반을 위해 출가하겠다고 생각했음을 보여 주는 유일한 곳이며, 여기에서 타인에 대한 고려는 보이지 않는다고 하였다.

이는 정각을 이룬 직후에도 마찬가지다. 유명한 범천권청의 일화에서도 나타나듯이 부처님은 처음에 타인을 위해 가르치기를 주저했다. 그러나 이런 망설임이 중생들에 대한 자비로운 부처님의 이미지와 맞지 않기 때문에, 초기경전의 편찬자들은 여러 가지 현실적인 이유들로 이를 변호한다. 심지어 「보살지」에서는 범천권청을 거절한 이유에 대해 청하자마자 수락했다면 이는 범천에 대한 예의에 어긋나기 때문이라는 다소 통속적인 설명을 한다. 부처님 자신의 깨달음이 너무 심오하여 다른 이들은 그것을 이해할 수 없기 때문에 범천의 권청을 거절했다는 설명이 철학적으로 가장 함축성이 풍부하고 후대 대승의 주장과도 연결되지만, 여기서도 이타행으로서의 설법은 전혀 고려되고 있지 않다.

이와 같이 수행자 보살의 경우에 니까야보살은 우리에게 친숙한 대승불교의 이타利他적 이상은 보이지 않고, 상좌부 전통의 이상인 자신의 정신적 완성을 목표로 하여 노력하는 자로 묘사된다. 이런 자리自利의 추구는 자체로 존경할 만한 일이고 더욱 그가 불교 승원 내에서 살아가는 출가수행자라고 한다면 더욱 그럴 것이다. 하지만 불교가 발전함에 따라 승원을 넘어 많은 재가신자들을 포섭해야 했을 때, 이런 니까야보살의 이념만으로는 부족했을 것이다.

(3) 자따까의 보살

자따까Jātaka는 석가모니의 전생 이야기 혹은 이를 모아 놓은 문헌으로, 본생담本生談이라고 한다. 이것은 5부 니까야 또는 4종의 아함으로, 부파에 따라 불전이 편찬되기 이전의 불전 분류방법으로 보이는 구분교九分敎나 십이분교十二分敎에 포함되어 있어 성립연대가 오래되었음을 알 수 있다. 상좌부 삼장에서 『자따까』는 경장을 구성하는 5부 중의 마지막 『쿠다카니까야』에 포함되는데, 대략 300년에서 400년 사이에 편찬되었다. 그것은 약 547개의 운문 게송으로 이루어졌고 게송의 숫자에 따라 편찬되었으며, 후대에 산문주석이 추가되었다. 자따까는 '과거세에 보살행과 난행을 설명한 것'으로 이와 비슷한 내용이 비유문학Avadāna이나 『대사大事, Mahāvastu』 등에 산재되어 나타난다. 『대사』에서 "『자따까』에 능숙한 부처님께서 보살행을 설하셨다"고 설명함으로써 자따까와 보살행의 밀접한 관련성을 보여준다.

『자따까』의 내용은 크게 (가) 불교 외부의 이야기를 불교식으로 각

색한 것, (나) 불교 내부의 일화를 편집한 것으로 구분될 수 있다. (가)에는 당시 인도 사회에 퍼져 있던 도덕적이고 교훈적인 내용의 설화나 우화들이 속한다. 그것들은 『빤짜딴뜨라 pañcatantra』나 인도의 대서사시 『라마야나 Rāmāyaṇa』 혹은 『마하바라따 Mahābhārata』에 나오는 이야기를 각색한 것으로, 고대 인도문화에서 널리 알려진 서사를 공유하고 있다. '다사라타자따까 Dasarathajātaka(no.461)'에서 석가모니의 전생인 라마빤디따 Ramapandita 보살이 왕자였을 때 아버지 다사라타는 계모가 그를 죽이려는 것을 두려워해서 그를 12년간 망명 보냈다. 그는 동생들과 망명을 떠났는데, 9년 후에 왕이 죽고 계모는 자기 아들을 왕으로 만들려고 하지만 계모의 어린 아들은 정당한 왕위 계승자가 라마빤디따라고 생각해서 이를 거절한다. 망명처에서 부왕의 사망 소식을 들은 라마빤디따는 귀국하지 않고 계속 왕의 명령에 따라 3년을 더 머문 후에 귀국해서 왕위에 올라 왕국을 잘 다스렸다는 이야기다. 이 이야기는 『라마야나』에서도 소재와 인물들의 이름 등이 동일하지만, 이 자따까의 주제는 『라마야나』와는 달리 무상성과 복종이다.

반면에 (나)는 부처님이 승단 내부의 문제나 계를 어긴 스님들을 위해 자신의 전생 이야기를 소재로 훈계하는 경우이다. '티티라자따까(no.37)'에서는 새와 원숭이, 코끼리가 연장자를 존중함으로써 평화롭게 살아갈 수 있음을 보여준다. 상좌부 율장의 설명에서 부처님은 나이 든 비구에게 자리를 양보하지 않고 서로 싸우는 비구들에게 이 이야기를 설했다고 한다. 여기서의 주제는 장로들의 지혜를 존중할 때 화합이 온다는 것이다. 이 자따까는 부처님이 전생에 새였고, 대목건련과 사리불이 각각 코끼리와 원숭이였다고 말한다.

이를 통해서 자따까의 목적이 무엇인지를 짐작할 수 있다. 그것은 넓게 승가공동체의 평화나 또는 여러 가지 개인적인 덕성의 계발과 같이 불교가 기본적으로 중시한 요소들도 있지만, 동시에 사회적이고 세간적인 행복도 마찬가지로 중요하다는 점이다. 이러한 개인적 덕성과 사회적 공덕의 성취를 위해서는 바라밀을 실천해야 한다. 바라밀pāramitā은 도피안到彼岸 또는 완덕完德으로 번역되는데, 보통 6바라밀이나 10바라밀로 열거된다. 그중 자따까가 애용하는 것은 보시바라밀과 인욕바라밀이다. 보시바라밀은 보시에 의한 도피안이나 또는 보시의 완성을 의미한다.

그런데 문제는 일반적으로 불교 교설에서 보시나 지계 또는 인욕 등의 행위는 비록 선한 것이지만, 열반으로 인도하지는 못하고 단지 선업에 따른 좋은 재생으로 이끈다는 점이다. 보시가 보시바라밀로 승화되기 위해서, 다시 말해 어떤 행위가 그 행위의 완성이나 궁극적인 것으로 넘어가기 위해서 무엇이 필요한지가 관건이다. 이에 대해 시비자따까는 시비왕과 비둘기의 경우를 들어 자신의 생명조차 다른 중생의 행복을 위해 보시할 때, 그것이 바로 보시바라밀이라고 한다. 이러한 보시의 완성은 '베싼타라자따까'에서 베싼타라왕이 왕국을 버리고 마침내 아이와 처까지도 보시한다는 것에서 정점에 달한다. 이것은 어떤 집착도 없이, 그리고 어떤 대가도 기대하지 않고 하는 보시야말로 보시의 완성이며 완전한 열반으로 이끈다는 것이다. 이는 다른 바라밀의 경우도 마찬가지다.

이런 서사는 매우 이른 시기부터 불교도들에게 잘 알려져 있었다. 적어도 B.C. 2세기 중반에 건축된 바르후트 불탑에서 자따까라는 이름의 조각이 상당수 존재하며, 그 이야기들은 자따까나 다른 불전문학 등에 나타나는 석가모니의 전생 이야기와 동일하다. 나아가 이런 이야기들이 불교도의 심금을 울려, 이후 이를 소재로 한 벽화나 부조가 수많은 석굴사원이나 탑에 새겨지게 된다. 시비왕의 이야기는 아잔타 동굴의 벽화나 남인도, 나아가 중국의 북위시대의 석굴에서도 발견된다.

이런 종류의 이야기는 출가와 재가를 막론하고 모두에게 종교적 열정을 불러 일으켰을 것이다. 불교승원에서 『자따까』 이야기를 얼마나 중시했는지는 『자따까』를 전문으로 낭송하는 낭송자 bhāṇaka 들이 존재했다는 사실에서도 잘 드러난다. 『자따까』는 『쿠다까니까야』에 포함되어 있었으므로, 낭송자는 예를 들어 5부 니까야를 전문으로 낭송하는, 훈련받은 스님이었을 것이다. 『자따까』 낭송자의 존재는 『자따까』가 불교승원에서 상당한 의미를 가지고 있음을 보여주며, 벽화나 부조에서 보듯이 재가자를 위한 불교 교육의 측면이 많이 보인다. 더구나 『자따까』 낭송자의 존재는 자이나교나 다른 바라문 문헌에서는 언급되지 않기에 불교의 고유한 것이다.

'쿠루담마자따까(no.276)'에서는 초기불교 이래 재가자가 지켜야 할 계율로 5계가 언급되고 있다는 점에서 『자따까』가 출가 스님뿐 아니라 재가신자들을 위한 가르침이었다는 것을 알 수 있다. 또 다른 자따까(no.6)에서는 자신과 타인에 대한 부끄러움이 세상을 보호하는 법이라고 설명함으로써 대사회적 자비실천의 성격을 강조한다. 사람들은 부끄러움을 느낄 때 겸손해지고 세상을 돕고 사람들에게 선행을 베풀기 마련이기 때문이다.

이와 같이 『자따까』는 스님뿐 아니라 재가자에 대한 종교적 감화를 의도하고 있다. 그 목적은 민중들에게 부처님의 전생의 행위를 본받아 현실세계에서 스스로 공덕을 실천하고 쌓아갈 수 있도록 권장하는 것이다.

(4) 초기불전의 보살과 대승보살의 차이

보살은 스스로를 위한 열반의 성취라는 자리自利와 다른 중생의 구제라는 이타利他를 동시에 추구하는 존재, 또는 특히 이타행을 실천하는 존재로 설해진다. 이런 보살과 대비된 존재가 성문聲聞과 연각緣覺으로서, 그들은 주로 자리에 전념한다. 삼승三乘의 구도에서 보살의 정체성은 자발적으로 이타행을 선택하는 데 있다. 그러나 이런 보살상은 초기불전에 나타난 보살관이나, 또는 이를 이어받은 아비달마 문헌의 보살관과 상당한 차이가 난다. 가장 큰 차이는 초기경전에서 석가보살과 미륵보살의 경우, 앞에 현존하는 과거불 앞에서 서원을 하고 그 부처님에 의해 수기의 형태로 보살의 자격을 인정받는다는 점이다. 따라서 만일 부처님의 수기가 없다면 그 수행자의 서원은 효력이 없게 될 것이다. 그리고 부처님의 수기와 함께 그는 불퇴전에 들어가게 된다. 이런 맥락에서 부처님의 현존은 보살의 길에 반드시 필요한 것이다. 초기불교뿐 아니라 아비달마불교에서도 보살이 되기 위해서는 적어도 부처님의 현존이 요구된다.

그렇다면 부처님이 이미 반열반한 이 세상에서 보살로서 자격을 인정받고 보살행을 할 수 있는 방법은 당시 불교의 주류전통에 따르면 없을 것이다. 초기 대승경전에서 발심과 서원을 할 때 부처님의 면전에서 행하는 것으로 서술하는 것도 초기불전에서 보살을 미래불로 보는 것과 같은 맥락이다. 부처님의 현존은 그의 서원을 확고하게 하고, 그 유효성을 수기의 형태로 보장하기 때문이다. 미래의 부처님은 이런 방식으로 수행도에 들어갈 자격을 부여받게 된다. 그러나 새로운 교학의 해석을 통해 보살이 될 수 있는 몇 가지 길이 제시될 수 있다.

첫 번째는 그의 서원이 이미 과거세에 완료되었다고 보는 것이다. 만일 그가 현생에서 부치님이 되겠다는 서원을 세웠다면 이는 현재세에 부처님의 부재 때문에 실현될 수 없지만, 전생에서 그런 서원을 세웠고 부처님으로부터 보장을 받았다면, 그를 보살로 부를 수 있다. 두 번째는 부처님의 현존을 다른 요소로 대체하는 방식이다. 예를 들어 상좌부上座部의 「인연담因緣談」은 석가모니불의 반열반 이후 탑이나 보리수 아래서 행하는 서원은 무효라고 하며, 다른 상좌부 문헌에서도 불상이나 성문, 연각 앞에서 행하는 서원은 효과가 없다고 하는데, 이는 역으로 그런 방식의 서원을 행하는 수행자들이 승원 내부에 존재했음을 보여준다. 그런 수행자들이 누군지 정확히 알지는 못하지만, 불탑을 부처님의 현존을 상징하는 공간으로 본다면 불탑은 법신法身이 주하는 장소라는 관념과 유사하다. 여기서 법신이란 '법을 신체로 하는 것'이란 의미에서 텍스트, 특히 대승경전이다.

이렇게 탑이나 대승경전이 살아 있는 부처님을 대체할 수 있다는 관념이 생겨나고, 또 법신의 관념이 텍스트를 넘어 변재遍在하는 영원한 부처님이라는 새로운 이념으로 발전되었다. 이로써 보살이 되기 위해 부처님의 현존이 필요하다는 오래된 보살의 관념은 충족될 수 있었을 것이다.

『팔천송반야경』 등의 초기 대승경전에서 보살은 보통 초행보살과 불퇴전보살 그리고 일생보처보살의 3종으로 구분된다. 경전에서는 갠지스강의 모래알만큼이나 많은 발심한 자들이 불성의 완성을 도중에 포기하며, 보리심을 일으킨 사람들 중에서 단지 극소수의 수행자만이 불퇴전의 상태를 얻는다고 말한다. 그렇지만 공성의 가르침에 두려워하지 말고 용기를 내어 서원의 갑옷을 입고 윤회세계에서 방편선교를 실현하는 불퇴전의 보살이 되라고 반복해서 권한다.

불퇴전의 중요성은 여러 대승경전에서도 확인되지만, 최근 발견된 『반야경』 사본들에서도 나타나고 있다. 2세기에 필사된 바자르 Bajaur 사본에서도 "대승경을 듣고 낙담하지 않고 깊이 믿는 보살은 무상보리로부터 물러서지 않을 것"이라고 하는 구절이 나오며, "『반야경』을 듣고 두려워하지 않을 때 그는 퇴환하지 않는 상태를 얻은 보살"이라는 설명이 스플릿 Split 사본에도 나오기에 이는 초기 『반야경』의 사상으로 보인다.

보살의 자기 정체성의 발전에서 결정적인 사항은 바로 불퇴전의 단계를 살아 계신 부처님의 현존이 아니라 『반야경』을 청문하는 자들에게 허용했다는 점이다. 즉 『반야경』을 믿고 청문하는 수행자는 부처님으로부터 수기를 받는 것과 무관하게 이미 확정된 보살의 단계에 들어선 것이다. 이는 『반야경』 자체가 이미 경전신앙의 대상으로서 법신으로 간주되었기 때문이라고 볼 수도 있지만, 그 실천적 함의는 보살이 이제 특정 인물로 한정되는 것이 아니라 '누구나 보살'로 보편적으로 확대될 수 있다는 것이다.

2. 대승과 부파불교

1) 부파불교와 대승의 관계

고대 인도불교에서 승단분열파승破僧, saṅghabheda이 일상생활에 관한 승원규정과 관련된 것인지 아니면 교설상의 차이에서 유래했는지의 여부는 오랫동안 논란이 되었다. 부처님의 반열반 이후 약 100년경이 지나 밧지족 출신 스님들이 기존 계율을 완화하여 열 가지 일십사十事을 정법淨法이라고 주장하였다. 이 문제를 해결하기 위해 북인도 바이샬리에서 제2차 결집이 진행되었고, 여기서 700비구가 십사를 비법非法이라고 선언했지만 밧지족 비구들은 이를 받아들이지 않아 승단분열이 일어났다. 상좌부上座部 전통은 이들을 대중부大衆部에게로 귀속시키면서 이를 불교승단의 근본분열이라고 설명한다.

베헤르트H. Bechert는 불교의 승단분열이 교설의 차이가 아닌 승원규정에 대한 차이에서 발생했다고 주장했다. 그러나 승단분열은 승원의 규정에 대한 불일치뿐 아니라 교설에 대한 이해의 차이에서 유래했다는 자료도 존재한다.

나아가 이런 승단분열을 그대로 대승에게 적용시킬 수는 없다. 대승은 독립적인 율장을 갖지 않았기 때문에 동아시아에서는 법장부의 율장이 승원생활을 규정하는 역할을 했고, 티베트에서는 근본설일체유부根本說一切有部, Mūlasarvāstivādin의 율장이 그 역할을 했다. 따라서 승원에서 부파의 분열처럼 행위와 관련한 문제로 대승의 기원을 설명할 수는 없을 것이다. 나아가 대승의 교설은 매우 다양하기 때문에 특정 부파의 교설에서 대승의 기원을 찾기도 어려웠다.

과거에는 대승과 비슷한 대중부의 교설에서 대승의 기원을 찾으려는 경향이 있었지만, 현대학계에서는 이런 승단분열이나 특정 부파의 교설이 대승의 기원과 연관성이 있다고 보지 않는다. 예를 들어 지루가참支婁迦讖, Lokakṣema스님이 한역한『내장백보경內藏百寶經, Lokānuvartana-Sūtra』은 부처님의 초세간적 성격을 강조하고 공성을 향한 강력한 경향을 보여 주는 대승경전으로 이는 대중부와 관련되지만, 어떤 대승경전들은 법장부法藏部, Dharmaguptaka와 관련성을 보여 주기도 한다. 또한 구마라집鳩摩羅什, Kumarajīva, 350~409스님이 한역한『대지도론』은 카슈미르의 설일체유부 전통과 분명히 연관되어 있다. 이와 같이 대승의 정체성을 율장에서 찾으려고 한다면, 인도에서 대승경전이 편찬될 때에는 비록 대승의 비전vision과 통찰을 가진 스님들이 당연히 존재했겠지만, 대승의 율장을 따르는 스님들은 존재할 수 없었을 것이다. 따라서 대승의 정체성은 율장의 존재와 무관하며, 승원생활에서의 행동의 일치 여부도 아니었을 것이다.

이렇게 볼 때 법현法顯스님이나 현장玄奘, 602~664법사의 인도여행기에 대승을 믿는 스님들이 부파 소속의 스님들과 동일한 승원에서 생활했다는 기록의 의미를 이해할 수 있다. 법현스님의『불국기佛國記』에서 부파의 스님들은 사리불탑이나 아난탑 또는 목련탑을 숭배하지만 대승은 반야바라밀과 문수사리 등을 공양한다고 하며, 8세기 의정스님의 『남해기귀내법전南海寄歸內法傳』에서 대승과 소승은 함께 율에 따른 생활을 하고 사성제四聖諦를 수행하지만 그들의 차이는 대승이 대승경을 낭송하고 보살숭배를 하는 반면, 소승은 그렇지 않다고 나와 있다. 실제로 인도를 순례했던 중국 스님들의 기록을 보면 대승의 정체성이 승원 내에서의 행위의 일치에 있는 것이 아니라, 부처님이나 궁극적 실재에 대한 새로운 비전과 통찰에 있다는 점을 알 수 있다.

2) 부파불교의 사상

(1) 부파불교의 사상적 특징과 지향점

부처님이 열반한 후에 불교도들은 부처님의 가르침인 경과 율에 대한 주석을 통해 불교를 체계화하려고 했다. 그리고 기본적인 항목들을 암송하기 쉽게 키워드 중심으로 편찬했다. 그것이 논모論母, mātṛkā로서, 논장인 아비달마 Abhidharma의 원형이었다. 아비달마란 원래 경·율·논의 삼장 중에서 논장을 가리키는 말이지만, 부파불교의 학파들은 각기 자체의 삼장을 갖고 있었고, 특히 철학적이고 심리적인 주제를 다룬 논서를 통해 불교 교설을 체계화하고자 했다. 이런 체계화에서 가장 중심적인 주제는 부처님이 가르친 내용을 법 dharma의 항목으로 정리하는 것이기 때문에 부파불교를 아비달마 불교라고도 부른다. 아비달마abhidharma란 "다르마에 대한대법對法" 또는 "뛰어난 다르마승법勝法"이다. 즉 법에 대한 관찰 혹은 뛰어난 법이라는 뜻을 모두 갖고 있다.

부처님의 반열반 직후에 부처님의 말씀은 경장과 율장으로 편찬되었지만, 이 시기에 인도문화에서는 문자가 사용되지 않았기 때문에 암송하기 쉬운 방식으로 전승되었다. 그리고 편찬된 경장과 율장은 각각 암송을 전문으로 하는 스님들에 의해 보존되고 전승되었으며, 이런 방식으로 인도 여러 지역으로 퍼져나갔다. 시대가 지남에 따라 인도에 산재한 승원들 사이에서 전승에 대한 해석상의 차이가 생겨났고, 이를 해결하기 위해 제1차 결집 등이 일어났다. 결집의 결과 승단의 분열이 시작되었다. 여기서는 먼저 불설佛說에 대한 불교의 기본적인 관점을 살펴보겠다.

불교에서는 불설佛說이라고 모두 진실이라고 생각하지는 않았다. 부처님은 『대반열반경』에서 네 가지 의지사의四依를 말씀하셨다. 네 가지 의지란 경전을 이해함에 있어 (가) 사람보다는 법에 의지하고, (나) 문자보다는 의미에 의지하고, (다) 불요의경不了義經보다는 요의경了義經에 의지하고, (라) 식識보다는 지智에 의지하라는 부처님의 진리 판단 기준을 말한다. 이는 부처님의 가르침을 논박 불가능한 절대적인 진리, 즉 계시로 받아들이지 말고 경험 속에서 음미하고 논리적으로 파악해서 그 도리에 의해 이해하라는 것으로, 베다를 계시문헌으로서 오류가 없다고 보는 바라문 전통의 경전관과는 현격하게 구분된다.

이런 전통에서 후대 불교 부파들은 전승된 가르침을 자파自派의 이해에 따라 취사 선택해서 받아들였다. 아비달마학자들에게 교설은 각 부파의 법성法性에 대한 이해에 따라 달리 전승되고 있었으며, 이는 당연시되었다. 따라서 다른 부파의 불설에 대한 비판도 당연한 일이었을 것이다. 나아가 각 부파는 그들의 경장과 율장에 대한 독립적인 해석전통을 논장의 형태로 발전시켰다. 여기서 각 부파는 논장에서 상황에 따라 설해진 불설을 논리적으로 일관성 있게 해석할 수 있는 체계를 마련했다. 이런 점에서 논장은 다의적 해석 가능성을 지닌 경장의 의미를 법성에 따라 해석하는 체계로 간주되었다.

논장의 비판직 정리과정을 통해 주류불교 대부분은 자아ātman의 비존재를 설하는 무아설無我說을 최고의 교설로 받아들였다. 그리고 중생들이 어떻게 고통스런 윤회세계에 떨어지며, 그 원인은 무엇이며, 고통이 소멸된 상태와 그것으로 이끄는 수행도는 무엇인지를 사성제의 교법 형태로 해설하려 했다. 『아비담심론』이 그 대표적인 예이다. 이런 체계화로 논장은 부처님의 가르침에 대한 해석과 수행에서 가장 중요한 역할을 하게 되었다.

(2) 승단분열

부처님의 반열반 이후 시대가 지나면서 불교전통은 분열되기 시작했다. 이를 파승破僧이라고 부른다. 최초의 승단분열은 상좌부와 대중부의 분열이다. 이로부터 이차적으로 다시 여러 부파들로 분열되었다. 상좌부와 대중부로의 최초 승단분열을 근본분열, 이차적인 여러 부파로의 분열을 지말분열이라고 한다. 승단분열의 주된 이유는 사회적, 지역적 차이에 의한 계율의 수용 차이에 있겠지만, 불설 佛說을 각기 수행 경험에 의거해 도리에 따라 해석하고 이해하는 방식의 차이에도 있을 것이다.

근본분열은 부처님의 반열반 이후 약 100년이 지난 제2차 결집에서 율에 대한 의견 차이로 일어났다. 전통적인 상좌부의 설명에 따르면, 결집은 밧지족 비구들의 상이한 행동과 관계된 10개의 문제들

십사十事를 해결하기 위해 소집되었다고 한다. 반면 북전에 따르면 대천 大天, Mahādeva이 제시한 다섯 항목에 대한 문제로 소집되었다고 한다. 그러나 이러한 북전의 설명은 후대의 지말분열을 가리키는 것으로 보인다. 제2차 결집의 문제는 상좌부에 따라 10개 항목에 대한 율장의 규정을 완화할 수 있는가의 문제라고 할 수 있다.

10개의 항목은 대략 소금의 저장, 오후 불식의 완화, 머무는 곳의 제한 완화, 금은의 소유 문제 등으로, 요약하면 의식주에 대한 율장의 엄격한 규제의 완화와 금은의 소유를 허용하는가의 문제였다. 율에서 항목의 규정이 필요에 따라 제정되었다면 율장의 항목은 시대와 상황에 따라 유연하게 적용되어야 한다고 주장한 스님들이 다수였다. 반면 부처님이 제정하신 율의 항목은 준수되어야 한다고 주장했던 스님들은 보수적인 상좌였다. 결집의 결과는 상좌의 승리였지만, 후에 '밧지족 비구들'은 이 결과를 받아들이지 않아 승단을 파괴하고 대중부와 상좌부의 분열로 이끌었다. 이후 아쇼카왕 시기에 이루어진 제3차 결집에서 논장이 편찬되었다면, 이때에 각 부파의 분열도 정점에 이르렀을 것이다.

이와 같이 승단분열은 주로 승가의 율에 대한 규정을 둘러싸고 생겨났지만, 동시에 불설의 이해에 따른 차이도 이를 촉진시켰다는 점을 간과해서는 안 될 것이다.

3) 부파와 대승

(1) 설일체유부

여러 부파 중에서 가장 세력이 강했고 또 철학적으로도 의미 있는 기여를 했던 학파는 설일체유부說一切有部, sarvāstivāda(이하 유부)이다. '일체가 존재한다'고 하는 이 학파의 명칭이 보여 주듯이 그들은 존재론에 특히 관심을 가졌다. 무엇이 진실로 존재하는가에 대한 관심에서 유부는 실유實有와 가유假有를 구별하게 되었다. 실유란 더 이상 환원될 수 없는 최종적 존재자로 유부는 이를 법法, dharma이라고 불렀다. 반면 이런 법들로 구성된 사물들은 복합적인 존재자로서 그것들의 존재는 단지 언어에 의해 확인될 수 있는 개념적 존재일 뿐이다. 가유와 실유의 차이는 유명한 마차와 마차의 구성요소의 비유를 통해 설명된다.

유부는 법들의 일차적인 존재방식과 법들로 구성된 복합적인 사물들의 이차적인 존재방식을 구별하기 위해 모든 법들은 자신만의 고유한 성질을 갖고 있다고 하였다. 이것이 자성自性, svabhāva이다. 자성은 법을 법으로 만들어주는 근본적인 성질이다. 마치 화학원소가 화학적 방법으로 더 이상 다른 것으로 환원될 수 없는 가장 단순한 요소인 것처럼, 유부에서 법은 더 이상 환원될 수 없는 요소이다. 유부는 이런 법들이 과거와 현재, 미래에 계속해서 존재해야만 한다고 보았다. 왜냐하면 법의 자성은 그것이 과거에 있든 미래에 있든 현재에 있든지 간에 변하지 않는 것이기 때문이다. 따라서 삼세에 걸쳐서 법의 자성은 불변해야 하기에 법은 삼세에 존재한다 법체항유法體恒有 삼세실유三世實有. 그럼에도 현재의 법은 현재 찰나에 작용력을 가진다는 점에서 단지 자성을 지니고 있을 뿐인 과거와 미래의 법과 구별된다.

유부는 75종의 법의 존재를 확정하고 이들을 5종의 상태로 범주화했다. 그것이 소위 5위75법五位七十五法이다. 오위란 색법, 심법, 심소법, 심불상응법, 무위법이다. 이 분류에서 주목되는 사항은 모든 종류의 심리적 인과작용에 속하지 않는 무위법을 제외하면 대부분이 마음작용과 관련되어 있다는 점이다. 이는 곧 5위의 법체계가 사실은 마음작용과 관련해 일체를 분류하는 것임을 보여 준다.

5위75법에서 유부는 초기불교의 오온설五蘊說이나 18계설十八界說에서 보이는 도식을 다시 통합하여 일종의 식識의 구조를 제시하고 있다. 오온에서 식은 다른 마음작용인 수受와 상想, 행行과 병렬적으로 있기 때문에, 다른 요소들과의 의미 구분을 위해 단지 식의 정의에 따른 이해를 제시할 수밖에 없었다. 반면 18계설에서는 어떻게 인식이 일어나는가 하는 지각의 성립방식에 초점이 맞추어져 있기 때문에, 식이 다른 마음작용과 어떤 관계를 맺고 있으며 다른 외부대상이나 그 외의 언어행위나 명상상태 등과 어떻게 연결될 수 있는지를 설명하기 어려웠다. 하지만 5위75법의 도식에서 유부는 비로소 식이 어떻게 다른 마음작용들과 공동으로 작용하여 대상을 인지하는가를 분명히 보여줄 수 있었다.

이와 같이 5위75법의 구조는 여러 마음작용을 수반한 식이 어떻게 인식대상과 지향관계를 가지고 있는지를 설명하는데, 여기에 나타나는 유부의 특징은 다음과 같다.

하나는 식이 생겨날 때 그 인식대상은 의식 외부에 존재한다는 것이다. 부처님은 식이 근根과 경境에 의존해서 생겨난다는, 18계로 대변되는 지각론을 매우 중시하면서 그것을 바로 '일체'라고 설했다. 여기서 주관과 객관의 능能·소所 관계하에서 파악되는 유위법을 바로 '일체'라는 말로 표현한 것이다. 이런 지각과정에 대한 설명에서는 식이 인식대상에 의거해 동시에 생겨나며, 이는 인식대상이 식과 독립해 존재하는 외부대상임을 의미한다. 왜냐하면 인식대상이 의식과 독립하여 존재하지 않는 것이라면, 다시 말해 인식대상이 그것을 파악하는 의식주관을 초월해 존재하지 않는다면 그 인식의 타당성은 어디서 확보될 것인가 하는 의문이 따르기 때문이다. 불교는 근이 대상을 만나서 지각이 생기고 이들 세 요소의 결합이 접촉이라고 생각했다.

외부대상을 지각할 때 그것이 의식과 독립해 존재하지 않는 것이라면, 우리의 모든 인식은 대상과 상응하지 않는, '공허한' 것이 될 것이며, 외부대상에 대한 우리의 관념은 순전히 나의 인식에 의해 만들어진 것에 불과할 것이다. 그렇다면 지식의 타당성은 확보되지 않고 허무주의에 빠지고 만다. 따라서 유부에게서 외적 대상의 존재는 식 외부에서 선험적으로 확보되어야 하는 것이다.

이러한 유부의 실재론적 사유는 경량부에 의해 비판되었고, 본격적으로 대승에 의해 논박되었다. 대승은 '마음과 독립해 존재하는 외부대상은 없다'는 심외무물心外無物의 가르침에 따라 유부의 지각론을 비판했다.

다른 하나는 표층表層차원의 식의 분석에 초점이 놓여 있다는 점이다. 5위75법의 체계는 식을 공시적共時的, synchronic 관점에서 분석한다. 그 목적은 한 찰나의 식이 어떤 방식으로 동일 시간대에 발생하는 다른 심리적 요소들과 결합하여 인식대상을 취하는가이다. 이를 통해 한 찰나에서 식의 작동구조는 어느 정도 설명될 수 있었지만, 식의 또 다른 통시적通時的, diachronic 측면은 거의 무시되었다. 통시적 측면이란 시간의 흐름 속에서 이루어지는 윤회 과정에서의 식의 작동방식이다. 따라서 유부에서는 찰나적 지각과정이 그 찰나를 넘어 어떻게 지속적으로 식의 흐름에 영향을 미치는가가 잠재적 측면에서 문제가 될 수밖에 없었을 것이다.

지각과정으로서의 식의 특징은 바로 우리가 그 지각과정을 인지할 수 있는 표층차원에서의 식 작용에 있다. 이 표층의 마음작용은 후에 유식학파唯識學派가 전식轉識이라고 부른 식의 두드러진 특색을 보여준다. 유부가 이를 강조한 이유는 표층의식의 분석이나 관찰에 의해 마음에 떠오른 영상이나 관념상nimitta의 허구성, 즉 마음에 떠오르는 모든 이미지나 관념은 마음이 만들어 낸 허구라는 것을 통찰하고 마음을 수습하게 하는 실천 수행에 있다. 이런 표층의식의 관찰을 위해 유부는 6인因, 4연緣, 5과果라고 하는 인과성의 분석에 중점을 두었다.

마지막으로 유부의 특징적인 '득得, prāpti'이론을 들 수 있다. 득은 원래 수행자가 성자의 지위를 '증득'했을 때, 이를 하나의 법으로서 실체화한 것으로 심불상응법心不相應法에 속한다. 이것은 마음작용과 연관된 요소도 아니고 물질적 요소도 아니라는 의미이다.

유부는 업의 보존문제와 관련해서 이 개념을 고안해 냈다. 예를 들어 T1 찰나에 내가 어떤 사람을 해치려는 의도를 품었다면, 그 불선업은 P1이란 득을 의식의 흐름 어딘가에 산출한다. P1은 물질도 아니고 마음작용도 아니기 때문에, 심작용에 의해서도 영향받지 않고 의식의 흐름 속에 존재한다. 그리고 그것이 표현될 조건이 생겨났을 때 과보를 낳는다.

이런 비심비색非心非色의 득이 어떻게 마음작용과 관련 없이 존속하다가 다시 과보를 낳는 힘을 발현하는지를 설명하기란 어려운 일이지만, 이를 컴퓨터 작업과 비교하여 이해할 수 있다. 데이터는 업이고, 하드디스크는 업이 저장된 장소이다. 하드디스크가 시간의 흐름 속에서 계속 진행되고 있다고 생각하면, 어떤 사람이 T1 시점에 컴퓨터에서 리포트 작업을 하고 그 결과를 하드디스크에 저장했다면, 바로 T1 시점에 리포트 P1은 저장된다. 시간은 흘러가지만 P1을 활성화하지 않는다면, 저장된 정보 P1은 하드디스크 안에 보관되어 다른 시점에서 행하는 컴퓨터 작업과 무관하게 존속한다. 그리고 저장된 P1은 시간의 흐름 속에서도 하드디스크 내에서 그 효력을 잃지 않고 전달될 것이다. 그렇게 저장된 P1이 적절한 조건하에서, 즉 작업자가 하드디스크에서 이 P1 파일을 열어 현실화시킬 때 다시 활성화되어 화면에 떠오르게 된다.

이와 같이 어떤 행위를 수행할 때 그 행위는 의식의 흐름 속에 어떤 결과를 낳는 힘을 저장해 놓는데, 유부는 그것이 마음작용과 연결되지 않는 득이라는 실재하는 법이라고 보았다. 유부가 지각과정이나 업의 저장을 이렇게 실체론적으로 해석하는 방식은 후에 경량부와 대승의 집중적인 비판대상이 되었지만, 동시에 이 학파의 선구적인 체계화가 없었다면 불교사상은 꽃을 피우지 못했을 것이다.

(2) 경량부

경량부經量部, Sautrāntika라는 학파명은 후대의 아비달마에서 중시된 논서보다 '부처님이 설한 경전을 진리를 파악하는 타당한 인식수단pramāṇa으로 삼는 사람들'을 의미한다. 경량부는 수계전통에 따른 부파는 아니지만, 후대에 확립된 종의宗義, siddhānta를 설하는 독립된 학파로 간주되었다.

그들과 아비달마논서에서 많이 나타나는 비유자譬喩者와의 관련성은 확실하지 않지만, 최근의 연구에 따르면(권오민, 2012) 세친 직전에 상좌 슈리라타에 의해 완성된 경량부의 체계는 세친世親보살의 『구사론Abhidharmakośabhāṣya』에 영향을 주었다. 이후 경량부의 사상은 디그나가Dignāga, 5~6세기와 다르마끼르띠Dharmakīrti, 7세기논 사가 불교인식론을 체계화하는 데에도 커다란 영향을 끼쳤다.

경량부의 사상사적 기여는 크게 직접지각과 사유의 명확한 구별, 그리고 업의 작용을 종자 개념으로 설명한 두 가지에 있다. 먼저 지각과 사유의 구별은 유부의 삼세실유설을 겨냥한 것이다. 유부는 근根 + 경境 = 식識이 동시적이라고 주장했지만, 경량부는 근이 경을 파악한 다음 찰나에 식이 생겨난다고 하였다. 즉 안근眼根이 푸름을 지각한 찰나에는 푸름의 지각이 식에 의해 인지되지 않고, 다음 찰나에 '이것은 푸르다'는 방식으로 인지된다. 전찰나의 푸름의 지각이 현찰나에 의근意根이 되어 다른 관념이나 기억을 '법경法境'으로 해서 제6의식이 이루어진다고 할 때, 의근의 대상인 법은 일종의 관념적, 명칭적 존재이다. 따라서 보편자이기 때문에, 이를 대상으로 해서 생겨난 제6의식은 보편자에 대한 판단이나 관념이지, 최초의 개별적인 지각대상과 동일한 것은 아니다.

이와 같이 대상에 대한 지각과 대상에 대한 판단 사이의 시간적 격차 때문에 우리의 앎은 지각찰나의 '푸름'이 아니라, 그 '푸름'을 보편자로 환원시켜 파악하는 것이다. 푸름의 지각에 대응하는 푸름의 존재는 비록 직접지각으로서는 파악되지 않지만, 그럼에도 그 존재성은 추론에 의해 인정되어야만 한다. 왜냐하면 대상 자체의 존재가 부정된다면, 우리의 인식은 토대가 없는 허망한 것이 되기 때문이다. 즉 외부대상의 존재는 직접지각이 아니라 추리를 통해 확인된다.

이러한 경량부의 주장은 외부대상의 존재가 추리라는 논리적 관계에 의존한다는 것을 인정하더라도, 궁극적으로 그런 추리의 확실성도 결국 외부대상의 지각을 전제로 한다는 비판을 받는다. 그러나 경량부의 지각과 사유의 구별은 후대 디그나가와 다르마끼르띠논사에 의해 직접지각의 대상은 자상自相이고, 추론의 대상은 공상共相이라고 구분함으로써 불교인식론의 성립에 커다란 영향을 주었다.

두 번째로 유부의 득prāpti이론을 비판하는 경량부에 따르면, 업과 그 결과는 마음의 흐름상속相續, saṃtāna 위에서 생겨난다. 그런데 마음의 흐름은 매 찰나 변화한다. 예를 들어 내 마음의 흐름에 악한 의도가 일어났다고 하자. 내 마음의 흐름은 과거와 동일하지 않고 끊임없이 변화되며, 변화된 흐름으로서 마음의 마지막 찰나는 결과를 산출할 수 있는 특별한 능력이 있다. 따라서 결과는 변화된 마음의 흐름에서 선행하는 찰나의 직접적 결과이며, 그 선행하는 찰나도 마찬가지로 그것에 선행하는 찰나의 결과이다. 이와 같이 변화를 초래했던 원래의 악한 의도에까지 소급된다.

이런 마음의 과정을 설명하기 위해 사용된 비유가 바로 '종자種子, bīja'나 '습기習氣, vāsanā'이다. 따라서 원래의 악한 의도는 마음의 흐름에 종자를 저장했고, 그것이 싹을 틔우고 꽃을 피울 때까지 계속 변화하는 것이다. 따라서 꽃은 종자로부터의 변화과정의 결과이다. 경량부는 이런 종자의 비유로 마음의 흐름의 변화를 실제로 존재하는 법으로 오인하지 않도록 종자를 일종의 에너지śakti와 같다고 설명한다. 그 의미는 마음의 흐름에 외적인 어떤 것이 추가되는 것이 아니라, 흐름 자체가 습기에 의해 물들어 간다는 것이다.

이런 종자 개념을 갖고 경량부는 유부의 득 개념의 실체성을 비판했지만, 어떻게 6식의 표층에서의 흐름 위에서 종자나 습기 개념이 함축하는 동시적인 영향 관계가 가능한지의 문제가 남는다. 이 문제의 체계적 해결은 유식학파의 알라야식 개념의 도입을 기다려야 했다.

(3) 상좌부

일반적으로 상좌부上座部, Theravāda는 빨리어 삼장을 가진 불교 전통으로, 가장 근본적인 불교를 대변하고 있다. 그렇지만 이 부파도 유부와 마찬가지로 자체의 삼장을 가진 수계전통이자, 동시에 역사적으로 발전된 학파라는 점을 잊어서는 안 된다. 이 부파의 교설은 『밀린다왕문경』 혹은 『나선비구경那先比丘經, Milindapañha』과 논장論藏에 대한 주석서들, 특히 붓다고사의 『청정도론淸淨道論, Visuddhimagga』 등에 있다. 상좌부 문헌 중에서 논장에 포함된 『논사論事, Kathāvatthu』에서는 다른 학파들의 견해를 비판하면서 자신들의 입장을 정리해서 제시하고 있다.

상좌부는 스스로를 '분별론자分別論者, Vibhajyavādin'라고 칭했다. 그들은 이미 과보를 산출했기에 더 이상 존재할 수 없는 선하거나 악한 의도를 가졌던 과거의 법과, 아직 과보를 산출하지 않았기에 여전히 존재해야만 하는 선하거나 악한 의도를 가진 법 사이를 구별했다. 반면 근본분열 당시의 인도 정통적인 상좌부Sthaviravāda의 입장은 오직 현재의 법만이 존재한다고 여긴다. 따라서 상좌부는 적어도 법과 삼세의 문제와 관련해서 고대에 논쟁을 했던 인도 본토의 상좌부와 동일시될 수는 없을 것이다.

상좌부의 특징적인 교설은 '유분심有分心, bhavaṅga'이다. 그것은 일차적으로 전생과 현생을 연결해 주는 기능을 한다. 윤회과정에서 모태 속에서 처음으로 생겨난 바로 그 식이 전생의 업력에 의해 결정된 유분심이다. 그런 점에서 유분심은 유부의 이숙식異熟識에 대응한다. 하지만 유분심은 소위 '무의식'이나 깊은 잠의 경우처럼 표층의식이 작동하지 않을 때에도 여전히 존재하는 비활동적인 차원의 마음이라는 점이 다르다.

예를 들어 6식의 작용이 진행될 때에는 유분심은 활동하지 않지만 그 작용이 멈출 때에는 다시 유분심의 상태로 돌아오는 것으로, 어떤 의미에서 유분심은 야구의 대타代打에 비유될 수 있다. 유분심의 이런 대체 기능은 분명 깊은 삼매나 꿈속에서 표층의식의 작용이 멈춘 경우, 식의 지속성을 확보하려는 시도로 보인다. 그런 한에서 유분심은 『섭대승론』에서 알라야식의 선구개념으로 나열되었을 것이다.

(4) 대중부

대중부大衆部, Mahāsāṃghika는 제2차 결집 때에 일어난 승단의 근본분열에서 출현한 부파로서 이후 많은 하위 부파로 나누어졌다. 그 중에서 설출세부說出世部, Lokottaravādin의 문헌으로 유일하게 현존하는 『대사大事, Mahāvastu』는 이 부파의 율장이다. 대중부는 부처님의 출세간적 성격을 주장한 학파로서 히라카와平川彰 이전에 대승불교의 기원을 이 학파와 관련시키는 설명이 있었다.

그 교설에 따르면, 부처님의 모든 행위는 비록 일반인들이 행하는 것과 동일한 세간적인 행위처럼 보일지라도 실제로는 매우 탁월한 '출세간적인 것lokottara'이다. 비록 부처님이 먹고, 자고, 목욕하고, 업의 과보를 받고, 약을 먹고, 늙어가는 듯이 보이지만, 실제로는 이런 것에 종속되지 않고 단지 세상의 방식에 따르기 위해 그런 일상 행위들을 했다는 것이다. 그는 세상에 태어났지만 세상의 더러움에 오염되지 않은 출세간의 존재이기 때문이다.

이런 출세간의 성격 때문에 근대 저작에서 대중부의 부처님은 종종 환영과 같은 성격을 가진 존재로서 묘사되거나 또는 초월적인 부처님의 화신과 같은, 대승불교와 유사한 교설을 설하는 것으로 설명되고 있지만, 이는 오해에서 비롯된 것이다.『대사』에는 부처님이 될 존재가 실제로 이 세상에 태어나지 않았고, 또한 여기서 실제로 깨달음을 얻은 것도 아니라고 추정할 어떠한 서술도 나오지 않는다. 부처님의 환영과 같은 성격은 그의 32상을 갖춘 신체에 대해 설한 것이 아니라, 음식이나 잠 등의 일상적 행위가 그에게 환영과 같다는 점을 말한다. 나아가 열반조차 환영이라고 설하는 그런 대승적 관념은 보이지 않는다.

최근 윌리엄즈(2022: 194f)는『대사』의 원 자료의 하나로 추정되는『내장백보경 內藏百寶經, Lokānuvartana Sūtra』에서 출세간에 대한 많은 설명과 법을 포함한 모든 것에 자성이 없다고 설한다는 점에서 이 문헌이『반야경』등의 대승불전의 특징인 모든 존재의 보편적 공성 空性의 가르침을 공유하고 있다고 하였다. 이는 대중부와 대승의 교설상의 관련성을 보여 주는 증거이지만, 그 관계를 구체적으로 입증하기 위해서는 전반적인 아비달마 문헌에 대한 포괄적인 연구가 필요하다.

3. 대승불교의 기원

1) 대승불교의 기원에 대한 최근 학계의 연구

대승의 기원 문제를 정하는 중요한 기준점은 크게 문헌 자료와 고고학적 자료이다. 대승의 존재를 보여 주는 가장 오래된 자료로 한역 불전들이 있다. 중국에서 최초의 대승경전의 번역은 170년 무렵 낙양에서 지루가참스님에 의해 이루어졌다. 그는 『도행반야경 道行般若經』과 『반주삼매경 般舟三昧經』을 비롯하여 『불설유일마니보경 佛說遺日摩尼寶經』과 『불설도사경 佛說兜沙經』, 『아촉불국경 阿閦佛國經』 등 수많은 대승경전을 번역했다. 이를 통해 이들 경전이 적어도 기원 전후에는 인도에서 찬술되었음을 알 수 있다. 여기에는 보살의 이타적 이상뿐 아니라, 아미타불이나 관세음보살 등의 천상 보살들의 명칭도 많이 언급되어 있어 당시 불교문화에서 보살숭배 의례가 성행했음을 보여 준다.

이와 같이 기원 전후에 상당한 규모의 대승의 존재를 보여 주는 문헌 자료는 있지만, 쇼펜 G. Schopen은 4세기 이전의 명문 銘文과 비문 碑文 등의 고고학적 자료에서 대승에 대한 언급은 발견하기 어렵다고 하면서, 이에 따라 대승은 당시 사회적으로 확인될 수 있는 집단은 아니었다고 주장하기도 한다.

이하에서는 이러한 두 종류의 자료가 어떻게 대승 재가기원설과 불탑신앙 의례의 연구에 적용되고 있는지를 중심으로 살펴보겠다.

(1) 재가기원설의 문제

보살이 실제로 대승운동을 주도했던 그룹이라면, 그런 보살운동에 참여했고 주도했던 인물들은 출가자였는가 아니면 재가자였는가? 히라카와 아키라는 당시 대승의 기원을 대중부로 보는 설명을 비판하면서, 대승은 불탑신앙을 중심으로 한 재가자 그룹에서부터 발전되었다고 하였다. 그는 '비구는 장례의례에 관해서는 안 된다'는 빨리어『대반열반경 大般涅槃經, Mahāparinibbāna Sutta』의 설명에 근거하여 대승의 기원을 불탑신앙과 재가자 관계로 연결시켜 설명하고 있다.

방대한 문헌에 의거한 그의 주장은 매우 견고해 보였지만, 대승이 특히 불탑신앙과 재가불자에 의해 주도된 종교현상이라는 그의 주장은 이후 쇼펜이나 해리슨 P. Harrison 등의 서구연구자들에 의해 비판되었다.

쇼펜은 인도에서 실제로 무엇이 일어났는지를 생생하게 이해하기 위해서는 문헌 자료보다는 비문이나 명문과 고고학적 자료에 주의를 기울여야 한다고 보았다. 대승불교의 문헌들이 방대하고 또한 시기적으로도 170년대에 최초로 한역된 경전에 대승경전이 포함되어 있기 때문에, 대승은 당시 인도불교에서 상당한 위상을 가졌을 것이다. 따라서 이런 무수한 대승경전들이 많은 저자에 의해 편찬되었을 것이라고 간주되어 왔지만, 여러『반야경』문헌에서 발견되는 반복되는 구절이나 대승경전들이 공유하는 정형화된 표현들은 소수의 인물이나 한정된 소그룹에 의해 대승경전들이 편찬되었을 가능성도 보여준다.

쇼펜은 문헌 자료들과 모순되는 몇 가지 흥미로운 결론을 이끌어 낸다. 그중 하나는 승원에 불상을 기증한 사람들에 대한 기록을 담고 있는 비문이나 명문들에서 대승에 관한 증거는 상대적으로 매우 드물다는 사실이다. 비록 4세기 이후부터 대승에 대한 언급이 나타나지만, 명문에서 '대승'이라는 용어가 최초로 사용된 시기는 5~6세기이다. 하나의 예외는 3세기 힛다Hidda 지역에서 카로슈티 문자로 쓰인 명문에서 발견되는 아미타불의 명칭이다. 이는 문헌상에서 대승의 성립시기를 기원전 2~1세기로 소급하는 것과는 상당한 차이가 있다. 따라서 쇼펜은 "우리가 현재 대승이라 부르는 것은 (적어도) 4세기 이전까지는 별개의 독립적인 그룹으로 등장하지 않았다"고 결론지었다. 적어도 명문 자료에서는 대승이 사회적 '기층에서on the ground' 확인될 수 있는 하나의 '제도'로 보이지 않는다.

대승의 기원과 관련해 명문 자료의 사회적 의미에 주목한 쇼펜의 연구는 획기적이지만, 몇 가지 문제가 있다. 사상적인 측면에서 볼 때 위의 아미타불이 명시된 비문에 '모든 중생이 열반을 얻기를'이라는 내용이 포함되어 있다면, 이는 대승의 이념과 동떨어진 것은 아니다. 이 비문에서뿐 아니라 굽타왕조 초기의 비문에서도 "일체중생이 위없는 지혜를 얻기를 바란다"는 표현이 나타나며, 나아가 이런 관념은 이미 104년으로 비정되는 쿠샨왕조 후에스까Huveṣka 왕의 재위 시기에 마투라 지역의 브라미 문자Brahmi script로 쓰인 비문에서도 나타난다.

이와 같이 내용적으로 대승사상과 동일한 표현이 발견된다면, 비록 명문 자료에서 직접적으로 확인되는 대승의 요소가 드물다고 하더라도 이미 대승적이라 할 수 있다. 또한 최근 발견된 바자우르Bajaur 사본에서 대승경전이 다른 비대승非大乘 문헌과 함께 발견되었다는 사실은 불교승원에서 대승경전이 필사되고 수지, 유통되고 있음을 보여준다. 따라서 경전 자료에만 의존해서는 불교공동체 내에서 대승의 위상을 정확히 파악할 수 없듯이 명문 자료에 대한 과도한 의존도 마찬가지이다.

먼저 대승이 재가불자에 의해 주도되었다는 히라카와설에 대한 비판을 요약해 보겠다. 해리슨은 원시대승경전에 포함되는 『반주삼매경』에서 엄격한 고행에 대한 이상이 나타나 있음을 지적하면서, 고행전통의 찬양은 사문 전통에 바탕을 둔 초기불교의 본래적 성격을 회복하려는 의도에서 나왔다고 보았다. 따라서 대승은 불교에서 엄격한 고행전통의 회복이라는 성격을 보여준다. 이는 2세기에 한역된 다른 초기 대승경전에서도 확인되는데, 여기서는 재가자보다는 스님의 역할에 초점이 맞추어져 있고 불교승원에 대한 어떤 반감도 찾아볼 수 없다.

여기서 핵심은 완전한 정각正覺을 향한 추구, 즉 보살의 서원이다. 이 단계에서는 천상적 보살 관념은 나타나지 않는다. 따라서 초기대승은 모든 중생을 구제하기 위해 정각을 이루어 부처님이 되기보다는, 자신만의 구제를 위해 아라한이 되려는 해탈도解脫道, mārga에 대한 반감으로 특징지어진다. 초기 대승경전에 대한 이러한 연구는 대승운동이 실제로 출가 스님들에 의해 주도되었다는 인상을 준다.

하지만 최근 쇼펜은 비문에 적힌 '승원의 소유자 vihārasvāmin' 문제에 관해 빨리율과 근본설일체유부율의 모든 사례를 검토한 후, 승원의 실질적 소유권은 그것을 보시한 재가자에게 속하고 출가자는 단지 사용권을 가진다고 설명한다. 이 문제가 중요한 이유는 승원에 속한 경전의 소유권 문제와도 연결되기 때문이다. 그에 따르면 승원의 경전제작과 그 유포에 재가자 그룹이 공동으로 참여하고 있었다는 결론이 나온다.

승원의 물질적, 정신적 활동에 재가자가 적극적으로 참여했다는 것은 최근 연구에서 보다 적극적으로 주장되고 있다. 이제까지 길기트Gilgit 사본으로 알려진 다양한 사본들이 실은 길기트의 나우푸르라는 일종의 불교도서관에서 출토된 자료와 동일하다는 사실이 밝혀졌다. 여기서 대승경전인 『법화경』이나 『반야경』이 6세기경 무렵부터 근본설일체유부의 수계전통에 속하는 불교승원에서 전승되었다고 하는데, 이는 대승의 발생이 전통 부파에서 비롯되었으며, 또 경전 찬술을 인도의 특정 지역에 한정시킬 수 없음을 보여준다.

흥미로운 사실은 경전의 관리는 출가자가 맡지만 보다 큰 책임은 그 지역의 재가자 집단에 있다는 점이다. 이런 전승형태는 법현法顯 스님이 『대승열반경』의 사본을 빠딸리뿌뜨라Pātaliputra에 있는 한 정사에서 우바새로부터 입수했다고 전하는 기록과도 통하기에 길기트에서뿐 아니라 당시 인도불교의 일반적인 상황으로 보인다. 이는 대승의 기원에서 재가자의 역할이 지대했다는 점을 시사한다. 따라서 이제 보살운동을 재가-출가의 이분법 구도로 보지 않고, 서로 연결된 하나의 불교공동체의 산물로 바라볼 수 있게 되었다. 사실 재가자 집단에서 출가자들이 나왔음을 고려할 때 이는 너무 당연한 결론임에도, 이제까지 이런 역동적 상호관계에 대한 적절한 논의는 없었던 것으로 보인다.

(2) 불탑신앙과 경전의례

불탑은 인도의 다른 종교에서는 찾아볼 수 없는 불교만의 독특한 문화이다. 그렇기에 불탑의 의미와 그 상징구조, 그리고 실제 사회에서의 역할 등은 이미 19세기 근대불교학이 시작될 때부터 주목되어 왔다. 히라카와는 불탑이 당시 불교사회의 중심지 역할을 했다고 보았다. 그는 빨리어 『율장』에 불탑에 대한 규정이 없으며, 빨리 『대반열반경』에 출가자가 불탑의례에 관여하는 것을 금지하는 규정이 있는 것에 근거하여 재가자가 불탑의 관리자라고 했다. 그리고 이를 대승의 기원과 결부시켰다.

하지만 히라카와설의 문제는 빨리어 문헌의 기록에 치우친 나머지, 인도대륙에서 활동한 부파 문헌에 남아 있는 불탑의례에 대한 상세한 기록을 간과하고 있다는 점이다. 불전의 기술에 의거할 때 불탑이 당시 불교사회에서 다양한 종교적, 사회적 활동의 중심지 역할을 했다는 사실은 분명해 보인다. 이는 최근 불탑의 상징적 의미를 넘어 그것이 실제 불교의 생활세계에서 가진 의미와 역할을 밝히기 위한 고고학적 연구들에 의해 밝혀지고 있다. 이를 통해 부처님 생존 시기 전후에 갠지스강 유역에서 급속히 도시화가 이루어졌고, 불탑과 승원은 이런 사회적 배경에서 그 지역의 상업과 교역의 거점 역할을 했다는 사실이 확인되고 있다. 히라카와도 불탑이 불교공동체의 거점 역할을 했다고 밝혔지만, 최근 연구는 불탑이 승원과 분리된 공간으로서 역할을 하는 것이 아니라 불교공동체를 유지시키고 확장시키는 역동적인 종교와 문화의 중심지로 기능하고 있다는 점을 보여 주었다.

이와 같이 불탑이 승원과 분리된 공간에 위치한 것이 아니라면, 승원에는 스님들이 상주하고 있었기에 당연히 불탑이 재가보살 중심의 대승의 기원과 직접 연결된다는 히라카와의 주장은 의문시될 것이다.

히라카와의 주장은 쇼펜에 의해 본격적으로 비판되었다. 쇼펜에 의하면 『대반열반경』의 규정은 불탑의례의 금지가 아니라 스님이 장례의례에 참여하는 것을 부정적으로 평가하지만 결국 이를 인정하고 있으며, 또한 빨리 율장에 불탑에 관한 규정이 없는 것은 스리랑카에 전승된 특정 부파의 해석에 지나지 않는다. 그에 따르면 불탑 자체가 대승의 기원과 직접 연결되는 것이 아니라 불탑에 보관된 텍스트에 대한 경전신앙이 그 역할을 하는 것이다.

쇼펜은 『금강경』 등의 초기 대승경전에 나오는 "저 대지의 장소가 진정한 불탑으로 불탑처럼 되었다"라는 정형구를 검토하면서 처음으로 이를 지적했다. 이 문장은 구마라집역 『금강경』에서는 "이 경전이 위치한 장소가 바로 부처님이 계신 곳이 된다면 약시경전소재지처 若是經典所在之處 즉위유불則爲有佛"이라고 되어 있어, 이 경전이 보관된 장소인 불탑이 부처님이 존재하는 장소라는 의미가 된다. 쇼펜은 '진정한 불탑'이란 그 불탑에 보존된 대승경전이지 불탑 자체가 아니라고 한다. 이후 이런 사유의 연장선상에서 대승의 발생을 경전제작 및 이와 관련된 필사와 문자의 사용에서 찾으려는 주장도 나타났다.

실제 『팔천송반야경』에서 불탑에 여래의 사리舍利를 모시는 것과 『반야경』을 경전으로 만들어 보관하는 것 중에서 어떤 공덕이 더 큰 것인가라는 질문에 부처님은 후자가 여래의 일체지성에 공양하는 것이기에 더 큰 공덕을 낳는다고 대답한다. 이는 언뜻 보면 불탑을 부정하는 것처럼 보이지만, 불탑공양이란 실은 여래의 일체지성에 대한 공양이며, 여래의 일체지성은 반야바라밀에서 생겨났고, 그것이 경전으로 상징되고 있기에 경전이야말로 불탑 건립의 올바른 이유라고 말하는 것이다. 경전이 그런 역할을 하는 이유는 바로 거기에 법에 대한 새로운 이해, 즉 대승경전이야말로 바로 법성의 개현자라는 이해가 나타나기 때문이다. 이는 불탑이 단순히 사리로서의 부처님의 신체가 모셔진 장소가 아니라, 법으로서의 부처님의 신체 법신가 머무는 장소로 의미가 변화되고 있음을 보여준다.

대승 이전에 이미 보살 관념이나 연민, 삼승, 다불多佛의 관념 등이 불탑과 불전에도 나타나며, 따라서 『법화경』에서 보듯이 초기대승에서도 불탑신앙과 불전의 관계는 인정되고 있지만, 대승의 흥기에 핵심적인 역할을 한 것은 경전 내부에서 진정한 불설佛說이 무엇인가를 물으면서 새로운 불설의 정통성을 확보하려는 노력이다. 다시 말해 경전의 제작이 대승의 발생과 직결된다.

이와 같이 초기대승문헌에서 불탑과 경전신앙의 관계를 살펴보았지만, 양자의 관계는 대립적인 것이 아니다. 『해심밀경』이 설하는 법法과 의義의 관계가 불탑과 경전의 관계에도 적용될 수 있다. 『해심밀경』은 법과 의를 텍스트와 그 의미로 이해하면서 법의 이해는 공덕으로 인도하고 그 의미의 이해는 지혜의 증장으로 인도한다고 설명하는데, 불탑과 그 안에 모셔진 경전의 관계에 대해서도 마찬가지로 설명할 수 있을 것이다.

2) 법신의 관념

불탑이든 그 안에 모셔진 경전이든 중요한 것은 그것들이 모두 부처님의 현존과 연결된다는 점이다. 그런데 초기불교나 아비달마의 주류 해석에 따르면 부처님은 반열반하신 후에 무위의 세계로 들어갔고 더 이상 유위의 세계에 머물지 않는다. 따라서 이런 교학을 극복할 수 있는 새로운 해석을 찾을 수밖에 없었다. 이는 몇몇 대승경전에서 부처님(들)이 여전히 이 세계에 머물고 계시며, 그의 무량한 대비심 때문에 여전히 중생들에게 법을 설하고 있다는 설명으로 나타났다. 부처님이 머무시는 곳은 일차적으로 불탑이다.

쇼펜은 당시 인도 불교문화에서 영원히 육신의 형태로 살아 계신 부처님보다는 이미 열반에 든 부처님이 여전히 우리 곁에 머물러 있다는 사고가 감정적으로 보다 수용하기 용이했을 것이라고 한다.

> "열반한 후에 불탑에 보존된 부처님의 사리가 부처님 자신으로 간주되었다. 부처님은 어떤 의미에서 그의 사리 속에, 그리고 그의 삶과 연관된 장소에 여전히 살아 계신다."
> - 윌리암스, 『인도불교사상』

부처님은 그렇게 사람들의 마음에 불탑에 모셔진 사리의 형태로 승원에 현존하는 존재로 인식되었다. 부처님의 사리가 붓다를 붓다로 만들었던 심리적 성질들에 의해 구성된 것이라면, 그런 심리적 성질들이 사리의 형태로 현존하는 한에서 부처님은 승원에 현존하는 존재로 인식될 수 있었을 것이다. 부처님은 단지 추상적으로 그렇게 인식되었을 뿐 아니라 불탑에 올린 공양은 부처님에게 속한 것이고 승방vihāra에 올린 공양은 승원의 승려들에게 속한 것이라는 이해가 보여 주듯이, 부처님은 일종의 법적 소유권을 가진 사람처럼 간주되었다.

이와 관련하여 『대반열반경』에서 부처님의 '법등명法燈明'의 유지가 단순히 부처님이 설하신 말이 아니라, 그 법을 몸으로 하는, 법을 본체로 가진 부처님법신法身이라는 의미로 변화될 수 있게 된다. 법을 본체로 하는 것이 바로 텍스트인 한에서 이런 법신의 관념과 경전신앙은 직접 연결된다. 이런 관념은 이후 불교사상의 발전에서 경전을 모신 공간이 성스러운 공간으로 변화하여 경전을 모신 불탑은 성스러움의 현현epiphany과 그 변화된 형태라는 방식으로 대승불교에 지속적인 영향을 주었다.

그렇다면 부처님이 여전히 불탑에 현존하고 있다는 이러한 새로운 관념이 어떻게 수행자들에게 받아들여졌는가? 그것은 초기불교 이래 불교에서 강조되어 왔던 삼매 수행과 연관된다. 삼매는 팔정도八正道의 마지막 항목으로 '마음이 대상과 하나가 된 상태'를 의미하는 심일경성心一境性으로 정의된다. 삼매 속에서 수행자는 대상을 직접 여실하게 보게 된다. 대승에서 삼매는 불수념佛隨念, buddhānusmṛti명상이나 또는 부처님을 관상觀像하는 명상 수행을 포함하면서 실재의 인식을 위한 새로운 역할을 하였다. 불수념명상은 이미 초기불교부터 중시된 것이고, 관상수행은 초기대승부터 특히 정토계 경전에서 자주 사용된 관법이었다.

> "이들 수행의 효과는 마치 부처님이 수행자의 면전에 현전하고 있는 것처럼 보인다는 것이다."
> - 윌리엄스, 『인도불교사상』

지루가참스님이 한역한 『반주삼매경』에는 서방정토에 계신 아미타불을 하루 24시간이나 1주일 내내 관상하는 명상수행을 말하고 있다. 이를 통해 수행자는 아미타불의 영상을 얻을 수 있고, 그로부터 이전에 듣지 못한 새로운 가르침을 받게 된다. 이와 같이 불수념명상을 통해 대승불교도들은 그들이 보았던 부처님의 영상과 그 현현顯現의 진실성을 받아들였으며, 그들이 명상 속에서 들은 가르침을 하나의 새로운 대승경전으로 편찬함으로써 대승이 출현했다.

경전이 중생을 열반으로 인도하려는 부처님의 대비심의 표현이기 때문에, 대비를 강조하는 대승의 입장에서 새로운 대승경전의 해탈도는 전통적인 수행도를 포함하면서도 보다 심원한 궁극적인 부처님의 상태로 인도하기 위해 새로운 관법을 제시할 필요가 있었다. 그런 궁극적인 해탈로 인도하는 관법이야말로 대승을 대승답게 만드는 것이라 할 수 있다.

그렇다면 그 관법이란 무엇인가? 『반주삼매경』에서 수행자가 아미타불을 친견한 후에 그는 자신이 보았던 아미타불은 어디서 왔고 어디로 가는지를 묻고, 아미타불은 자신의 마음에 의해 만들어졌을 뿐이라고 스스로 답한다. 이 이야기는 『십지경 十地經, Daśabhūmikasūtra』의 삼계유심조三界唯心造와 비슷하지만, 그것에 비해 명상적 맥락을 강하게 보여 준다. 다시 말해 수행자는 아미타불의 이미지가 명상 속에서 자신의 마음에 의해 창출되었다고 말하는 것이다.

명상 속에서 대상의 이미지 창출은 이미 초기불전에서도 부정관 不淨觀수행에서 나타나고 있지만 아비달마 문헌에서는 이를 승해勝解, adhimokṣa라고 표현한다. '승해'는 '어떤 것을 명상 속에서 의도적으로 산출함'을 의미한다. 이런 승해작의勝解作意로 수행자는 명상하는 대상의 이미지를 마음에 산출한다. 그 명상대상이 부패해 가는 시체이든, 부처님이든 그 이미지를 현실에서 보았던 것보다 더욱 생생하게 마음속에서 만들어 낸다. 그 생겨난 이미지를 없애는 것을 제견除遣, vibhāvanā이라고 한다. 이는 이미지를 다시 공의 상태로 해체시키는 것이다. 이런 이미지의 산출과 제거는 『화엄경』의 유명한 화가의 비유로 우리에게 친숙하지만, 『성문지』는 그러한 화가의 비유를 통해서 이미지의 산출과 제거는 명상대상을 현실 속에서의 경험보다 더욱 생생하고 명증하게 그려 내기 위한 것이라고 말한다.

승해작의와 이와 연관된 관념상의 제거작용은 명상기법과 관련해서 흥미롭지만, 아비달마 문헌은 진실작의眞實作意를 보다 핵심적인 의미로 본다. 예를 들어 남방 상좌부의 『청정도론』에서는 승해작의에서 산출되는 이미지들이 아니라, 그 이미지의 진정한 본성의 이해가 더 중요하다고 말한다. 『성문지』는 부정관의 예를 들면서 부패해 가는 시체를 명확하게 형상화한 후에 '나도 역시 저렇게 될 것이며, 그것이 제법의 법성이다'라고 이해하는 것을 진실작의라고 한다. 따라서 『반주삼매경』에서 말하는 부처님의 이미지의 산출과 제거는 승해와 제견에 해당되며, 그것은 마음이 만든 것이라는 앎이 바로 진실작의에 해당된다.

『반주삼매경』은 수행자가 삼매 속에서 만나는 궁극적인 부처님의 이미지조차 실은 마음에 의해 만들어졌으며, 따라서 마음에 의해 소멸되어야만 하는 것이라고 말한다. 이렇게 본다면 몇몇 현대 불교학자들이 생각하는 것처럼 대승경전에서 단지 궁극적인 존재로서 부처님의 친견이 문제되는 것이 아니라, 오히려 부처님의 존재론적 성격에 대한 명확한 이해에 초점이 맞추어졌다고 할 수 있다.

이는 또 다른 유명한 초기 대승경전인 『팔천송반야경』에서도 확인된다. 경의 마지막 부분에 상제常啼보살과 담무갈曇無竭보살의 이야기가 나온다. 상제보살의 이름은 그가 반야바라밀을 구할 때, 이를 얻을 수 없어 항시 울고 다녔다는 데에서 붙여졌다. 반야바라밀을 구하는 이유는 그것을 청문하여 불퇴전에 이를 수 있고, 이를 증득할 때 위없는 보리를 얻어 일체중생을 도울 수 있기 때문이다. 따라서 그가 전념으로 반야바라밀을 구하고 있을 때 삼매 속에서 여래가 출현하여 그에게 담무갈보살에게 찾아가 반야바라밀의 가르침을 청하라고 권했다. 이에 그는 '저 여래들은 어디서 왔으며 어디로 갔는가'를 담무갈보살에게 물어보겠다고 생각하면서 그를 찾아 나선다. 그 과정에서 그는 마라māra의 온갖 방해를 겪었지만, 마치 본생담의 보살처럼 자기희생으로 극복하면서 마침내 담무갈보살이 계신 성으로 가서 그를 만난다. 그리하여 여래들은 어디서 왔으며 어디로 갔는가를 물었을 때 담무갈보살은 여래들은 어디서부터 오지도 않았으며 어디로 가지도 않는데, 왜냐하면 여래란 진여와 무생無生, 실제實際, 공성空性, 이욕離欲, 허공 등과 동일하기 때문이라고 답한다.

여기서도 삼매 속에 출현한 여래의 존재론적 성격이 문제되고 있지, 여래의 친견 자체에는 거의 결정적인 의미가 부여되고 있지 않음을 보여준다. 왜냐하면 여래의 존재론적 성격이 진여나 무생, 공성 등의 동의어로 표현되고 있다면, 상제보살이 명상 속에서 만났던 여래는 단지 물질적 형태를 지닌 색신으로서 진정한 여래로 간주될 수 없기 때문이다. 나아가 경은 반야바라밀을 하나의 텍스트로 보면서, 그것을 청문할 때 불퇴전의 상태에 이른다고 말한다. 이는 초기불교에서 단지 과거의 부처님으로부터 수기를 받은 사람만이 보살로 불려질 수 있다는 관념과 비교할 때, 수기를 대승경의 청문으로 대체한 것이다.

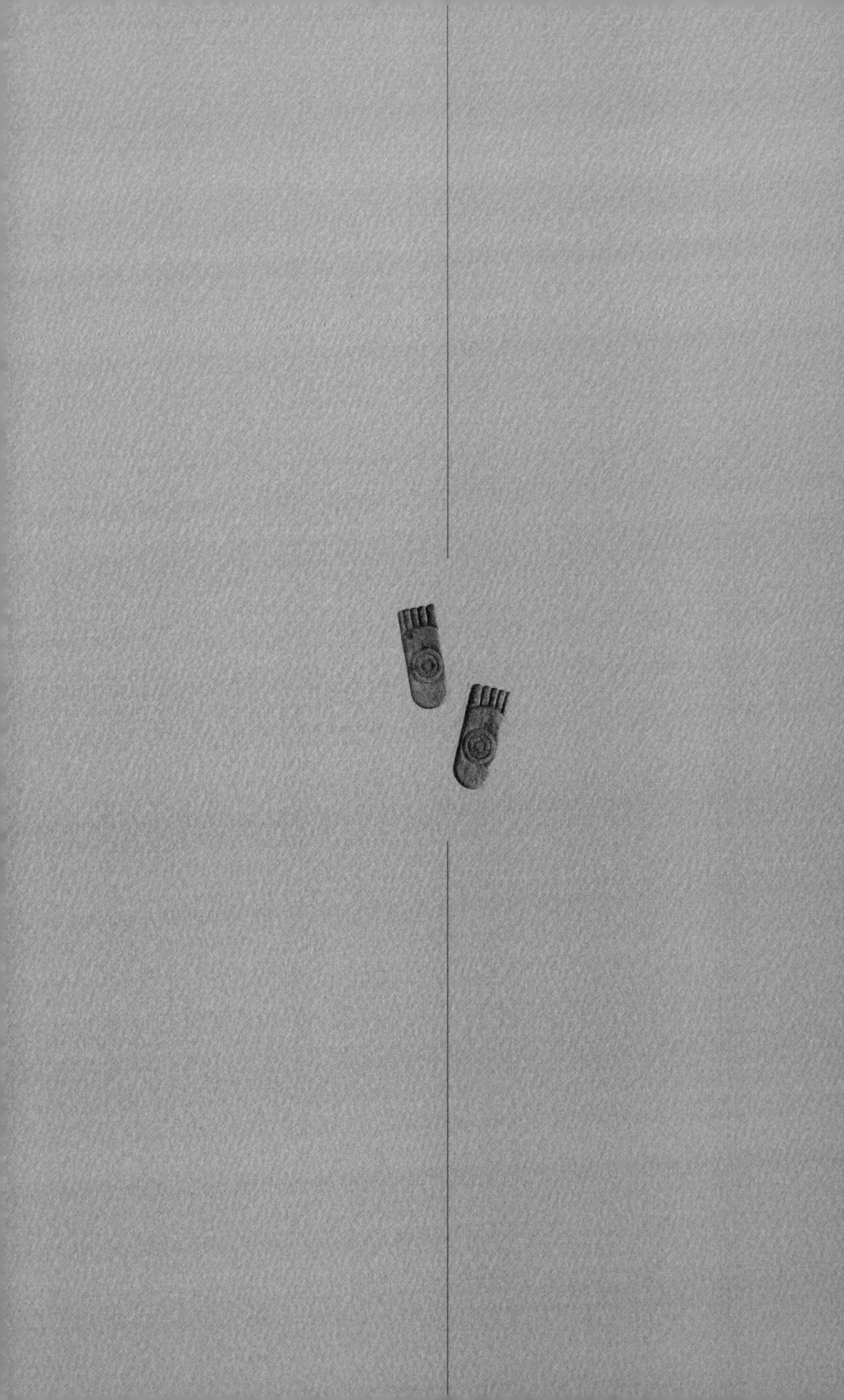

제2장

대승불교의 특징과 양상

1. 대승경전의 출현과 전개

2. 신앙의 대중화, 의례와 문화의 확산

3. 보살사상과 보살행

4. 대승불교의 부처님

5. 대승불교의 보살계사상

1. 대승경전의 출현과 전개

1) 경전신앙의 등장

　대승불교의 발생과 전개에서 중요한 사건 중 하나는 '경전신앙 book cult'의 등장이다. 경전신앙이란 부처님의 설법을 문자화한 경전을 부처님처럼 여기고 의지하는 것이다. 이는 초기불교와 부파불교에는 없었던 신앙이므로, 여기서의 경전이란 '대승경전'을 의미한다. 대승불교의 기원이 명확하지 않듯이, 대승경전도 어떤 사람들이 창작했는지 거의 밝혀져 있지 않다.

　초기불교시대의 수행자들은 안거를 마치면, 부처님의 처소로 가서 수행에 대하여 여쭙고 난 후에 다시 유행 길을 떠났다. 부처님 열반 후에는 불사리를 봉안한 불탑으로 모여 향과 꽃 등을 올리며, 불탑을 부처님처럼 여겼다. 불멸 후 500여 년간 지속되었던 무불상無佛像시대에 불탑신앙은 매우 지배적이었으며, 이는 대승불교가 발생한 1~2세기에도 여전히 유지되었다.

　이러한 시대적 배경에서 발생한 대승불교는 대승사상의 전파를 위하여, 한편으로는 불탑신앙, 정확히 말하면 불사리신앙을 계승하면서도, 신앙의 중심을 대승경전으로 삼았던 것이다. 그들은 대승경전이 불탑신앙과 동등 내지는 더욱 우월하다는 점을 강조했으며, 그러한 노력들이 잘 드러나 있는 것이 초기 대승경전이다. 대부분의 초기 대승경전들은 불탑공양과 경전공양에 대하여 다음과 같이 설명하고 있다.

> 약왕이여, 어느 곳이거나 혹은 설하고 혹은 읽거나 혹은 외우고 혹은 쓰며 혹은 경전이 있는 곳이거든, 다 칠보의 탑을 일으키되 극히 높고 넓게 하여 장엄하게 꾸미고, 다시 사리를 봉안할 것이 없느니라. 왜냐하면 이 가운데는 이미 여래의 전신이 있기 때문이니라. -『묘법연화경』「법사품」

『법화경』이 있는 곳에 칠보탑을 건립하지만, 불사리를 봉안하지 않아도 된다고 하는 것은 불사리신앙에서 경전신앙으로의 변화를 확실하게 보여 주고 있다. 특히『법화경』자체를 부처님으로 보는, 경전즉불신앙經典卽佛信仰, 또는 문자즉불신앙文字卽佛信仰이라는 독특한 관념을 발생시킨다.

쇼펜은 숭배신앙적 입장에서 불탑숭배와 경전숭배를 비교하였는데, 법문을 기록하고 책으로 만들어 꽃, 향 등으로 공양하고 숭배한 것이 불탑에 꽃, 향 등을 공양하고 숭배한 것과 매우 유사하다고 하였다. 즉 경전숭배는 유골숭배로부터 일정한 숭배 양식을 이어받은 한편, 이와 동시에 기존에 향하고 있었던 대상을 대체하였다.

한편『반야경』은 부처님에 대한 공양보다 부처님의 지혜인 반야바라밀에 가치를 두고 있다.

부처님께서 아난에게 말씀하셨다. "아난아, 과거와 미래와

"현재의 부처님의 육신과 이 경전불경신佛經身은 서로 다르지 않다. … 설령 그대가 은혜를 갚기 위해 부처님들에게 공양을 올려서 과거와 미래와 현재의 모든 부처님을 공경하고 부처님을 진정으로 섬기고 부처님의 은혜를 우러르고 부처님을 사모한다고 해도 이것은 반야바라밀을 공경하는 것보다 못하다." -『도행반야경』「마하반야바라밀누교품」

색신色身과 법신法身의 이신설二身說이 아직 성립되지 않았던 시기에, 『도행반야경』에 불경신佛經身이라는 용어가 나온다. 이는 부처님의 생물학적인 신체와 부처님의 본질인 지혜라는 두 측면을 명확하게 구분하고 있었음을 보여준다. 때문에 초기 대승불교에서 부처님의 지혜, 즉 법을 문자화한 '경전'이 신앙의 대상으로 자리매김될 수 있었던 것이다.

한편 대승에서는 경전신앙의 수행법으로 수지受持, 독讀, 송頌, 해설, 서사의 5가지를 설정하고, 이를 실천하는 자를 오종법사五種法師라고 한다. 대승불교가 법사 dharmabhāṇaka 공동체를 중심으로 한 '경전확산 운동'에서 기인했다고 보는 견해도 있다. 즉 스스로를 '법사'라고 칭하는 자들에 의해 찬술된 경전들이 유포 및 전승되어 대승불교라는 새로운 흐름을 형성했다는 것이다.

이와 같이 경전신앙은 전통권위과 새로운 사상의 양립, 다시 말하면 불탑에 대한 신앙심을 대승경전으로 변환하고자 했던 대승불교도들의 노력이었다.

2) 인도 대승경전의 역사적 전개

대승불교는 초기, 중기, 후기의 3시기로 구분된다. 초기는 기원 전후에서 용수龍樹, Nāgārjuna, 150~250보살까지, 중기는 세친世親, Vasubandhu, 400~480, 혹은 4세기 초보살까지, 후기는 밀교 성립 시기까지이다. 대승경전도 이 시기 구분에 따라 분류될 수 있다.

(1) 초기 대승경전

대승경전은 기원 전후, 늦어도 1세기에 성립, 편찬되었다고 보여진다. 2세기 후반 지루가참스님에 의해 『도행반야경』, 『반주삼매경』 등이 한역되었기 때문이다. 초기 대승불교에는 반야사상과 정토, 화엄, 법화, 문수사상 등이 전개되었다.

반야부 경전

반야부 경전의 대표적 사상은 공空사상이다. 공사상은 초기불교나 부파불교에서도 설하였는데, 반야경의 공사상은 설일체유부의 법실유론法實有論에 대한 비판이었다. 반야부 경전에서는 법을 무소득無所得의 입장으로 체계화시켰으며, 이에 기인하는 세상을 공으로 관조하는 공지空智로서 반야般若가 대승불교사상의 근본적인 특징이 되었다.

반야부 경전은 주로 '반야바라밀般若波羅蜜, prajñā-pāramitā'이라는 명칭을 사용한다. 쁘라즈냐prajñā는 '지혜', 빠라미따pāramitā는 '완성', '완전'이므로, 반야바라밀은 '지혜의 완성'이라는 의미이다. 지혜를 완성하기 위해서는 공을 증득해야 하며, 그 실천수행법이 바로

6바라밀이다.

반야부 경전은 『도행반야경』으로 시작되었고, 7세기 현장역의 600부 『대반야바라밀다경』이 대표적이다. 이는 16부 경전을 집성한 것으로 제1부 『십만송반야』, 제2부 『이만오천송반야』, 제4부 『팔천송반야』 등과 같이 독립 경전으로서의 명칭을 갖는 것도 많으며, 상호 간의 관계는 매우 복잡하다. 이외에도 『금강반야바라밀경』, 『반야심경』 등이 있는데, 특히 600부 『반야경』의 제577권에 해당하는 『금강경』은 대한불교 조계종의 소의경전이다. 이로써 조계종은 반야공 사상을 계승한 대승불교 종단임을 알 수 있다.

대방광불화엄경

반야사상을 계승한 『대방광불화엄경』은 대승보살의 존재 방식을 깊이 탐구하며, 부처님의 본질과 보살과의 관계에 대한 질문을 내용으로 한다. 산스크리트 경전명은 붓다바땀사까 나마 마하바이뿌리야 수뜨라 Buddhāvataṃsaka-nāma-mahāvaipulya-sūtra이다. 아바땀사까 āvataṃsaka는 집합 혹은 배열 arrange이라는 의미로 사용되고, 마하 mahā는 '대大', 바이뿌리야 vaipulya는 '방광方廣'을 뜻한다. 따라서 이 경전의 제목은 수없이 많이 화작된 부처님이 연꽃 위에 앉아 색구경천까지 전후좌우로 배열되어 있는 모습이라는 의미를 담고 있다. 이런 의미를 가진 경전을 화엄경이라고 번역한 것은 대경의 마지막 품인 입법계품이 잡화경으로 번역된 것을 경전 전체의 대표명칭으로 삼은 것이다.

『화엄경』은 성립 초기부터 현재의 형태로 이루어진 것은 아니다. 각 품이 독립된 경전으로 유통되다가 4세기경 중앙아시아에서 집대성된 것으로 추측된다. 산스크리트 완본 完本은 발견되지 않았는데, 산스크리트 원전이 있는 것은 『십지품 十地品』과 『입법계품 入法界品』 등으로 이를 포함한 몇몇 품들이 가장 일찍 성립된 것이라고 한다. 한역 『화엄경』은 3종이 있다. 60권 『화엄경』 421년, 불타발타라역, 80권 『화엄경』 699년, 실차난타역, 40권 『화엄경』 795~798년, 반야역으로, 40권 『화엄경』은 60권과 80권의 가장 마지막 품인 『입법계품』에 해당한다.

법화경

『법화경』의 산스크리트 경전명은 삿다르마 뿐다리까 수뜨라 Saddharma-puṇḍarīka-sūtra이다. 사드 sad는 '올바르다' '부사의한' '뛰어난', 다르마 dharma는 '법', 뿐다리까 puṇḍarīka는 '청정한 흰 연꽃'이라는 뜻이므로, '흰 연꽃과 같이 가장 수승하고 올바른 가르침'이라는 의미이다. 축법호스님은 이 뜻을 따라서 『정법화경 正法華經』이라고 하였는데, 구마라집스님은 '정법 正法'이라는 의미의 삿다르마 saddharma를 '묘법 妙法'으로 번역하여, 『묘법연화경』이라고 하였다. 그러나 근래는 saddharma의 sad는 진정한 사람, 곧 깨달은 사람을 가리키는 말로, 실제로는 부처님을 의미하므로 saddharma의 의미는 진정한 수승하고 올바른 사람의 법 가르침이라는 뜻으로 읽히고 있다.

한역은 이역본 異譯本을 포함한 16종과 3종의 완역본이 있다. 특히 286년 축법호역의 『정법화경』, 400년 구마라집역의 『묘법연화경』, 601년에 사나굴다와 달마급다가 공역한 『첨품묘법연화경』을 '한역삼본 漢譯三本'이라고 한다.

법화사상은 일불승 一佛乘을 주장하는데, 보살뿐만이 아니라 성문이나 연각에게도 부처님의 지견을 열어서 모두가 성불할 수 있다는 가르침이다.『방편품』에서도 회삼귀일會三歸一을 설하여, 성문, 연각, 보살의 3승은 방편이며 실은 모든 중생이 평등하게 성불할 수 있음을 밝히고 있다. 또한『여래수량품』에서는 역사적인 석존은 중생을 구제하기 위해 출현한 것이며, 그 본질은 영원히 존재함을 설하고 있다.『관세음보살보문품』은 독립으로 분류되어『관음경』이라고 하여, 동아시아 불교권에서 가장 널리 독송되는 경전이다.

정토사상은 시방세계의 수많은 부처님들께서 이룩하신 불국토에 태어나고자 하는 것이다. 불국토는 아미타불의 서방정토, 미륵불의 도솔정토, 아촉불의 묘희정토, 약사여래의 정유리정토 등이 있는데, 이 중에서 아미타불의 서방정토 극락세계가 대표적이다.

중국에서 한역된 대·소승경전의 총 940부 중, 아미타불 및 극락정토에 대하여 설한 것이 270여 부이다. 이 중에서 중국 초기의 정토교를 형성하는 데 큰 역할을 한 경전이『반주삼매경』이며, 그 밖에『화엄경』과『법화경』등에서도 정토를 설하고 있다.

일본의 호넨法然, 1133~1212스님은『무량수경』,『관무량수경』,『아미타경』을 묶어서 '정토삼부경'이라고 하였는데, 세친보살의『왕생론』과 함께 '삼경일론三經一論'으로 불리는 대표적인 정토경전이다.

대경大經이라고도 하는『무량수경』은 아미타불이 법장보살이었을 때, 48대 서원을 세우고 보살행을 한 내용이며, 소경小經이라 불리는『아미타경』은 서방 극락세계의 모습을 설하고 있으며,『관무량수경』은 서방정토에 왕생하기 위한 정토수행으로 16관법을 설하고 있다.

『무량수경』과『아미타경』은 기원전 1세기경,『관무량수경』은 4~5세기경에 성립되었다.『무량수경』과『아미타경』은 산스크리트 원전이 있는데, 『관무량수경』은 한역과 위구르어역만이 남아 있다.

문수계 경전

문수보살은 대승경전의 반야부를 비롯하여 법화부, 화엄부 등에서의 등장하지만, 문수보살의 수도修道, 수기授記, 그리고 사상성을 보여 주는 경전은 약 60여 종류가 있다.

반야사상에서 문수보살은 수보리를 대신하여 반야바라밀을 설하는 설법자이다. 『문수반야경』을 제외하면 초기 반야경전과는 그다지 밀접하지 않지만, 6세기 만다라선역의 『문수사리소설마하바라밀경』, 6세기 승가바라역의 『문수사리소설반야바라밀경』 등에서 문수반야사상이 나타난다.

'반야는 삼세제불의 어머니반야불모般若佛母'라고 하는 반야사상은, 반야바라밀의 인격화인 문수보살을 '부처님의 어머니인 문수불모적 문수佛母的文殊'라고 칭하기에 이르렀다. 불모佛母인 문수보살과 석가모니불과의 관계는 167년에 한역된 『아사세왕경』에 처음 나타나며, 『방발경』, 『보초삼매경』의 순서로 성립되었다.

(2) 중기 대승경전

중기 대승경전은 굽타시대 320~480년경 이후에 성립되었다. 이 시대에는 대승불교도 점차로 철학적이고, 학문적인 성향으로 전개된다. 이는 당시 인도사상과 대응하기 위한 필요성 때문이었다. 따라서 중기 대승불교의 논서는 물론 경전들도 철학적인 양상을 지니게 된다.

중기 대승경전은 유식사상唯識思想, 여래장사상如來藏思想 등과 관련된 경전으로 『해심밀경』, 『승만경』, 『열반경』, 『능가경』 등이 있다.

해심밀경

유식사상은 유가행유식학파瑜伽行唯識行派, Yogācāravijñānavādin의 사상으로, 대표적인 경전은 『해심밀경解深密經, Saṃdhi-nirmocana sūtra』이다. 삼디 saṃdhi는 '결합', '연결' '대나무의 매듭' '결절점'을 뜻하고, 니르모짜나 nirmocana는 '결절점을 푼다'는 의미에서 '숨겨진 의미를 풀어 내어 재해석하는 경'이라는 뜻이다. 『해심밀경』은 중국과 일본 법상종의 소의경전으로, 범본은 현존하지 않고, 513년 보리류지역의 『심밀해탈경深密解脫經』, 646년 현장역의 『해심밀경』이 있다. 부분 한역본으로 구나발다라역의 『상속해탈경相續解脫經』, 진제역의 『불설해절경佛說解節經』이 있다.

여래장경전

여래장如來藏, tathāgatagarbha은 중생에게 본래 갖추어져 있는 여래와 같은 본성을 말한다. 원어는 '여래의 태, 태아'를 의미한다.

여래장경전은 '여래장 삼부경'이라 불리는 『승만경』, 『여래장경』, 『부증불감경』이 대표적이다. 『승만경』에서는 중생의 본성은 청정무구하여 여래장을 갖추고 있다고 하며, 『여래장경』은 중생이 번뇌에 싸여 있지만 여래의 지혜가 잠들어 있다고 보아 비유해서 중생을 '그 태에 여래를 내포하고 있는 것'이라고 하였다. 『부증불감경』은 여래와 중생계는 하나로 증감增減이 없으며 중생계가 곧 여래장이며 여래장은 법신이라고 하여, 『여래장경』보다 여래장사상을 더욱 체계화하였다.

이 외에 『대승열반경』, 『무상의경』, 『앙굴마라경』 등이 있으며, 『능가경』은 여래장사상과 유식사상뿐 아니라 선禪도 설하고 있어 중국 초기 선종에서 중요한 경전이다.

여래장사상은 논사들에 의해서도 이론체계가 확립되었다. 『대승장엄경론』, 『불성론』, 『구경일승보성론』 등이 있으며, 5세기의 『대승기신론』에는 아뢰야식설과 여래장설이 조화된 여래장연기설이 성립되었다.

(3) 후기 대승경전

7세기 무렵의 대승불교는 중기의 학문적 성향을 유지하면서 이해하기 쉽도록 상징적 표현을 통하여 불교의 이상을 실현하고자 하였다. 이는 당시 인도의 일반적인 풍조인 상징주의의 딴뜨라문학이 성행한 것에 영향을 받은 진언밀교를 말한다. 진언밀교는 삼밀三密을 강조하는데, 손의 계인신밀身密, 입으로 하는 진언어밀語密, 붓다를 염하는 의밀意密 것이다.

밀교경전도 매우 방대하지만, 태장계 만다라를 설한 『대일경』과 금강계 만다라를 설한 『금강정경』이 대표적이다. 인도의 민간신앙을 공의 입장에서 해석하여 성립한 밀교는 중인도의 파라왕조 750~1199 때에 크게 발전한다. 하지만 지나친 민간신앙과의 습합으로 인하여 힌두교에 동화되어 불교의 정체성이 모호하게 되었다.

2. 신앙의 대중화, 의례와 문화의 확산

1) 지혜의 길과 신앙의 길

　대승불교는 지혜를 통한 해탈의 길과 더불어 신앙을 통한 구원의 길을 열어 놓는다. 이러한 대승불교의 특징은 대승불교의 삼귀의 정신에 잘 녹아 있으므로 귀의를 중심으로 그 내용을 살펴보겠다. 귀의歸依, śaraṇagamana란 '의지하는 곳으로 삼는다'는 뜻이다. 불자들은 석가모니불의 가르침을 듣고 믿어, 그분에게 의지하여 생사윤회에서 해탈하고자 서원을 세운 제자들이다. 초기불교에서의 귀의의 내용은 다음과 같다.

> 모든 청신사들은 설법을 듣고 부처님께 여쭈었다. "저희들은 부처님과 법과 승가에 귀의하고자 합니다. 원컨대 세존께서는 가엾게 여겨 허락하시고 우바새가 되는 것을 허락해 주십시오. 지금부터는 생물을 죽이지 않고, 도둑질하지 않으며, 음행하지 않고, 속이지 않으며, 술을 마시지 않고, 계戒를 받들어 잊지 않겠습니다." - 『불설장아함경』 권2

　부처님佛과 법法과 승가공동체인 스님들僧에게 귀의하는 것을 삼귀의三歸依, tri-śaraṇa라고 한다. 석가모니불 재세 시에는 불제자들만이 아니라 바라문들도 삼귀의를 하였다. 선생善生바라문이 부처님의 설법을 듣고 귀의하였고(『장아함경』 권11), 비가라사라沸伽羅娑羅바라문은 시론施論, 계론戒論, 생천론生天論의 설법을 듣고 귀의하였다(『장아함경』 권13).

이와 같이 일반인과 바라문이 불교도가 되는 과정을 '삼귀오계三歸五戒'라고 한다. 그리고 구족계를 받거나 사미계를 받으면 출가자로서의 자격을 완전히 갖추게 된다. 삼귀의는 출·재가를 막론하고 불자로서 기본 요건을 갖추는 중요한 덕목인 것이다.

그런데 부처님은 비구들에게는 자귀의自歸依와 법귀의法歸依를 강조하셨다.

> 세존께서 여러 비구들에게 말씀하셨다. 너희들은 마땅히 스스로 맹렬히 정진하되, 법法에 대해 맹렬히 정진하고 다른 데에 맹렬히 정진하지 말아야 한다. 스스로 귀의하되 법에 귀의하고 다른 데에 귀의하지 말아야 한다.
> - 『불설장아함경』 권6

부처님은 비구들에게 이렇게 자귀의, 법귀의를 강조하면서 육신의 안과 밖을 부지런히 관찰하여 탐심과 근심을 없애야 한다고 설하였다. 이는 부처님께서 아난존자에게 전하신 유언의 내용과도 동일하며, 『대반열반경』아함부의 "스스로를 등불로 삼고, 스스로를 귀의처로 하라. 법을 등불로 삼고, 법을 귀의처로 하라"는 '자등명 자귀의, 법등명 법귀의'이다. 이와 같이 부처님은 출가자에게는 '법', 즉 지혜를 강조하였다.

부처님이 제자들에게 질문할 경우, 제자들은 "법은 세존을 근본으로 하고 mūlaka, 세존을 도자導者로 하고 nettika, 세존을 의지처로 합니다 paṭisaraṇa. 원컨대 설하여 주소서"라고 하였는데, 한역 아함에서는 다음과 같이 전한다.

> "많이 아는 거룩한 제자들은 어떤 것에서 무상함과 괴로움을 보는가?" 모든 비구들이 부처님께 말하였다. "세존께서는 법의 근본이요, 법의 눈이며, 법의 의지처이십니다. 원하옵건대 말씀하여 주시면 저희들은 듣고 나서 말씀대로 받들어 행하겠습니다." - 『잡아함경』 권2

세존을 법의 근본法根, 법의 눈法眼, 법의 의지처法依라고 한 것은 부처님에 대한 진정한 귀의이며, 나아가 부처님과 법이 다르지 않은 불이不二, 즉 하나라는 의미이기도 하다. 이는 부처님이 출가자에게 지혜의 눈을 뜨는 법이 무엇보다도 중요함을 강조했기 때문이다.

삼귀의는 석존 재세 시부터 행해졌던 가장 오래된 불교의례로, 시대와 지역을 초월하여 현재까지도 전승되고 있다. 그런데 대승권의 북방불교에서 삼귀의는 초기불교보다 더욱 심화된 모습으로 나타나 우리들의 신앙심을 깨운다. 그 이유는 무엇일까?

> 양족존이신 부처님에게 귀의합니다 귀의불양족존歸依佛兩足尊.
> 이욕존이신 법에 귀의합니다 귀의법이욕존歸依法離欲尊.

중중존이신 승(가)에 귀의합니다 귀의승중중존歸依僧衆中尊.
- 『잡아비담심론』 권10

이 경문은 현재 북방불교에서 하는 삼귀의이다. 이 삼귀의 문장이 대승경진에 처음 보이는 것은 『잡아비담심론』4세기경 성립, 5세기 승가발마역으로, 삼보의 내용이 보다 구체화되었음을 알 수 있다. 즉 초기불교는 단순한 삼보에 대한 귀의였는데, 이 경문에서는 부처님은 두 가지를 갖추셨기 때문에, 법은 탐욕에서 벗어날 수 있기 때문에, 승가는 청정하고 존귀하기 때문에 귀의한다고 하였다.

부처님께서 갖추신 두 가지양족兩足는 '복'과 '지혜'를 말하는데, 세친은 6바라밀을 복과 지혜로 구분하였다.

> 무엇이 자량인가? 복덕과 지혜를 말한다. 여기서 보시 등 세 가지 바라밀은 복덕의 자량이고, 반야바라밀은 지혜의 자량이다. 정진바라밀의 경우는, 만일 지혜를 위해서 정진하면 지혜의 자량이고, 복덕을 위해 정진하면 복덕의 자량이다. 이와 같이 선정바라밀도 역시 두 종류가 있다. 만일 네 가지 한량없는 마음을 반연하는 선정이라면 복덕의 자량이고, 나머지는 지혜의 자량이다.
> - 『섭대승론석론』 권6

자량資糧, saṃbhāra이란 수행의 기본이 되는 선근善根 공덕을 말한다. 세친보살은 복과 지혜를 자량이라고 하였고, 복덕의 자량은 보시, 지계, 인욕과 복덕을 위한 정진과 사무량선이고, 지혜의 자량은 반야바라밀과 지혜를 위한 정진, 그리고 사무량선을 제외한 선정이라고 하였다. 세친보살의 복과 지혜의 자량에 대한 설명은 대승불교 삼귀의인 '귀의불 양족존'과 관련이 있는 것으로 보인다.

그런데 무슨 이유로 복과 지혜를 갖춘 부처님께 귀의하는 것인가? 부처님께서 구족하신 복과 지혜가 가장 뛰어난 최상의 것이기 때문인가? 달라이라마는 "복은 색신色身의 자량資糧이고, 지혜는 법신法身의 자량이다"라고 하였다. 법신으로서의 부처님은 지혜를 상징하는 법의 인격화된 모습을 말한다. 이러한 법신불은 시간과 공간의 한계 속에 머무는 역사적인 부처님에서 벗어나 법의 본체로서 시공을 초월한 영원한 부처님으로 세상 곳곳에 두루 존재한다. 그 법신불은 색신을 갖추고 복덕을 누리며 중생을 제도하는 대승불교의 모든 부처님의 본 바탕이다. 이렇게 대승의 부처님에게는 지혜를 바탕으로 무량한 중생을 제도하는 원력과 중생으로 향하는 대자비가 살아 숨쉰다. 따라서 중생이 대승의 부처님을 믿고 간절히 부르기만 해도 구원의 길이 열리게 된다. 때문에 우리들은 '양족존'이신 부처님께 헌신하고 귀의하는 것이다. 이러한 중생제도의 원력은 『화엄경』의 자귀의에도 잘 드러나 있다.

> 스스로 부처님께 귀의할 때,
> 중생들이 대도를 몸소 증득하여
> 더없는 보리의 마음을 내기를
> 언제나 원합니다.
>
> 스스로 법에 귀의할 때,

중생들이 경장經藏에 깊이 들어가
지혜가 바다와 같아지기를
언제나 원합니다.

스스로 승가에 귀의할 때,
중생들이 대중을 잘 통솔해
일체에 장애가 없기를
언제나 원합니다.
- 『60화엄경』 권6

초기불교의 삼귀의, 자귀의, 법귀의는 지혜를 강조한 것으로 '중생구제'의 서원이 없다. 반면 대승불교의 삼귀의에는 '위로는 보리를 구하고 상구보리上求菩提 아래로는 중생을 교화한다 하화중생下化衆生'는 대승의 정신에 부합한, '중생구제'의 서원을 내포하고 있다. 이러한 부처님 서원에 의거하여 부처님께 공양하고 예경함으로써 우리는 구원을 받는 것이다. 따라서 대승의 삼귀의는 지혜의 길과 더불어 중생구제의 원력이 담긴 부처님께 귀의함으로써 지혜를 통한 구원의 길은 물론 믿음으로서의 신앙을 통한 구원의 길을 제시한다. 그것은 한마디로 말해서 신해행증信解行證을 통한 신행信行의 길이다.

2) 불상과 종교 의례의 등장

(1) 불상의 탄생과 의의

대승불교의 흥기는 불교문화사에 있어서 가장 커다란 변화를 가져왔다. 그것은 바로 불상의 출현으로, 500여 년 동안의 '무불상시대'를 지나 1~2세기에 탄생하였다. 불상 출현의 역사적 배경은 크게 두 가지로 구분되는데, 불교 외적 요인과 불교 내적 요인이다.

우선, 불교 외적 요인으로는 알렉산더 대왕의 동방원정으로 인한 헬레니즘Hellenism문화의 영향을 든다. 고대 서양에서는 신神을 인간의 모습으로 표현하지 못했는데, 헬레니즘 문화에서는 그리스 신전에 신들의 모습을 조각하기 시작하였다. 이런 문화적 변화는 불교에도 영향을 미쳤고, 부처님과 보살들이 형상화되었던 것이다. 이를 '그리스 기원설'이라고 하는데, 알프레드 푸쉐Alfred Foucher, 1865~1952가 제기한 이래 가장 주목되어 왔다.

최초의 불상은 간다라불상과 마투라불상으로 나뉘는데, 이 두 양식은 선후先後가 아닌 동시에 발생하였다는 것이 학계의 정설이다. 인도 서북지역에서 그리스 신상의 영향을 받은 것은 간다라불상이며, 인도 내륙에서 발생한 것이 마투라불상이다. 이 마투라불상은 불교 내적 기원설과 관련이 깊다.

불상 탄생과 관련하여 주목해야 할 점은 역사적인 사실 이외에 불교경전의 기록이다. 경전에는 역사적인 사실과는 전혀 다른 불상 탄생의 내용을 전하고 있는데, 이는 비역사적이고 종교적인 입장만 주장하는 것이라는 비난의 여지가 있을 수 있다. 하지만 경전에서 설하고 있는 불상 탄생은 불상의 역사적 사실만으로는 알 수 없는 불상의 의미를 파악할 수 있다. 특히 역사적인 불상 출현과 동일한 시대인 초기 대승경전에 나타난 불상 조성의 내용은 우리가 불상을 어떻게 인식하고 수용해야 하는가에 대하여 교리적인 해답을 보여준다.

불상 탄생에 관한 최초의 기록은 『증일아함경』에 보인다. 경전에 의하면, 세간의 중생들이 게을러서 부처님의 설법을 들으려고 하지 않자 부처님은 시자인 아난에게도 알리지 않고 33천으로 몸을 숨기고, 그곳에서 마야부인을 위하여 설법을 하신다. 부처님이 보이지 않자 매일 아침 부처님을 친견하고 정사를 시작하던 우전왕은 부처님을 그리워하다가 결국 병이 났다. 신하들은 왕이 돌아가실까 염려하여 방편으로 부처님의 형상을 만들고, 부처님이 돌아오시자 우전왕은 불상을 부처님께 올렸다. 이것이 경전에서 설하고 있는 최초의 불상 탄생이다.

이 경전의 내용에서 주목할 점은 신하들이 왕에게 불상 조성의 이유를 설명하는 부분이다.

> 신하들이 왕에게 아뢰기를 "저희들이 여래의 형상을 조성하고자 합니다. 그러면 공경하고 섬기며 예배할 수도 있을 것입니다." - 『증일아함경』 권28

'부처님처럼 공경하며 예배를 드리는 것', 이것이 불상에 대한 최초의 개념이었다. 그런데 이 개념은 불교의 사상적 발전과 더불어 변화 양상을 보인다. 179년에 지루가참스님이 한역한 『도행반야경』에서 불상에 부처님의 본체가 깃들어 있는가 물었다.

> 살타파륜보살이 말했다. "깃들어 있지 않습니다. 불상을 만든 이의 생각은 단지 사람들로 하여금 불상을 공양하고 복을 얻도록 하기 위함입니다." - 『도행반야경』 권10

『도행반야경』에서는 불상조성의 의미가 '공양을 올리고 복을 얻기 위함'이라고 하여, 『증일아함경』에서는 나타나지 않았던 불상 조성의 복덕에 대하여 언급하고 있다. 『도행반야경』이 성립된 2세기 중반에는 불탑사상이 여전히 성행하고 있었다. 따라서 이 경전에서는 무불상시대에 강조되었던 불탑조성으로 선한 과보를 얻고 사후에 생천生天한다는 복전사상을 계승하여, 불상조성이 불탑조성의 공덕과 동일한 행업이라는 점을 인식시키기 위해 복전사상을 수용하였을 것이다.

이후 3세기 중반에 지겸스님이 한역한 『대명도경』에서는 불상에 부처님의 위신력이 있다고 생각하느냐고 묻는다.

> 보자개사가 대답하였다. "아닙니다. 그 형상을 만든 이유는 단지 사람들로 하여금 마음을 삼가게 하고 예경하도록 하며, 스스로 경책하여 수행하며 그 복을 얻도록 하려는 것일 뿐입니다." - 『대명도경』 권6

『도행반야경』과 내용이 대동소이하지만, 불상조성의 이유를 '중생들이 부처님을 예경함은 물론 스스로 경책하고 수행하여 그 복을 얻도록 하려는 것'이라고 하여, '예경과 수행을 통한 복덕'을 강조하고 있다. 이와 같이 『대명도경』에서도 불상조성을 복덕과 관련짓고 있기는 하지만, 조성이 아닌 수행의 측면에서 복덕을 강조하여 불상 개념의 사상적 발전을 보여준다.

초기 대승경전을 통하여 살펴본 불상조성의 의미를 간단히 정리하면, 『증일아함경』에서는 '부처님에 대한 공경과 예불', 2세기의

『도행반야경』에서는 '공양하고 복을 받기 위하여', 3세기의 『대명도경』은 '예경과 수행하여 복덕을 받기 위해서'였다. 즉 불상의 성격은 예경을 근본으로 하여, 복덕과 수행의 개념이 더해졌음을 알 수 있다. 수행과 관련하여 불상조성의 주요 원인으로 관불수행이 주목된다.

> 세존이시여, 만일 시방의 한량없고 그지없이 많은 세계의 온갖 여래, 응공, 정등각의 색신色身과 법신法身을 항상 뵈옵고자 하면 응당 이와 같이 매우 심오한 반야바라밀다를 지극한 마음으로 듣고, 지니고, 독송하고, 부지런히 닦고 배워서 이치대로 생각하고, 쓰거나 설명하여 널리 퍼뜨려야 합니다. 그러면 그들은 시방의 한량없고 그지없이 많은 세계의 일체 여래, 응공, 정등각의 두 가지 몸을 뵈온 까닭에 차차로 반야바라밀다를 닦아서 속히 원만하게 될 것입니다. 이때에는 응당 법성法性으로서 부처님을 관하고 따라서 생각함 관불수념觀佛隨念을 닦아 익혀야 할 것입니다.
> – 『대반야바라밀경』 권430 「천래품」

관불수념은 관상을 통해 부처님을 친견하는 데 목적을 두고 있다. 이와 관련하여 『반주삼매경』에서는 아미타불을 중심으로 시방제불이 나타나는 반주삼매를 얻기 위해 수행자가 부처님 형상을 조성해야 한다는 것을 언급하고 있다. 물론 여기서는 불상 자체보다는 불상을 통한 수행의 측면으로서 부처님 친견을 강조하고 있지만, 불상 조성의 필요성을 언급하고 있다는 점은 시사하는 바가 크다.

특히 디크리히 젝켈D. Seckel, 1910~2007은 용수보살의 공사상을 불상 출현의 사상적 배경으로 보았다. 공의 진리를 조형이나 그림으로 표현할 수는 없지만, 공사상은 색色과 공空이 다르지 않다는 양자택일을 초월한다. 이에 따라 부처님이 열반에 들었기 때문에 형상화하는 것은 불가능하다고 한 표현의 한계성으로부터 자유로워지게 되어 불상 조성이 가능해졌다.

특히 힌두교의 영향과 대승불교의 불보살 신앙을 통한 구원 개념 확산과 더불어, 불상은 불탑이나 사리, 또는 부처님의 다른 성스러운 유물과 마찬가지로 부처님 그 자체로 간주되었을 것이다. 특히 불상은 숭배 대상으로 친근성과 종교미로서의 아름다움을 간직하면서 독립적인 숭배와 예경의 대상으로 자리잡게 되었다. 그 결과 불상신앙은 불탑신앙과 더불어 사람들 사이에 널리 성행하면서 불교 신앙의 중심이 되기에 이른다.

(2) 의례를 통한 부처님과의 만남, 의례의 보편화

불교의례의 연원은 부처님께 올리는 예법이었다. 부처님께서 살아 계실 때의 예법이 경전에 잘 나타나 있다.

> 존자 마하주나는 곧 자리에서 일어나 오른쪽 어깨를 드러내고 오른쪽 무릎을 땅에 붙이고 꿇어앉아 합장하고 여쭈었다. "세존이시여, 출세간出世間의 복을 얻을 수 있는 방법을 설명해 주실 수 있겠습니까?" - 『중아함경』 권2

부처님께 법문을 청하거나, 법을 물을 때, 공양청 등을 할 때, 두

어깨를 감싸고 있던 가사의 오른쪽을 벗어 어깨를 드러내고^{편단우견偏袒右肩}, 꿇어앉아 왼쪽 다리는 세우고 오른쪽 무릎은 땅에 대고^{우슬착지右膝著地}, 두 손은 모아서 합장하고 부처님을 우러러보는 것^{합장공경合掌恭敬}이 바로 불교예법이며 불교의례였다.

> "세존이시여, 여러 대중들과 함께 저의 공양을 받아 주십시오." 그때 세존께서는 잠자코 허락하셨다. 그러자 장신바라문은 부처님께서 자기 청을 받아 주신 것을 알고는 부처님께 예배하고 오른쪽으로 세 번 돌고 물러갔다.
> -『잡아함경』권4

부처님을 친견하고 물러날 때에는 부처님을 오른쪽으로 세 바퀴 돈 후에 나간다^{우요삼잡右繞三匝}. 특히 우요삼잡은 부처님께서 열반에 드시고 난 후의 불탑신앙시대의 주요한 예법이었으며, 이는 불상신앙시대에도 변함이 없었다.

한편 불교의례에는 예법뿐만이 아니라 참회법도 있다.

> 그때 바사닉왕은 갑자기 두려워져 온몸의 털이 곤두서고 슬픔과 울음이 뒤엉켰다. 그는 손으로 눈물을 훔치면서 세존의 발에 머리 조아려 예배하고서 자신의 잘못을 털어놓았다. "이 미련한 것이 아무것도 몰랐습니다. 원컨대 세존께서는 제 뉘우침을 받아 주소서. 저는 지금 온몸을 땅에 던져 지나간 잘못을 고치고 다시는 그런 말을 하지 않겠습니다. 부디 세존께서는 제 참회를 받아 주십시오." 이와 같

이 두 번, 세 번 되풀이하였다. - 『증일아함경』 권13

참회법은 '온몸을 땅에 던지는' 오체투지이다. 물론 오체투지가 반드시 참회법만으로 설해진 것은 아니지만, 대부분 참회와 관련하고 있다. 이와 같은 초기불교의 의례는 부파불교를 지나고 대승불교에 이르면, 매우 다양화되고 보편화된다. 그 가운데 불상과 관련하여 대승불교의 의례를 살펴보겠다.

정각스님(『불교의례』)에 따르면, 불교의례의 근원적 의미는 승단의 위의를 통해 불교의 사상적 심연과 관계를 맺는 것으로, 수행을 통한 해탈의 성취에 있다고 하였다. 즉 불교의례의 궁극적인 목적은 해탈의 성취이며, 불상은 불교의례의 주체가 되는 것이다. 그런데 '예경의 대상'이라는 의미에서 본다면, 존상의 이미지가 반드시 인간의 모습과 동일해야만 하는 것은 아니다. 무불상시대에는 보리수, 법륜, 금강좌, 불족적佛足跡 등이 예경의 대상으로서 역할을 충분히 하였기 때문이다. 예경의 대상을 성스럽게 여기는 것은 너무나도 당연하다.

불상이 '예경의 대상'이라고 하는 것은 두 가지 의미를 담고 있다. 하나는 부처님이 중생들에게 선각자로서 해탈을 보여 주시고, 중생들을 해탈의 길로 인도하시는 분이기 때문에 존경심을 표현하는 것이다. 이는 부처님과 중생이 다르지 않고, 둘이 아니라고 하는 불이不二사상에 입각하고 있다. '예경'이란 부처님에 대한 예경이기도 하며, 동시에 예경자 자신에 대한 예경이 된다. 이것이 의례를 통한 부처님과의 만남이며, 나의 자성自性과의 만남인 것이다. 다른 하나는 숭배와 신앙의 대상으로서의 부처님에 대한 믿음과 절대 귀의를 통해 마음의 평화와 안정은 물론 구제의 길을 여는 것이다. 이러한 의미에서 우리는 불상의 형상을 통하여 그 안에 형상을 초월해 있는 부처님 마음과 만난다. 다시 말해서 불상의 유상有相 속에 내재해 있는 무상無相의 부처님인 법신과 만나고, 자비의 화신化身인 석가모니 부처님은 물론 정토세계의 교주이신 보신報身으로서의 아미타부처님을 믿고 만나는 것이다.

한편 현대 불교의례의 가장 일반적인 형식은 불상 앞에서 출가수행자와 재가불자가 염불이나 독경 등을 행하는 것이다. 이 형식에는 불상佛, 염불法, 스님僧의 삼보가 구족되어 있다. 따라서 불교의례란 삼보가 한 공간 내에서 동시에 발현되는 것으로, 시공時空의 동시적 공유는 단지 현실적인 공유가 아니라 불보살이 시공을 초월하여 그 자리에 현현顯現하는 것이다. 우리는 의례에 동참함으로써 그 현장에서 불보살님과 만나고 그분들의 법문을 들음으로써 아상我相을 버리고 업보를 탕감하여 아름다운 불국정토에 참여하게 되는 것이다.

3. 보살사상과 보살행

1) 보살 관념의 형성

대승불교는 유식학파와 중관학파, 여래장 사상이라는 다양한 학파로 구성되어 있고 또 대승학파의 근거가 되는 대승경전들이 수세기에 걸쳐 인도전역에서 점차 편찬되어 왔음을 고려해 볼 때, 대승을 하나의 단일한 종교운동으로 보기는 어렵다. 그럼에도 이를 주도해 간 중심이념이 보살운동이었다는 사실에 대해서는 누구도 이의를 제기하지 않을 것이다.

대승불교는 현존하는 한역이나 최근 발견된 산스크리트 사본에 대한 방사선 연도 측정을 참조할 때, 기원 전후에 등장한 것이 분명해 보인다. 대승불교의 기원과 관련하여 보살관념의 형성에 대해서는 제1장에서 설명했으므로 여기서는 이에 의거하여 간략히 정리해 보겠다.

대승이 보살사상과 밀접히 관련되어 있기에, 이를 교단사적 관점과 내적 이념의 발전이라는 두 가지 측면으로 살펴볼 수 있다. 히라카와는 교단사적 관점에서 대승의 기원을 불탑신앙을 중심으로 한 재가불교운동으로 설명했지만, 서구학계의 비판을 받았다. 쇼펜은 고고학적 유물에 대한 검토를 통해 당시 인도불교에서 대승이 적어도 실생활에서 널리 퍼진 종교현상이 아니었음을 보여 주었고, 해리슨은 『반주삼매경』 등의 초기 대승경전에서 고행자의 이상이 보다 중요한 역할을 하고 있다는 점에서 대승이 재가자 중심의 운동은 아니라고 보았다. 하지만 최근 대승문헌 전반에 걸친 재검토와 새로운 사본의 발견을 통해 대승이 당시 불교사회에 널리 퍼진 종교운동이었음이 밝혀지고 있어 이들의 주장은 재론의 여지가 있다.

이런 점을 종합해 보면 대승경전의 제작에는 출가보살이 주도적 역할을 수행했지만 대승경전의 필사와 유포, 그리고 승원의 관리를 위해서 재가보살의 역할이 지대했기 때문에, 보살운동이란 결국 출가-재가의 이분법을 떠나 하나로 연결된 불교공동체의 산물로 보는 것이 타당할 것이다.

이러한 고고학적 방법을 통한 대승에 대한 사회학적, 제도적 연구는 기존의 교학연구가 보여 주지 못했던 불교의 생활사와 관련된 여러 측면을 성공적으로 보여 주었으며, 이를 통해 인도 불교사회를 새로운 시각으로 볼 수 있도록 하는 데 크게 기여했다. 하지만 그러한 연구는 대승불교의 내용에 대해서는 거의 어떤 정보도 주지 못하고 있다. 예를 들어 왜 대비와 공성이 대승불교의 핵심을 이루며, 왜 대승경전의 청문이 보살의 자기인식에서 결정적 중요성을 가지는가를 고고학적 연구가 보여 주기란 어려울 것이다. 이것은 오직 대승불전 자체만이 보여 줄 수 있기에 대승의 보살사상의 이해는 대승불전 자체를 떠나서는 가능하지 않다. 물론 궁극적인 것의 성격에 대한 대승불전의 해명은 각 경전의 성격에 따라 다양하지만, 그럼에도 궁극적인 것이 아비달마와는 다른 방식으로 이해되고 해명되고 있다는 점도 분명해 보인다.

2) 보살의 자격과 보살행의 실천

2세기 초 대승이 발전되기 시작할 무렵 편찬된 것으로 보이는 『보살장경菩薩藏經』에서는 보리심과 사무량심과 육바라밀 등 초기경전과 본생담 등에서 중요한 역할을 했던 수행들이 설해지고 있고, 특히 발심發心을 중요시하고 있다. 여기서의 발심은 「보살지」와 같은 발전된 단계의 대승논서와 비교해 보면 매우 초기적인 특징을 보여 준다. 이렇게 『보살장경』은 대승의 성립 초기에 부처님의 속성과 또 사무량 등의 여러 무량을 증득하기 위한 유일한 법으로서 발심의 역할을 이미 강조하고 있다. 이는 초기 대승시기에 이미 대승의 정체성에 대한 분명한 인식이 있었음을 보여 준다. 이하에서는 어떤 마음 상태를 지녔을 때 보살의 자격을 받을 수 있는지를 중심으로 살펴보겠다.

(1) 종성種性

종성gotra이란 원래 '가문, 씨족, 가족' 등의 의미를 갖는다. 그러나 불전에서는 사회적 의미 대신에 정신적 의미에서 '본래부터 주어진 깨달을 수 있는 선천적인 근거'를 의미한다. 이를 바탕으로 비로소 보살행이 시작될 수 있다는 점에서 종성은 보살행의 근거가 된다. 이와 같이 종성은 불교수행자들이 목표를 향해 나아가는 데 적합한지를 성향의 측면에서 정한 것으로, 초기 대승경전에서 삼승의 구도가 처음 등장하기 때문에 이는 초기 대승경전 편찬 무렵에 이미 성립되었을 것이다. 여기서 성문의 종성은 성문의 수행도에 적합한 성향을 가리키며,

보살종성은 보살의 수행에 적합한 성향을 가리킨다.

후대의 수행도차제修行道次第에서 성문과 연각의 종성은 중간단계의 목표를 지닌 자로서 열반을 향하는 수행자이고, 대승의 종성은 가장 높은 목표를 가진 자로서 부처님의 완전한 깨달음을 성취하고자 하는 수행자이다. 반면 하급단계의 수행자는 현생이나 내생에서의 물질적 이익을 추구하며 열반이라는 목표에는 관심이 없는 자로서, 종성론에서는 무종성자로 분류된다.

4세기 중엽에 편찬된 『유가론』에서는 종성을 삼승의 종성에 더해 부정종성不定種性과 무종성無種性의 5종으로 구별한다. 부정종성이란 삼승의 어느 쪽으로도 아직 결정되지 않은 종성이고, 무종성이란 어떠한 종성도 갖지 않은 상태를 말한다. 후대에 동아시아 대승불교에서 유식사상의 이러한 무종성론은 여래장사상의 보편적 구제론과 대립된 가르침이라고 비판받았지만, 이는 인도불교에서 종성론의 맥락과는 전혀 무관한 것이다.

초기불전은 어떻게 부처님이 될 자격을 부여받는가를 석가모니나 미륵보살의 예를 들어 과거불로부터 수기를 받고, 이를 통해 그는 불퇴전에 들어갔다고 말한다. 그러나 대승경전에서는 대승의 가르침을 듣고 그 의미를 이해한 사람은 모두 동등한 불퇴전에 들어갔다고 새롭게 해석한다. 종성 개념은 바로 이런 맥락에서 현실적인 승원의 상황을 고려하여 도입된 것으로 종성론 자체가 대승의 관점에서의 분류라는 점을 고려한다면, 대승에 적대적인 인물들은 그들의 증오심으로 인해 대승의 목표는 고사하고 이승의 목표에도 결코 도달할 수 없는 성향을 가진 무종성자로 간주되었을 것이다.

무종성자의 의미는 『보성론』에 잘 나타나 있다. 무종성자는 '열반의 종성을 갖지 않은 자'로 해탈로 이끄는 수행도를 싫어하며 오직 윤회만을 원하지 열반을 원하지 않는 자이거나, 또는 불교도이지만 대승의 가르침에 대해 적대적인 자로 설명된다. 전자의 경우는 윤회를 벗어난다거나 열반이라는 정신적인 구제에 하등의 관심도 갖지 않은 자를 가리킨다. 그러나 그들의 이러한 정신적 구제에 무관심한 태도조차 완전히 결정된 것이 아니라, 단지 그들의 관심이 세속적 욕망을 추구하는 한에서 그렇다는 의미로 이해하는 것이 더 나을 것이다. 반면 후자는 대승에 대해 적대적인 태도로 일관하는 자로서, 가라시마 세이시辛島靜志는 그들이 『대승열반경』에서 선근善根이 끊어져 보리의 씨앗이 전혀 없는 일천제一闡提, icchantika의 의미에 대응한다고 하였다.

이렇게 본다면 종성론은 교육학적 목적에 따른 수행자의 분류라고 할 수 있다. 여러 성향을 가진 사람들 중에서 대승에 관심을 가진 사람들을 불종성이나 보살종성으로 구별해서 그들에게 성불로 이끄는 적합한 가르침을 제공하려고 하는 목적이 종성론의 밑바닥에 깔린 의도이다. 이런 교육학적 목표에 따른 실천적 구별은 실제로 『성문지』나 실크로드에서 발견된 소위 '요가교의서Yogalehrbuch'에도 보인다. 따라서 이런 교육 목적을 위한 수행자의 구별을 마치 존재론적 차이로 해석해서 무종성자에게는 영원히 해탈의 가능성이 없으며, 이는 여래장의 보편적 성불론과 모순된다고 비판하는 것은 종성론을 잘못 이해한 것이다. 왜냐하면 여래장사상에 대한 체계적 논서인 『보성론』에서도 여래장의 세 가지 의미 중 하나로 종성의 존재를 말하고 있는데, 종성이란 불성을 성취할 수 있는 내적 토대나 원인의 의미로 해석되기 때문이다. 여래장의 다른 두 가지 의미는 법신의 변재성遍在性과 진여의 무차별성이다. 법신이 변재하고 진여에 차별이 없다면 일천제든 무종성자든 해탈의 길은 열려 있는 것이다.

유식논서인 「보살지」에서 종성은 본래 상태의 종성본성주종성本性住種姓과 개발된 종성습소성종성習所成種姓의 2종으로 나누어진다. 본성주종성은 "보살이 가진 내육처內六處의 특별한 양태이며, 그와 같은 양상으로 연속적으로 내려온 것이고, 무시 이래로 자연적 성질에 따라 획득된 것"으로 설명된다. 여래장 문헌은 이러한 본성주종성을 내재하는 여래장의 존재와 관련시켜 설명한다. 반면 습소성종성은 이전에 선근의 반복 연습에 의해 후천적으로 얻어진 것이다.

(2) 발보리심과 서원

자신의 종성을 확인한 후에 대승의 수행자에게 발심發心과 서원誓願이 요구된다. 발심이란 발보리심發菩提心의 준말로, 보리를 향한 마음을 일으키는 것이다. 엄밀히 말하면 보리에는 성문의 보리와 연각의 보리, 불보리가 있지만 여기서의 의미는 부처님의 보리를 향한 마음을 일으킨다는 뜻이다. 부처님의 보리는 무상정등보리無上正等菩提, 즉 위없는 완전한 깨달음을 가리키며 이승의 보리와는 구별된다. 이승이 자리를 위해 열반의 증득을 목표로 하는 반면, 보살은 '상구보리 하화중생'이란 표어로 잘 알려져 있듯이 불보리를 증득하기 위한 자리와 일체중생의 제도라는 이타를 동시에 수습하기 때문이다. 자리를 위해서는 공성의 통찰이 필요하고 이타를 위해서는 대비를 실천해야 한다. 이 두 가지 목표가 바로 서원의 내용이다.

그런데 상구보리와 하화중생이라는 두 목표 중에서 하화중생에 대승의 중점이 놓여 있다. 완전한 부처님의 깨달음을 증득하는 것이 목표이지만, 그 목표는 사실상 일체중생의 구제라는 대비심의 실천 없이는 성취될 수 없기 때문이다. 따라서 「보살지」에서 "발심은 대비심에서 나온다"고 말한다. 최고의 대비심은 중생들을 위없는 깨달음으로 이끌겠다는 열망이며, 바로 이것을 원보리심願菩提心이라 한다.

원보리심의 계발과 실천을 위해 샨티데바Śāntideva, 寂天, 7세기논사는 자·타의 평등성과 자·타의 교환을 제시한다. 자·타의 평등성은 자신과 타인이 모두 행복을 바라고 고통을 피하는 마음은 같다는 원리에 따라, 자신만을 위한 행복을 추구할 수 없다고 깊이 자각하는 것이다. 여기에는 대승에서 설하는 법무아法無我의 인식이 놓여있다. 그렇지만 샨티데바논사는 자·타의 평등성을 실천하는 것만으로는 부족하며, 더 나아가 보살행을 적극적으로 실천해야 한다고 말한다. 그것은 자신의 행복을 타인의 고통과 바꾸는 것이다. 그는 이 자·타의 교환이야말로 행복해지기 위한 최고의 비밀이라고까지 말한다. 티베트불교는 이에 따라 자신의 안락은 버리고 타인의 고통은 취하는 통렌gtong len수행을 발전시켰다.

그러나 일반 수행자가 이런 두 가지 실천을 처음부터 행하기는 어렵기 때문에, 단계적인 명상법에 따라 예비수행부터 시작한다. 보리심을 일으키기 위한 예비수행이란 인간으로 태어나기의 어려움과 무상을 통찰하고, 윤회세계의 고통을 확실히 아는 것이다. 이런 수행을 통해 실존적으로 마음의 토대를 확고히 한 후에야 비로소 수행자의 발심은 후퇴하지 않을 수 있기 때문이다.

그리고 단계적인 수행으로 인도-티베트 전통에서는 일곱 단계의 인과를 설한다. 첫째 모든 중생을 어머니로 생각하기, 둘째 모든 중생들이 내게 베풀었던 은혜를 기억하기, 셋째 그들의 은혜에 대해 보답하려는 의향을 일으키기, 넷째 그들에 대한 자애심을 기르기, 다섯째 그들에 대한 대비심을 기르기, 여섯째 모든 중생에게 관심을 기울이고 책임감을 갖는 특별한 이타적인 태도를 기르기, 일곱째 보리심을 일으키기이다.

  7종 인과는 결국 삼계의 모든 중생들이 나의 부모라는 생각으로 차별 없이 연민심을 일으키기 위한 것으로 이타심을 계발하기 위한 것이지만, 동시에 이를 위해 모든 중생이나 외적 차별상은 모두 꿈속의 환영과 같음을 깨닫게 하고, 나아가 이런 환영들의 본성을 통찰하도록 한다는 점에서 공성의 통찰로 이끈다.

  경전은 이런 명상이 증오하는 적에 대해 깊은 연민심을 불러일으킬 수 있다고 강조한다. 만일 수행자가 '타인의 악행은 자신의 고통으로, 자신의 선행은 타인의 행복으로 익어 가기를!'이라고 불상이나 존경하는 스승 앞에서 기원한다면, 보리심은 자라나고 깊이 마음에 뿌리내리게 된다고 말한다. 그리고 이런 명상을 행할 때에는 기도 중에 몸에 물집이 생긴다든가 장애가 나타나는 등의 징험이 반드시 일어난다고 한다.

(3) 공성과 대비, 그리고 무주처열반

  대승보살이 불성의 증득과 일체중생의 제도를 목표로 하여 수행할 때, 불성의 증득을 위해서는 일체법의 공성을 통찰하고 중생의 구제를 위해서는 대비심을 계발해야 한다. 이런 점에서 공성과 대비는 해탈과 윤회라는 서로 반대 방향을 향해 달려가는 두 개의 힘처럼 보인다. 보살은 이런 두 가지 대립된 힘을 교대로 사용해서 자신과 타인을 성숙시키는 원동력으로 삼는다.

무주처열반無住處涅槃, apratiṣṭhita-nirvāṇa은 바로 이러한 두 개의 힘이 어떻게 능숙한 보살에 의해 활용되는가를 보여 주는 개념이다. 이것은 대승보살의 새로운 이상을 드러내기 위해 이미 대승 초기부터 등장한다. 초기불교 이래 유여의열반有餘依涅槃과 무여의열반無餘依涅槃이라는 전통적인 2종의 열반은 소멸이나 무위無爲 개념과 강하게 연결되어 있기 때문에, 어떤 적극적인 행위나 이타적 행위는 정의상 가능하지 않다. 왜냐하면 아비달마에서 열반은 무위법으로서 어떤 물질적이거나 심리적인 요소를 초월해 있기 때문이다. 따라서 무위의 열반에 이미 들어간 아비달마의 아라한에게 이타행은 기본적으로 불가능한 것이다.

하지만 부처님의 반열반 이후 불교도들은 중생들에 대한 대비심에서 설법하신 부처님이 영원히 그리고 완전히 무위의 세계에 들어가 이 고통에 찬 윤회세계를 영원히 초월해서 중생들의 고통에 등을 돌린 존재가 되었다고 믿지 않았다. 그들은 부처님의 사리나 불전이 모셔진 불탑에 부처님이 어떤 방식으로든 머물고 계시다는 관념을 발전시켰다. 나아가 단순히 머물고 있을 뿐 아니라, 그것이 무위와 모순된다 하더라도 어떤 방식으로든 이 세계와 소통하고 있다고 생각했다. 이와 같이 머물고 계신 부처님의 존재 방식을 전통적인 무여의열반의 개념으로 표현하기는 어려웠다. 이를 표현하는 새로운 용어가 바로 무주처열반이다.

무주처열반에 대해 가장 상세히 설명하는 『보성론』에서는 이를 생사즉열반生死卽涅槃이라는 대승의 유명한 구절과 관련시킨다. 『보성론』은 이를 승의勝義적 측면에서의 설명이라고 하면서 다음과 같이 말한다.

보살은 반야를 통해 갈애의 잠재력마저 남김없이 끊었기 때문에 차별없이 일체 중생과 가까이 있지 않으며, 또한 대비를 통해 그 (중생들)를 버리지도 않기 때문에 멀리 있지도 않다. - 『보성론』

만일 보살이 반야를 통해 일체법에 대한 집착과 욕망을 근절했다면, 그는 고통의 원인의 소멸이 바로 멸제라는 사성제에 따라 당연히 열반을 증득하게 될 것이지만, 그럴 경우 그는 성불이라는 자신의 성숙을 완성시키지 못할 것이다. 따라서 보살은 마치 열반의 종성이 없는 자aparinirvāṇagotraka처럼 중생에 대한 대비심을 다시 일으켜 윤회 속에 머무른다는 말이다. 반면에 만일 보살이 대비심을 최고로 계발한다면 고통받는 중생을 위해 기꺼이 윤회에 떨어지려고 할 것이며, 한결같이 적정만을 구하는 성문처럼 열반에 머무르려고 하지 않을 것이다. 이와 같이 보살은 생사와 열반 어디에도 집착하지 않으면서도, 자신과 타인의 성숙을 위해 머물고 노력한다. 이는 반야와 대비의 두 요소가 동시적으로 무상보리, 부처님의 완전한 깨달음을 증득하기 위한 근원이 된다는 뜻이다.

이는 『팔천송반야경』의 '무주지주無住之住'를 연상시킨다. 그 의미는 보살이 머물지 않는 방식으로 잘 머문다는 것으로, 어디에도 집착하지 않지만 그럼에도 그것에 대해 마음을 일으킨다는 의미로, 유명한 『금강경』의 '응무소주 이생기심應無所住 而生其心'과 비슷한 맥락이다.

4. 대승불교의 부처님

대승불교에서 부처님의 본질이 무엇인가의 문제는 가장 중요한 주제였다. 이는 초기 대승경전인 『반야경』에서 부처님의 본질에 대한 상제보살의 탐구를 통해 전형적으로 나타나 있다. 부처님의 본질에 대한 이러한 탐구는 초기불교와 아비달마불교 시기에 법에 대한 두드러진 관심과 구별된다. 초기 대승경전에서는 다양하고 새로운 부처님에 대한 이해가 나타났다. 특히 유식학파의 등장과 함께 삼신 三身 내지 사신 四身으로 부처님관이 발전되었고, 부처님의 본질에 대한 새로운 교학이 형성되었다.

이하에서는 초기와 아비달마 시대의 부처님에 대한 이해와 초기 대승에서의 새로운 부처님관의 성격을 살펴보고, 이어 유식학파의 삼신설의 의미를 다루겠다.

1) 초기·부파불교의 불신관

앞에서 언급했듯이 초기불교에서 부처님과 아라한은 윤회하지 않는다는 점에서는 차이가 없지만 질적 차이는 인정되었다. 그것은 바로 부처님은 다른 중생을 위해 법을 설한다는 이타행이다. 법에 대한 강조는 『대반열반경』에서 부처님이 열반에 드시기 직전에 아난존자가 남아 있는 제자들이 무엇에 의지해서 수행해야 할 것인지를 물었을 때, "자신을 섬으로 하고 자신을 피난처로 하라, 그리고 법을 섬으로 하고 법을 피난처로 하라"(세친의 『석궤론』)는 유명한 말에서도 확인된다. 여기서 법은 부처님의 가르침이다.

부처님과 법의 동일시는 "법을 보는 자는 나를 보고 나를 보는 자는 법을 본다"(S iii 120)는 유명한 말에서도 보인다. 이는 죽기 전에 부처님을 뵙고자 하는 바칼리Vakkali비구를 방문해서 부처님이 하신 말씀이지만, 여기서 진리의 말씀으로서 법과 물질적 형태를 가진 부처님의 신체가 대비된다. 이런 의미에서 법에 대한 강조는 부처님을 '법을 신체로 하는dharma-kāya' 또는 '법으로 구현된' 존재로 보는 해석으로 발전되었다. 이런 해석은 빨리어 장부(D iii 84)에서도 나타난다. 부처님은 "법을 신체로 하고dhamma-kāya, 브라마를 신체로 하고brahma-kāya, 진실한 법이고dhamma-bhūta, 진실한 브라마brahma-bhūta이다"라고 표현되어 있는데, 이는 후대의 법신法身 개념의 발전과 관련하여 시사하는 바가 크다. 『기세인본경起世因本經, Aggaññasutta(D III 84)』에서도 부처님이 '법을 신체로 한다'거나 '법 자체'라고 하는 표현이 보인다.

부처님의 본질이 무엇인가는 열반의 정의와 관련해 중요하다. 초기불교에서 열반은 유여의열반과 무여의열반으로 구분되었다. 유여의란 부처님이 정각을 증득하신 후에 탐·진·치는 남김없이 소멸되었지만, 부처님의 신체는 오온으로 구성된 한에서 여전히 남아 있고 그 영향을 받고 있음을 가리킨다. 반면에 무여의란 번뇌뿐 아니라 부처님의 반열반과 더불어 부처님의 몸을 구성했던 오온까지 소멸한 것을 의미한다. 부처님은 여래가 사후에 존재하는지 아닌지에 대한 질문을 무익한 것으로 보고 이에 답하기를 거부했지만, 그럼에도 부처님의 본질이 무엇인가에 대한 탐구는 아비달마학파들에게 중요한 문제였다.

유부는 법의 범주를 명확히 함으로써 이 문제를 해결하고자 했다. 유부는 5위75법의 체계로 현상적 존재요소 법들을 더 이상 환원될 수 없는 궁극적인 물질적, 심리적 요소들로 범주화해서 분석했다. 이러한 법의 분석에서 중요한 것은 존재 요소들을 유위와 무위, 무루와 유루 등의 성질에 따라 분류하고 배정하는 것이다. 이런 분류는 각각의 범주에 속하는 요소들이 언어와 개념에 따라 명확히 범주화될 수 있으며, 그런 한에서 그러한 요소들을 실체적 존재자로 간주하는 것이다.

유부는 이런 사고에 따라 열반은 인과의 작용에 속하지 않으므로 무위법無爲法으로 분류하고, 반면 인과의 작용에 속하는 모든 것은 유위법有爲法으로 보았다. 이런 도식에 따르면 이미 열반에 든 부처님은 무위의 세계 속에서 실재하지만, 정의상 유위의 세계에 어떤 직접적 역할도 하지 못하는 존재일 것이다. 단지 색신色身으로서의 부처님만이 유위의 세계에서 법의 작용을 일으킬 수 있다.

유부는 법신이란 용어를 부처님을 부처님으로 만드는 특별한 무루법無漏法의 의미로 사용했다. 그런 특별한 요소들은 『구사론』에 따르면 10력力과 4무외無畏, 3종의 염처念處와 대비라는 부처님만이 가진 18종의 고유한 속성 불공법不共法을 가리키거나, 또는 계·정·혜·해탈·해탈지견이라는 5종의 무루온無漏蘊을 가리킨다. 여기서 법신은 부처님이 증득한 고유한 무루법으로서 어떤 의미에서도 공한 것은 아니다. 반면에 색신이란 물질로 구성된 신체로서 물체가 가진 변괴와 염오로부터 완전히 벗어날 수 없는 것이다.

대중부의 하위 부파인 설출세부 說出世部의 『대사 大事, Mahāvastu』에는 부처님의 색신에 대한 다른 설명이 나온다. 여기서 부처님의 모든 행위들은 비록 일상적이고 세간적인 행위조차 실은 비범한 출세간적이라고 설한다. 부처님은 비록 이 세상에 태어났지만 이 세상에 의해 염오되지 않았기에, 비록 행주좌와와 같은 일상행위를 하고 있을 때에도 실제로는 항시 삼매에서 출세간적 상태에 있다고 보는 것이다. 하지만 우리는 부처님의 이런 출세간의 성격을, 모든 현상적인 것이 환영이라거나 또는 색신이 출세간적 부처님의 화신이라는 대승불교의 교설과 동일한 의미라고 이해해서는 안 된다. (월리암스 『인도불교사상』, 193f)

2) 초기대승의 불신관

『반야경』과 용수보살의 시기에 이르기까지 대체로 2종의 불신설이 나타난다. 이는 『대지도론』에서 법신과 색신의 2종 불신에 대한 설명에서 분명해진다. 그리고 용수보살의 『보행왕정론 寶行王正論, Ratnavālī (III.13)』에서도 법신과 색신을 구분하고 있다.

『삼매왕경 Samādhirājasūtra』이라고 통칭되는 『월등삼매경 月燈三昧經』(T639)에서도 『반야경』과 유사하게 2종의 불신설이 나타난다. 여기서 보통 보신 報身, 즉 수용신 受用身에 속하는 특징이 색신에 부여되고 있다. 여래는 이러한 색신에 의해서는 인식되지 않는데, 왜냐하면 불세존은 오직 법신에 의해 특징지어지지, 색신에 의해서 특징지어지지 않기 때문이다. 주목할 것은 여기서 법신이 형용사 복합어로 사용되고 있다는 점이다. '대웅大雄은 법을 신체로 한다'는 문장에서처럼 법신 개념은 전문 술어가 아니라 부처님이나 보살을 수식하는 형용구로 사용되고 있다.

초기반야경에서 법신이란 용어는 드물게 나타난다.『팔천송반야경』의 다섯 군데에서 사용되지만 단지 한 군데에서만 한역『도행반야경』의 표현과 일치한다. 그 용례를 연구한 해리슨에 따르면, 여기서 법신dharmakāya은 형이상학적이거나 우주적인 궁극적인 존재가 아니라, 가장 중요한 최상의 '가르침Dharma의 신체'나 '현상적 구성요소dharma의 신체'로 오히려 비대승 문헌에서 잘 알려진 관념을 보존하고 있다.

그에 의하면,『팔천송』에서 법신은 두 가지 용법으로 사용된다. 첫째로 "불세존은 법을 신체로 한다"고 표현되며, 나아가 "여래는 색신의 관점에서 보아서는 안 되기 때문이다. 여래들은 법을 신체로 하는 자들이다"라고 묘사된다. 이런 표현들은 부처님을 법의 형태로 또는 법으로 체화된 존재로 간주한다는 점에서 유부와 같이 법을 체화하고 법을 구현한 존재라는 의미가 강하며, 후대 유식학파의 삼신설에서 법신 개념처럼 세계 모든 곳에 두루 변재하는 존재론적 원리를 의미하지 않는다. 두 번째로『팔천송』에서 법신은 부처님을 구성하는 성질이나 원리, 가르침의 집합으로 이해될 수 있으며, 이는 초기 대승경전인『반주삼매경』에서도 마찬가지이다. "법신을 허공처럼 무상이라고 보는 사람"이라는 경의 표현에서 보듯이 법신은 '법의 총체성'이라는 의미에서 제법諸法을 가리킨다.

『반야경』에서의 법신의 의미는 세 가지로 요약될 수 있다. 첫째 반야경의 가르침의 집합, 둘째 공성을 인식하는 청정한 심리적 요소들이라는 의미에서 부처님이 지닌 청정법의 집합, 셋째 사물의 진정한 본성으로서의 공성 자체이다. 어느 경우든지 법신은 색신과 대비된, 가르침이나 존재 요소들에 의해 구현된 신체로 무수한 부처님의 속성을 갖고 있다. 이 법신이 부처님의 색신과 구별되어 부처님의 진정한 신체라고 간주된다. 그것은 제자들을 깨달음으로 인도하는 교법이거나 또는 그것을 완전히 증득함으로써 그를 부처님으로 만드는 성질인 것이다. 이런 관념은 불탑숭배와 연관될 수 있다. 부처님을 부처님으로 만드는 것이 그의 유골이든 또는 그가 남긴 법이든 간에 불탑에 모셔진 사리나 불전은 모두 법신으로 간주될 수 있었을 것이다.

이러한 초기 대승경전의 용례를 볼 때, 법신 개념이 후대 유식사상에서 정형화된 삼신설三身說 내에서의 법신의 이해와 다르다는 점은 분명하지만, 유부의 법신 개념과도 다르다. 그럼 그 차이는 어디에 있는가? 부처님을 구성하는 성질이란 의미에서 양자가 사용하는 법신 개념은 비슷하지만, 부처님의 성질이 무엇인가를 이해하는 데에서 차이가 난다. 반야경에 따르면 여래들은 법과 동일시되는 한, 설해질 수 없다. 다시 말해 여래들은 궁극적으로 불가설의 존재이다. 이것이 개념적 범주로 법을 설명하고 확정하려는 유부와의 결정적 차이점이다.

3) 유식사상에서 불신설의 형성과 그 의미

유식학파는 초기불교와 아비달마, 초기대승문헌에 나타난 이신설二身說을 삼신설로 발전시켰다. 처음으로 삼신을 정형화한 문헌은 『대승장엄경론』(MSA 9.56-66)이며, 이를 바탕으로 『섭대승론』을 위시한 대부분의 유식문헌은 삼신설을 설한다. 삼신이란 자성신自性身, svābhāvika-kāya, 수용신受用身, sāmbhogika-kāya, 변화신變化身, nairmāṇika-kāya을 말한다. 이 세 가지 몸은 각각 법신法身, 보신報身, 화신化身 또는 응신應身으로 부르기도 한다. 『대승장엄경론』에서 자성신은 법신과 구별되지 않고 사용되었다. 한편 구별해서 사용하는 문헌의 경우, 법신과 해탈신을 대비시키는 맥락에서 법신은 알아야 할 것을 알지 못하는 지적인 장애인 소지장所知障과 탐욕, 분노, 집착 등으로 마음을 오염시키는 장애인 번뇌장煩惱障을 끊은 반면에, 해탈신은 번뇌만을 단절한 것으로 설명된다.

『대승장엄경론』은 자성신과 법신을 동일시하면서, 자성신이라고 불리는 이유는 법성과 법계, 진여와 공성이 법의 자성이기 때문이라고 설명한다. 여기서 자성은 바로 불보리를 가리킨다. 따라서 자성신은 부동이며, 불변하며, 보이지 않고, 다른 두 신체의 근거가 되는 것이다. 반대로 다른 두 신체는 동요하고 변하며 형태를 갖고 있다.

수용신은 보살이 수행의 과보로 정토와 가르침을 받아 누리는 것 향수享受을 가리킨다. 따라서 수용신은 천상적 보살의 관념 및 이와 연관된 정토사상과 관련이 깊다. 중요한 점은 바로 천상이나 정토에서 법을 향수한다는 것이다. 법이란 가르침이나 또는 깨달음을 구성하는 요소로, 스스로 법을 향수하거나 타인에게 법을 향수하게 한다.

변화신은 예를 들어 석가모니가 신체를 갖고 태어났고, 깨닫고, 열반에 드신 것처럼, 그와 같은 형태를 갖추고 이 세상에 나타난 역사적인 부처님을 가리킨다. 여기서 변화라고 한 것은 법계 자체가 물질적인 신체로 변화되었기 때문이다.

이와 같이 자성신은 매우 추상적인 존재로서 마치 하나의 근원적인 원리처럼 서술된 데 비해, 수용신은 천상적 성질을 갖춘 윤회세계를 초월한 존재로 설해지며, 변화신은 도솔천에 들어가고 역사적 세계에서 중생을 성숙시키는 작용을 하는 존재로 설명되고 있다. 이는 『성유식론』에서 삼신을 각기 체體·의依·취聚에 따라 자성신은 체성體性, 수용신은 의지依持, 변화신은 공덕의 집적이라 한 설명과도 통한다.

『대승장엄경론』에서는 삼신은 모두 법계法界로부터의 작용으로, "자성신이란 전의轉依로 특징지어지는 법신이며, 수용신은 불보살의 집회에서 법을 향수하며, 변화신은 중생들을 이익 되게 하는 것"이라고 설명한다. 전의란 근거의 전환이란 의미로, 일상적인 분별작용의 근거인 알라야식을 지혜로 전환하는 것이다. 이에 대해 안혜安慧, Sthiramati논사는 자성신이 법신이라는 것은 알라야식에 있는 2장二障이 끊어져 거울처럼 삼라만상이 그대로 드러나는 대원경지大圓鏡智로 변할 때이고, 수용신이란 자기중심적 자아의식인 제7식 말나식이 전의하여 자타를 차별 없이 보는 평등성지平等性智가 될 때와 제6의식이 전의해서 모든 법을 통찰하는 묘관찰지妙觀察智가 될 때이며, 변화신이란 전5식이 전의하여 도솔천에 들어가고 중생을 성숙시키는 작용을 하는 것이라고 전의 개념으로 풀이하였다. 전5식이 전의하면 눈, 귀 등 5관이 청정하게 작용하는 성소작지成所作智가 되는데, 이를 통해서 중생들에게 구체적으로 도움을 주는 것이다.

여기서 주의할 점은 부처님의 삼신이란 청정한 법계가 세 가지 방식으로 나타난 것이지, 세 가지 신체의 독립적인 존재 상태를 의미하지 않는다는 점이다. 다시 말해서 삼신은 서로 연결되어 있기 때문에 모든 부처님은 이 삼신의 모습을 모두 지니고 있다. 예컨대 석가모니불은 법신, 수용신, 변화신의 특징을 다 지니고 있지만, 역사적인 부처님의 모습이 강조되기 때문에 변화신으로 명명되고 있을 뿐이다.

나가오 가진 長尾雅人은 이를 인정하면서도 삼신의 역할과 그 관계에서 수용신이 두 불신佛身을 매개하는 중심적인 역할을 한다고 본다. 그에 따르면 삼신설의 특징은 법을 설하기 위해서 부처님이 자성신의 형태를 버리고 수용신으로 나타나야 한다는 데 있다. 비록 자성신이 불변하는 원리로서 중심적인 기능을 하는 것처럼 보이지만, 자성신은 마치 본각 本覺처럼 이미 깨달은 존재이고 따라서 여기에 새로운 깨달음이 더해질 필요는 없다. 이에 비해 깨달음의 구체화로서 수용신은 등류신等流身이라 불린다. 다시 말해 중생들에 대한 대비심 때문에 법계法界로부터 흘러나오는 깨달음의 구현이다. 『섭대승론』에서는 "법계로부터 흘러나오는 법의 청문과 훈습에 의해 알라야식이 파괴되기 시작한다"고 설한다. 등류신은 강조된 정법의 훈습을 바로 대비의 측면에서 표현한 것이다.

『섭대승론석』은 이러한 정법훈습을 지혜의 측면에서 다시 삼신과 연결시킨다. 자성신은 때를 여읜 무애지無垢無罣礙智로, 수용신은 후득지後得智로, 그리고 변화신은 그 후득지의 특별한 변화라고 설명된다. 이는 부처님을 단지 청정한 심적 요소들의 집합이 아니라 그것의 차별 없는 증득으로 보는 것이다. 다시 말해 진여청정과 무분별지가 법신을 구성하며, 그리고 무분별지에 의거해서 그 이후에 획득된 청정한 지혜와 청정지의 수승한 작용이 바로 수용신과 변화신이다.

삼신설과 관련해 덧붙일 것은 여래장사상如來藏思想과 해석상의 차이이다. 삼신설은 여래장계 논서인 『보성론』에서도 핵심적인 의미를 지니고 있지만, 그 의미와 역할은 유식 문헌과 조금 차이가 있어 보인다.

위에서 보았듯이 유식 문헌에서 법신과 자성신은 동의어이지만, 『보성론』에서 삼신은 여래성如來性, tathāgatadhātu으로부터 중생들의 이익을 위해 생겨나는 것으로 설명된다. 여래성은 마치 허공처럼 무위無爲이지만, 중생들의 윤회가 있는 한 대방편과 대비, 지혜의 계발에 의해 3가지 불신이 생겨나기 위한 원천이 된다고 말한다. 즉 여래성은 삼신이 중생들의 구제를 위해 작동할 수 있는 근원으로서, 근원인 한에서 그것은 무위이지만 삼신으로서 작동하는 한에서 유위有爲라는 주장이다.

그리고 3가지 불신을 획득하기 위한 원인은 본성주종성과 습소성종성이다. 자성신을 획득하기 위해서는 본성주종성이, 다른 두 불신을 획득하기 위해서는 습소성종성이 작용해야 한다. 이런 점에서 『보성론』은 중생을 계발시키는 근원적 요소로서의 여래성의 향하적向下 측면에 초점을 맞추고 있다. 이 점이 수행도를 통한 불성의 증득이라는 향상적向上的 측면에 초점을 맞춘 유식 문헌과의 차이일 것이다.

4) 동아시아 대승불교의 불신관

여래장사상이 동아시아 대승불교에서 개화하기까지 중요한 역할을 한 논서가 『대승기신론』이다. 여기서는 진여를 바탕으로 법신, 보신, 응신의 삼신을 설명한다. 진여 자체體體와 모습相相은 법신을, 진여의 작용用用은 보신과 응신의 영역으로 보는 것이다. 진여 자체로서 법신은 생멸이 없고 전후가 없어서 궁극적으로 평등하지만, 진여의 모습으로서 법신은 온갖 공덕을 갖추고 있어 대지혜광명의 빛이 있고 법계를 두루 비추는 등의 부사의不思議한 불법을 구족하여 부족한 바가 없기에 여래장如來藏 혹은 여래법신如來法身이라 한다. 그것은 본래부터 깨달은 상태인 본각本覺으로서 일심이기도 하다.

　이러한 법신에서 부사의한 작용이 일어나 보살 및 중생들의 근기에 상응하여 법신은 보신과 응신으로 나타난다. 『기신론』에서 보신과 응신은 각자의 마음에 비춰진 법신불의 투영일 뿐이라고 한다. 모든 부처님과 여래는 오직 법신 자체이지만 중생의 견문見聞에 따라 이익을 주기 위해 작용으로 나타나는 불신이 보신과 응신이라는 것이다. 다시 말해서 진여를 보살의 업식業識에 따라 본 것이 보신이요, 중생과 이승인二乘人의 분별사식分別事識에 따라 보는 것이 응신이다. 이에 따라 보신은 보살의 바라밀 등 무루행의 훈습 등 수행의 결과로 생겨난 장엄한 국토와 한량없는 아름다운 모습樂相樂相을 갖추고 있으며, 응신은 세상을 이리저리 보고 판단하는 분별사식에 따라 육도윤회하는 중생들과 함께하며 그들의 거친 마음에 응하면서 제도한다.

　이렇게 『기신론』에서는 유식사상과 여래장사상을 종합하여 진여의 본체와 작용을 바탕으로 삼신을 설명하였다. 특히 여래장을 진여법신 그 자체로 보았다는 점에서 동아시아 대승불교에서 여래장으로서의 진여 개념을 풍부하게 만들고 삼신을 통해 그 역동성을 강조하게 된다.

『화엄경』과 동아시아 화엄사상에 이르면 법신은 십불十佛과 법계를 두루 비추는 광명변조光明遍照의 비로자나불로 대변된다. 법신불은 먼저 『화엄경』에서 십불十佛로 구체화되고 중국 화엄의 4조 청량징관淸凉澄觀스님을 거치면서 비로자나불로 자리잡는다. 십불이란 불신佛身을 비롯하여 이 세상에 출현하는 모든 중생신身이나 보살신, 국토신까지 포함하는 무량한 부처님 신체를 일컫는 상징적 개념이다. 다시 말해서 십불이란 법신불이 법계에 두루하여 중중무진 다함없이 이어지면서 다종다양하게 나타나는 구체적인 모습인 것이다. 이렇게 무량무변한 부처님 신체가 갖가지 모습으로 법계에 충만하여 원융무애하게 이 세상을 장엄하고 있다는 것이 화엄의 불신관이다. 세상을 장엄하는 이러한 모습은 여래의 출현이자 여래의 행으로 일승보살의 행이기도 하다. 그것은 내가 여래가 되겠다는 삶이 아니라 내 자신이 여래 출현임을 믿고 여래의 삶을 실천하는 일승보살로서의 서원의 삶이다. 보현행원의 길이 그 대표적인 예이다. 그런 의미에서 보현행원은 일심법계一心法界의 장엄이기도 한 것이다.

특히 징관스님은 화엄의 법신불을 비로자나불로 언급하면서, 비로자나불, 문수보살, 보현보살의 삼성원융관三聖圓融觀을 제시한다. 언설을 떠난 비로자나 법신은 문수의 지해智解와 보현의 실천적 행으로 서로 어우러져 우리들의 일심 법계에 드러나게 된다고 한다. 이를 삼신과 관련지어 설명하면, 삼신이 십불 및 십신으로 드러나고 십불은 삼성원융관을 실천하는 사람들에게 몸을 보이기에 이른다. 그것은 결국 비로자나 법신불의 구현이나 다름 없다.

5. 대승불교의 보살계사상

대승불교의 보살계菩薩戒는 승가의 규범이었던 율장律藏과는 달리, 대승보살의 실천덕목과 마음자세를 그 토대로 하는 대승불교만의 독자적인 계율戒律이다. 초기불교에는 출가자의 구족계와 재가자의 오계가 계율의 전부였으나, 대승불교가 나타나면서 출가와 재가가 함께 보살로서의 수행을 하기 위한 행위의 규범이 필요해졌고 그때 성립된 것이 바로 보살계인 것이다.

일반적으로 불교경전에서 사용되는 '계율'이라는 용어는 '계戒, śīla'와 '율律, vinaya'이 합해진 복합어이다. 때문에 계율이라고 하면 그것이 어떤 것을 가리키는지 모호할 수 있다. '율'의 경우는 삼장의 하나인 율장을 가리킨다. '계'의 경우에는 크게 2가지의 의미를 갖는다.

첫 번째로 율장이나 사미십계, 오계 등에 나오는 각 조항을 가리킨다. 예를 들어 살생계, 투도계, 음계, 망어계에서 각 조항의 마지막에 붙는 '계'라는 표현이 그것이다. 여기에서 '계'라는 표현은 율장 안의 각 조항을 헤아리는 것으로 사용된다.

두 번째 의미가 바로 '보살계'를 가리키는 '계'이다. 이때 사용되는 '계'라는 표현이 우리가 일반적으로 말하는 '계'인 것이다. 특히 동아시아에서는 율장과 더불어 보살계가 큰 영향력을 갖고 있는

데, 불교의례나 사찰의 행사 등에서 '계율'이라 지칭하면 보살계를 의미하는 경우가 많다. 보살계에는 십선계, 유가계, 범망계 등의 다양한 보살계가 존재하지만, 우리나라를 비롯한 동아시아 대승불교에서는 통상적으로 『범망경梵網經』의 범망계가 '계'의 의미를 대표한다.

이러한 보살계에 대하여 인도와 동아시아 각각의 지역에서 발달한 보살계의 종류와 그 변천을 통해 대승불교의 보살계사상을 살펴보겠다.

1) 인도의 보살계

앞서 설명한 계율의 계에 대한 2가지 의미와 더불어 대승불교에서도 '계'를 다시 2가지로 구분한다. 첫째는 대승계이고, 둘째는 보살계이다. 일반적으로는 대승보살계라고도 말하지만 대승불교와 함께 생겨난 계가 대승계이고, 그 이후에 대승불교의 이상향인 보살을 성취하기 위해 생겨난 것이 보살계이다.

'대승계'는 대승불교의 시작과 함께한 것으로, 일반적으로 육바라밀의 '계바라밀戒波羅蜜'과 '십선계十善戒'를 가리킨다. 우선 '계바라밀'은 계의 산스크리트 '실라śīla'의 음사인 '시라바라밀尸羅波羅蜜'이라고도 하며 '완전한 계'를 의미한다. 즉 대승보살의 수행에서 마땅히 지키고 닦아야 할 계행이 '계바라밀'로, 다른 계들과 달리 특정의 조항이나 규정으로 이루어진 것이 아니라 그 수행의 모습을 나타내는 것이다. 다음으로 '십선계'는 대승 초기부터 등장하고 있는 계이다. 문헌에 따라서는 십선계가 계바라밀 자체라고 하는 경우도 있다.

십선계는 불살생不殺生, 불투도不偸盜, 불사음不邪淫, 불망어不妄語, 불기어不綺語, 불악구不惡口, 불양설不兩舌, 불탐욕不貪欲, 불진에不瞋恚, 불사견不邪見의 10개 조목으로 구성된다. 이 십선은 불교에서 업을 짓는 구성요소인 신身·구口·의意 삼업과 연관되는데, 앞의 3개는 몸으로 짓는 것이고신업身業, 가운데 4개는 입으로 짓는 것구업口業, 뒤의 3개는 생각으로 짓는 것의업意業이다. 이처럼 십선과 삼업의 관계성에 의해 부파불교에서는 '십선업도十善業道'라고도 하였고, 초기 대승불교에서는 '십선도十善道'라고도 불렀다.

이러한 계바라밀과 십선계의 대승계와 함께 등장한 것이 보살계이다. 특히 인도에서 등장한 대표적인 보살계로는 유가행파의 수행자들이 지녔던 '유가계瑜伽戒'가 있다. 이 유가계는 『유가사지론瑜伽師地論』의 「보살지」에서 설해진 계품의 내용이다. 그러나 「보살지」를 설명하는 것은 『유가사지론』만이 아닌 다른 저본들에도 존재한다. 현재까지 밝혀진 것으로는 담무참曇無讖스님이 418년(추정)에 한역한 『보살지지경菩薩地持經』 10권과 구나발마스님이 431년에 한역한 『보살선계경菩薩善戒經』 9권과 현장법사가 648년에 한역한 『유가사지론』 100권의 「보살지」가 있다. 이 중 『보살지지경』과 『보살선계경』은 경經이라는 칭호를 받았을 정도로 「보살지」가 중요한 위치에 있었음을 보여준다.

총 세 가지의 「보살지」가 존재하는 만큼 각 저본에서의 계의 조목에 차이도 있다. 대표적으로 『유가사지론』의 경우 4가지 타승처법他勝處法이라 하여 보살의 중죄를 4가지로 설명한다. 『보살지지경』도 『유가사지론』과 동일하지만 『보살선계경』은 출가자만의 중죄를 8가지로 하여 차이를 보인다.

유가계 계통의 보살계에서 공통적인 것이 '삼취계三聚戒'이다. '삼취정계三聚淨戒'라고도 불리며 현재까지도 보살계사상에 있어 중요한 토대를 이루고 있다. 이는 「보살지」에 나오는 자성계, 일체계, 난계, 일체문계, 선인계, 일체행계, 제뇌계, 차세타세락계, 청정계의 9종의 계바라밀 중 2번째인 일체계에 나타난 표현으로 '보살계, 보살들의 계, 보살계라는 제어력'으로 설명되며, 출가와 재가의 계를 요약하여 3종의 계로 나타낸 것이다.

일반적으로 삼취계는 '섭율의계攝律儀戒, 섭선법계攝善法戒, 섭중생계攝衆生戒'로 이루어져 있다. 이는 담무참의 『보살지지경』에 나온 표현이다. 현장의 『유가사지론』은 세 번째가 '요익유정계饒益有情戒'로 되어 있고, 구나발마의 『보살선계경』은 '계戒, 수선법계受善法戒, 중생의 이익을 위해 행하는 계爲利衆生故行戒'로 되어 있어 표현에 다소의 차이가 있다.

'섭율의계'는 불교의 칠중인 비구, 비구니, 사미, 사미니, 식차마나, 우바새, 우바이가 각각 자신의 입장에 맞게 수계하는 계를 가리킨다. 즉 기존의 율과 계를 통해 우선 불교도가 되고 이를 토대로 보살계를 이룬다. 일체계의 표현과 같이 섭율의계는 기존의 모든 계를 포섭하여 보살계로 증장시키는 것이다.

'섭선법계'는 구체적으로 어떤 종류의 선법을 닦는 것인가는 나오지 않지만, 보살이 모든 선한 행위를 적극적으로 실천할 것을 설명한다. 이는 불교의 기본 계율인 '칠불통계七佛通戒'와도 같은 것으로, 모든 악을 그치고 선을 찾아 행하며 마음을 청정히 하여 불도수행을 닦을 것을 권장하는 것과 같은 의미이다.

'섭중생계'는 중생을 이롭게 하는 계라는 의미로, 현장의 번역인 '요익중생계'가 보다 원어에 가까운 의미이다. 보살이 자비심을 갖고 어려운 이가 있으면 보시나 봉사 등으로 그를 돕고, 악한 일을 하는 이가 있다면 충고를 하여 악업을 짓는 것을 그치게 하는 등의 보살행을 실천하는 것이다. 삼취정계는 그 자체로 자리이타의 실천이며 대승보살의 서원인 상구보리 하화중생인 것이다.

이처럼 인도의 보살계는 수계를 위한 계율이라기보다는 초기 대승불교의 사상체계와 같은 것이었다. 특히 계·정·혜 삼학에서 계를 의미하며, 그것들을 보살의 실천덕목으로 승화시킨 특징을 보인다. 그리고 유가계와 삼취계는 인도를 넘어 동아시아로 유입되며 대승불교의 보살계사상에 근본토대를 마련하게 되고, 후대에 등장하는 여러 보살계 경전에 큰 영향을 주게 된다.

2) 동아시아의 보살계

동아시아에 본격적으로 율장과 보살계가 보급된 것은 5세기부터 약 100년 동안이다. 율장의 경우 구마라집스님이 번역한 설일체유부의 『십송률』을 시작으로, 붓다야사와 축법념스님 등이 번역한 법장부의 『사분율』, 불타발타라와 법현스님 등이 번역한 대중부의 『마하승기율』, 불타집과 축도생스님이 공역한 화지부의 『오분율』이 차례로 장안과 건강을 중심으로 보급되었다.

율장의 보급과 비슷한 시기에 서쪽 지역에서는 담무참스님이 대승불교의 경론을 번역하여 보급하였다. 특히 당시에 유행하던 구마라집스님의 반야부 경전군이나 용수보살을 조사로 하는 중관학파와는 다른 여래장계통과 보살계 경전이 중심을 이루었고, 그 대표작으로는 『대반열반경』과 『보살지지경』이 있었다. 담무참스님에 의해 보살계가 보급됨과 동시에 수계식도 행해졌다. 중국 최초의 보살계 수계는 『고승전』 권2 「담무참전」에 의하면 담무참스님을 전계사로 직제자인 도진 道眞, 또는 법진스님이 「보살지」 계품의 보살계로 수계를 받는다. 이후 도진스님은 보살계 보급에 힘을 쏟아 수많은 사람들에게 수계를 내렸다고 한다.

담무참과 도진스님의 보살계 보급과 더불어 남조 송에서 구나발마스님의 『보살선계경』이 한역되며 보살계 보급이 본격적으로 이루어진다. 특히 남조 南朝에서는 보살계가 황실에까지 보급되었고 송의 명제가 수계를 받게 된다. 이러한 황제의 보살계 수계를 대표하는 인물로는 양무제가 있다. 양무제는 자신을 '보살계제자황제 菩薩戒弟子皇帝'라고 칭할 정도로 불심이 깊었고, 이러한 모습은 수양제에게도 전해져 그 역시 '보살계제자황제총지 總持'라고 칭하였다. 이처럼 중국에서의 보살계는 기존의 출가자만의 수계와는 달리 재가자들에게도 적극적으로 이루어졌고, 황실에까지 영향을 미치며 널리 보급되었다.

유가계 경전에 의해 중국에 보살계가 보급되기 시작하였으나, 본격적으로 동아시아 전역에 큰 영향을 끼치게 되는 것은 『범망경』이다. 이 경은 후진의 구마라집역으로 되어 있고 정식 경명은 「범망경노사나불설보살심지계품권제십」 2권이다. 그러나 『범망경』은 5세기 후반에 중국에서 성립된 위경 僞經으로 밝혀졌다. 즉 이 경은 구마라집스님이 번역한 경전이 아니며 유가계와 같이 인도로부터 전래된 것이 아니라, 중국에서 대승불교가 정착되며 당시의 여러 요소들을 반영하여 새롭게 편찬된 보살계 경전인 것이다. 특히 이 경에 『대반열반경』, 『보살지지경』, 『우바새계경』의 내용이 인용되어 있는 점을 통해, 기존의 보살계 경전들에서 통일성 없이 다양하게 설해져 있던 보살계의 사상과 죄에 대한 규정 등을 종합적으로 체계화하여, 수계와 지계가 가능한 형태로 편찬한 것임을 알 수 있다. 그리고 『범망경』의 편찬과 내용은 『보살영락본업경』약 480~500년경 편찬의 성립에 큰 영향을 주었다.

『범망경』은 총 2권으로 이루어져 있는데, 상권은 보살의 수행계위인 십발취심, 십장양심, 십금강심, 십지를 설하고, 하권은 보살계의 10중重48경계輕戒를 설한다. 특히 하권의 10중48경계가 일반적으로 말하는 범망계로서 보살계본으로 독립적으로 존재한다. 즉 하권의 10중48경계의 내용이 바로 범망계, 범망보살계라고 불리는 것이다.

10중계는 보살의 10가지 바라이죄로 기존의 십선계와는 다소 차이를 보이는데, 살아 있는 것을 일부러 죽이지 말고, 삿된 성관계를 하지 말고, 깨달음을 얻었다고 거짓말을 하지 말고, 술을 팔지 말고, 동료의 잘못을 함부로 말하지 말고, 자신을 칭찬하고 남을 비방하지 말고, 보시를 아끼지 말고, 분노나 화에 사로잡히지 말고, 삼보를 비방하지 말라는 10가지 중죄이다.

48가지 가벼운 죄는 우리가 일상에서 흔히 저지를 수 있는 잘못을 주의시키며, 보살로서 자신의 행동에 책임을 갖고 수행 생활을 이어 나가게 하는 역할을 한다. 이러한 10중48경계는 종래의 율장 등과는 다르게 통제와 처벌이 따르지는 않지만, 그 죄의 무거움과 가벼움에 따라 수행자가 업을 쌓아 깨달음에 이르는 것에 장애를 준다는 점에서 더욱 무거운 책임감이 따른다.

이처럼 『범망경』에 나타난 보살의 수행계위와 계율의 형식으로 보살계를 통한 수계와 포살이 가능해졌다. 그로 인해 대승불교의 출가와 재가 모두가 수계를 하여 보살행을 닦는 제도를 마련하게 되었다. 그리고 인도와는 지역적, 환경적으로 달랐던 동아시아에서 불교가 정착할 수 있는 토대를 마련하여 후대에까지 큰 영향을 미치게 된다. 그 대표적인 경전이 바로 『보살영락본업경』(이하 『영락경』)이다. 이 경은 『범망경』을 토대로 성립된 경전으로, 『범망경』에 나타난 보살계사상을 한층 대승적으로 설명하고 있다. 우선 일체계사상으로 유가계의 삼취계를 도입하여, 섭율의계에 의해 『범망경』을 수계하면 보살계가 성립하여 율장이나 성문의 계를 받지 않아도 된다고 한다.

그러나 『범망경』에는 삼취계의 개념이 들어 있지 않았다. 『영락경』에 이르러 범망계의 대승적 확장을 위해 삼취계가 도입되어 이러한 보살계만의 수계가 성립된다. 그리고 이러한 사상은 '자서수계 自誓受戒'로까지 확장되어 보살계를 받고자 하는 불교도가 주위에 수계사가 없을 경우, 자신의 서원을 세워 스스로 수계를 받을 수 있는 형태로까지 발전한다. 자서수계는 『범망경』에도 나오는 개념이지만 『영락경』에서는 그것을 보다 전면에 내세워 설명하고 있다. 일체계와 자서수계의 개념은 후대의 천태 지의스님에게 전해져 '원돈계 圓頓戒'라는 동아시아적 보살계의 성립을 이루게 된다.

동아시아의 보살계인 『범망경』과 『영락경』은 한국, 중국, 일본에 큰 영향을 주었다. 특히 『범망경』은 보살계를 대표하는 경전으로 현재 대한불교조계종의 포살본으로 활용되고 있다. 그리고 보살계의 발달과 보급은 동아시아 불교도들의 수행과 생활에도 많은 변화를 주어 모든 일상 속에서 보살행을 이어 가고 자리이타의 실천과 지범개차持犯開遮에 의해 바라밀행을 성취할 수 있는 토대로 자리 잡았다.

제3장

대승의 주요 사상

1. 공사상과 중관사상

2. 유가행유식사상

3. 여래장사상

4. 밀교사상

1. 공사상과 중관사상

1) 공사상의 기원과 전개

(1) 초기불교의 공관과 중도설

『반야심경』은 첫머리에서 "관자재보살이 깊고 깊은 반야바라밀다 般若波羅蜜多를 닦을 때, 오온이 공空함을 깨닫고 나서 일체의 고통을 넘어섰다."라고 말한다. 여기서 반야경의 중심 사상인 동시에 대승불교의 가장 중요한 사상 가운데 하나인 공사상이 발견된다.

공사상은 공관空觀에 대한 초기불교의 가르침에서 그 뿌리를 찾을 수 있다. 부처님은 『숫타니파타』에서 "항상 마음으로 염念해서, 여러 사물을 자아라고 집착하는 견해를 버리고, 세간을 공空이라고 관하라. 그러면 그는 죽음을 넘어설 것이다. 그렇게 세간을 보는 사람을 죽음의 왕은 보지 못한다."라고 설한다.

인간에게 죽음은 가장 큰 고통이므로 『숫타니파타』에서 설하는 '죽음'과 『반야심경』에서 설하는 '고통'은 서로 다른 것이 아니다. 또한 『숫타니파타』의 '죽음을 넘어선다'는 말과 『반야심경』의 '일체의 고통을 넘어섰다'는 말은 모두 해탈을 의미한다. 이처럼 『숫타니파타』와 『반야심경』은 동일하게 수행자가 세간의 모든 것들을 공이라고 관함으로써 일체의 고통을 끊어 버리고 윤회를 벗어나 해탈에 도달할 수 있다고 설하고 있어, 『반야심경』의 공사상은 공관에 대한 부처님의 가르침을 계승한 것임을 알 수 있다.

중관학파의 개조인 용수龍樹, Nāgārjuna, 150~250경보살은 공성空性을 중도中道라고 하여 공과 중도를 동일한 것으로 간주하므로, 공사상은 중도설과도 관련되어 있다. 중도에 대한 부처님의 첫 번째 가르침인 고락중도苦樂中道는 『전법륜경』에 나타난다. 즉 출가수행자는 두 가지 극단에 가까이 가서는 안 되니, 그 두 가지란 애욕愛欲에 탐닉하는 것과 고행苦行에 빠지는 것이다. 여래는 그 두 가지 극단을 떠나서 바른 깨달음과 열반을 얻는 데 도움이 되는 중도를 깨달았으니 그것이 팔정도八正道라는 것이다. 부처님은 여기서 쾌락주의와 고행주의의 두 가지 극단을 떠난 중도를 팔정도라고 설하기 때문에 팔정도를 고락중도라고 부른다.

한편 부처님은 『가전연경』에서 유무중도有無中道를 설하였다. 세간 사람들은 대체로 유有, 존재와 무無, 비존재에 집착하지만, 여래는 그와 같은 두 가지 극단에 다가가지 않고 중도에 의해서 법을 설한다는 것이다. 이러한 부처님의 공관空觀 및 중도에 대한 가르침에서 후대 대승불교의 공사상 및 중관사상의 기원이 발견된다.

(2) 부파불교의 공사상과 중도설

부파불교에서도 공사상과 중도설이 발견된다. 그러나 그것은 법의 실체적 존재를 전제로 하므로 초기불교의 교설과는 다르다. 부처님은 연기를 설명하면서 "이것이 있을 때, 저것이 있고, 이것이 발생하기 때문에, 저것이 발생한다. 이것이 없을 때, 저것이 없고, 이것이 소멸하기 때문에, 저것이 소멸한다."라고 설했다. 부파불교 논사들은 이런 부처님의 가르침을 문자 그대로 이해하여 어떤 사물이 존재하기 위해서는 그것의 원인이 존재해야 하며, 그렇지 않으면 그 사물은 존재할 수 없다고 생각하였다. 그것은 오온五蘊이나 바퀴 등이 존재하면 그 결과물인 중생이나 마차 등도 존재할 수 있지만, 오온이나 바퀴 등이 존재하지 않으면 그 결과물인 중생이나 마차 등도 존재할 수 없는 것과 같다.

그런데 오온이나 바퀴는 중생이나 마차에 대해서는 원인이지만, 그것 역시 또 다른 원인에 의존해서 존재하는 일종의 결과물에 지나지 않는다. 그럴 경우 궁극적인 원인의 존재를 승인하지 않으면, 원인이 무한 소급되어 연기緣起를 온전하게 설명하기 어렵게 된다.

이를 해결하기 위해 부파불교 논사들은 원자론적인 사고와 분석적인 방법을 결합하여, 더 이상 분석되지 않고 나누어지지 않는 단일체를 찾으려고 했으며, 그 단일체를 바로 연기의 궁극 원인이라고 하였다.

그들은 이러한 연기의 궁극 원인인 단일체를 승의유 勝義有, paramārtha-sat, 실유 實有, dravya-sat, 실법 實法, dravya-dharma이라 부르고, 그런 단일체를 원인으로 해서 발생하는 연기의 결과물을 세속유 世俗有, saṃvṛti-sat, 가유 假有, prajñapti-sat, 가법 假法, prajñapti-dharma이라고 불렀다. 승의유는 '궁극적 의미의 존재', 실유는 '실체로서의 존재', 실법은 '실체로서의 법'이라는 의미이고, 세속유는 '세속적 의미의 존재', 가유는 '명칭으로서의 존재', 가법은 '명칭으로서의 법'이라는 의미이다.

연기의 궁극 원인인 단일체와 연기의 결과물인 복합체에 그런 이름들이 주어진 이유는 다음과 같다. 복합체는 그 이름에 해당하는 고유한 실체를 지니고 있지 않으므로 '명칭으로서의 존재가유假有, 가법假法'에 지나지 않는다. 복합체는 쪼개거나 각종으로 분석하면 자신의 존재를 잃어버린다고 생각했기 때문이다. 그러나 세간 사람들은 일반적으로 그와 같은 복합체들에 의지해서 생활을 유지해 나가며, 그런 복합체들의 존재를 인정하는 것은 거짓이나 허구가 아니다. 그러므로 그것은 '세속적 의미의 존재세속유世俗有'이다.

한편 단일체는 더 이상 쪼개지거나 분석되지 않으므로 그 이름에 해당하는 고유한 실체를 지니고 있으며, 어떤 경우에도 자신의 존재를 잃어버리지 않는다고 여겨진다. 그러므로 그것은 '명칭으로서의 존재'가 아니라 '실체로서의 존재실유實有, 실법實法'이다. 또한 그것을 통해 번뇌와 열반 등 여러 사물의 원인을 설명할 수 있으므로, 그것은 수행자들이 반드시 알아야 할 '궁극적 의미의 존재승의유勝義有'이다.

부파불교 논사들은 그와 같은 사고에 따라 연기緣起란 '더 이상 분석되지 않는 단일한 법들을 원인으로 해서 현상계의 여러 사물이 발생하는 것'이라고 하였다. 이처럼 그들이 법유론法有論을 주장하면서 여러 법의 실체성을 승인하게 되었던 동기는 무인론無因論이나 무한소급의 오류에 빠지지 않고 부처님의 연기설을 설명하기 위한 것이었다.

그러나 단일한 실체는 어떤 경우에도 자신의 존재를 잃어버리지 않는 고정불변의 존재이기 때문에, 법유설을 가지고는 부처님의 가르침을 적절하게 설명하기가 어려웠으므로, 그들은 아공법유我空法有, 혹은 인공법유人空法有설을 고안하고 단상중도斷常中道설 등을 새롭게 해석하여 부처님의 가르침을 설명하고자 하였다.

아공법유설은 오온 등의 여러 법을 원인으로 하여 시설된 자아나 사람은 실체가 아니므로 공이고 무상하지만, 연기의 궁극적 원인인 단일한 법들은 실체로서 존재한다는 학설이고, 단상중도설은 연기의 궁극 원인인 단일한 법들은 실체적 존재이지만, 발생한 다음 찰나에 즉시 소멸하므로 상주가 아니고, 소멸한 법을 대신해서 그것과 동일한 종류의 법이 연속하므로 단멸도 아니라는 학설이다.

부파불교의 여러 학파들은 대부분 아공법유설과 단상중도설을 받아들였지만, 세부적으로는 서로 다른 주장을 펼치면서 논쟁하기도 하였다.

2) 부파불교의 유자성론과 『반야경』의 공사상

(1) 부파불교의 유자성론

『법온족론』 제12권에서는 "자성自性을 가지고 있으며, 여러 사물의 규범이 되는 것을 법이라고 부른다."라고 하며, 『구사론』 제1권에서는 "자상自相을 가지고 있기 때문에 법이라고 부른다."라고 말한다. 이처럼 부파불교 논사들은 실체로서 존재하는 단일한 법들이 자성이나 자상을 가지고 있다고 주장하였다. 그러므로 부파불교의 학설을 유자성론有自性論이라고 부른다.

자성自性, svabhāva이란 '불의 뜨거움'이나 '물의 축축함' 등과 같이 '어떤 사물의 고유한 속성'을 의미하며, 자상自相, svalakṣaṇa이란 '어떤 사물의 고유한 특징'을 의미한다. 그런데 어떤 사물의 고유한 속성인 자성은 외부에서 관찰하면 그 사물의 고유한 특징으로 인식되므로, 자성과 자상이 서로 다른 것이라고 말하기는 힘들다. 따라서 자성을 관찰자의 시점에서 말한 것이 자상이라고 말하기도 한다.

부파불교가 유자성론을 주장하게 된 것은 열반의 성취와도 관련되어 있다. 불교의 궁극 목적은 번뇌를 제거하고 열반에 도달하는 것이고, 부파불교는 번뇌와 열반 등이 실체로서 존재하거나 실체로서 존재하는 법을 원인으로 해서 발생한다고 본다. 따라서 번뇌를 제거하고 열반에 도달하려면 그 법들을 구분하거나 파악해서 제거하거나 획득해야 한다. 그럴 경우 법들이 유자성이 아니라면 법들을 구분하거나 파악하여 제거하거나 획득하는 것이 불가능해지기 때문이다.

(2) 반야경의 공사상

부파불교 논사들은 아공법유설과 단상중도설로 부처님의 가르침을 설명하려고 하였지만, 법의 자성 및 실체적 존재를 인정하는 학설을 가지고는 공, 중도, 삼법인, 사성제 등과 같은 부처님의 가르침을 올바르게 설명하는 데 한계가 있었다. 이에 『반야경』은 일체법이 공이라고 주장하면서 부파불교의 법유설을 비판하게 되었다.

『마하반야바라밀경』은 제17권에서 설일체유부가 실체적 존재로 간주하였던 오온五蘊 및 일체법은 모두 공이며, 그런 이유로 "일체법은 다함이 없고, 무수無數, 무량無量, 무변無邊이라고 말해진다."라고 설하고, 제22권에서 "여러 법은 인연의 화합에 의해서 발생하는 것이기 때문에 무자성無自性이며, 그와 같이 법은 무자성이기 때문에 자성공自性空이라 부른다."라고 부파불교의 유자성론 및 실체론을 비판하였다.

이처럼 『반야경』은 연기를 통해서 일체법이 무자성임을 밝히고,

다시 무자성을 통해서 일체법이 공이라고 설하였다. 『반야경』이 연기를 통해서 일체법이 무자성이라고 한 것은 부파불교의 자성 개념에 대한 직접적인 반박이라고 볼 수 있다. 왜냐하면 부파불교의 논서인 『대비바사론』은 제59권에서 "자성은 인연因緣을 기다리지 않고 결정되어 있는 것"이라고 말하기 때문이다.

한편 『소품반야바라밀경』은 제4권에서 수보리는 제석천에게 "교시가憍尸迦여, 보살이 반야바라밀을 행할 때 일체법이 메아리와 같이 공인 것을 알고, 그와 같이 분별하지 않았습니다. 응당 이것이 반야바라밀의 실천임을 알아야 합니다."라고 말한다.

반야바라밀般若波羅蜜, prajñāpāramitā이란 '일체법이 공임을 아는 지혜의 성취 혹은 완성'을 의미하고, 반야바라밀을 행한다고 하는 것은 '일체법이 공임을 아는 지혜를 현실 속에서 실천하고 있는 것'을 의미한다. 그러므로 위의 구절은 보살이 일체법이 공임을 아는 지혜를 성취하여 일체법이 메아리와 같이 공임을 알고, 일체법에 대한 분별을 멈추게 되었음을 말하는 것이다.

(3) 삼해탈문과 무상정등각의 성취

『반야경』의 공사상은 일체법이 공함을 깨달아서 모든 분별과 집착을 멈추면 열반을 성취할 수 있다고 설하며, 그것을 공삼매空三昧, 무상삼매無相三昧, 무원삼매無願三昧=무작삼매無作三昧의 삼해탈문三解脫門을 통하여 설명한다.

『대지도론』 제20권에 따르면 공삼매란 '삼매 속에서 여러 법의 자상공과 일체법의 실상인 필경공畢竟空을 아는 것'이고, 무상삼매란 '공삼매 속에서 일체법의 자상을 인식하거나 집착하지 않는 것'이며,

무원삼매란 '공삼매에 머물면서 여러 법에 대하여 공空이나 불공不空, 혹은 유有나 무無 등이라고 희론과 분별을 일으키지 않음으로써, 일체법에 대해 번뇌를 일으키지 않고, 바라는 것을 만들지 않는 것', 혹은 '무상삼매 속에 머물면서 삼계의 생을 위해 업을 짓지 않는 것'이다.

『대지도론』 제20권에 의하면 모든 수행자는 삼해탈문을 통해서 열반을 성취할 수 있다. 수행자가 공삼매 속에서 일체법의 실상인 필경공을 깨닫고 그 공에도 집착하지 않는다면, 그는 곧장 공삼매를 통해서 열반을 성취하게 되며 그 밖의 다른 삼매는 필요치 않다. 왜냐하면 그는 공삼매 속에서 일체법의 실상인 필경공을 깨달았고, 그에 따라 모든 분별과 집착을 끊었기 때문이다.

그러나 공삼매에 들어간 수행자가 공의 상相에 집착하여 공을 얻으려고 하면, 그는 열반을 성취하지 못한다. 왜냐하면 그는 일체법의 실상인 필경공을 깨닫지 못했고, 그에 따라 공의 상에 집착함으로써 공삼매에서 물러났기 때문이다. 그럴 때에는 무상삼매를 닦아 일체법의 자상을 인식하거나 집착하지 않음으로써, 공상을 제거하여 열반을 성취하게 된다.

무상삼매에 들어간 수행자가 다시 무상無相의 상에 집착하여 희론을 일으키면, 그도 역시 열반을 성취할 수 없다. 왜냐하면 그 역시 일체법의 실상인 필경공을 깨닫지 못했고, 그에 따라 무상의 상에 집착함으로써 무상삼매에서 물러났기 때문이다. 그럴 때에는 무작삼매를 닦아 일체법에 대하여 공이나 불공, 유나 무 등의 희론과 분별을 일으키지 않음으로써, 무상의 상을 제거하고 열반을 성취한다는 것이다.

『대지도론』제36권에 따르면 삼삼매는 열반을 성취하는 가장 직접적인 수행법이고, 모든 수행자는 삼삼매를 통하여 열반을 성취할 수 있지만, 대승의 수행자는 삼삼매 속에서 열반을 성취하지 않는다. 왜냐하면 그는 자신만의 열반을 목적으로 하여 수행하는 소승의 수행자가 아니라, 무상정등각無上正等覺을 성취하여 성불成佛하기 위해 수행하는 보살菩薩이기 때문이다.

대승불교에서 보살은 바라밀波羅蜜, 혹은 바라밀다波羅密多을 닦음으로써 무상정등각을 성취하여 성불에 도달한다고 한다. '바라밀'이란 빠라미따 pāramitā의 음사어로 '완전한 성취, 혹은 피안에 도달함'을 의미하는데, 특히 대승보살이 무상정등각을 얻기 위해서 닦아야 할 수행법을 총칭한다.

여러 경전에서는 바라밀의 구체적인 내용으로 정定과 혜慧의 2바라밀을 비롯하여, 4바라밀, 6바라밀, 7바라밀, 10바라밀, 32바라밀 등 여러 항목을 설하는데, 대승불교는 그중에서 특히 보시布施, 지계持戒, 인욕忍辱, 정진精進, 선정禪定, 지혜智慧의 육바라밀을 가장 중요한 것으로 간주하였으며, 그에 따라 대승경전들은 육바라밀을 '모든 부처님을 낳는 불모佛母', 혹은 '모든 부처님이 의지하는 보배'라고 설한다.

한편 『마하반야바라밀경』제11권에서 육바라밀은 반야바라밀의 인도를 받아야만 비로소 완성될 수 있다고 한다. 보살은 육바라밀을 닦지만 그것에 집착해서는 안 된다. 부처님이 사성제의 가르침에서 설했던 것처럼 갈애와 집착은 고통의 가장 중요한 원인이기 때문이다. 갈애와 집착은 분별로부터 일어난다. 그럴 경우 육바라밀은 모두 인연에 의해 나타난 것이므로 육바라밀도 무자성, 공이라고 관하게 되면, 그것들에 대한 분별과 집착을 제거할 수 있다. 이처럼 보살은 육바라밀을 닦을 때 반야의 지혜를 가지고 그에 대한 분별과 집착을 제거하여 육바라밀을 완성하기 때문에, 육바라밀은 반야바라밀의 인도를 받아서 완성된다고 말하는 것이다.

『반야경』에 의하면 육바라밀만이 아니라 보살, 부처, 열반, 무상정등각 등도 모두 무자성, 공이므로 분별하거나 집착해서는 안 된다. 그러므로 『금강경』은 "아뇩다라삼먁삼보리에는 아주 조그만 법도 존재하지 않으며, 얻어지지 않는다. 그것을 아뇩다라삼먁삼보리라고 부른다."라고 말하고 있는 것이다.

3) 반야계 대승경전의 공사상

『반야경』

『반야경』의 본래 이름은 『반야바라밀경 般若波羅蜜經』이다. 반야 般若, prajñā란 '지혜'를 의미하고, 바라밀 波羅蜜, pāramitā이란 '완전한 성취, 혹은 피안에 도달함'을 의미한다. 그러므로 『반야경』이란 특히 반야바라밀, 즉 '일체법이 공임을 아는 지혜의 성취 혹은 그런 지혜의 성취를 통하여 피안에 도달함'을 설하는 경전들에 대한 총칭이다.

인도에서 가장 먼저 성립한 『반야경』은 『팔천송반야경 Aṣṭasāhasrikā-prajñāpāramitā, 소품반야경 小品般若經』이다. 이것을 확대한 것이 『이만오천송반야경 Pañcaviṃśatisāhasrikā-prajñāpāramitā, 대품반야경 大品般若經』이다. 『팔천송반야경』은 게송이 팔천 개 들어 있다는 말이 아니라, 그 내용이 게송 팔천 개 정도의 분량이라는 의미이고, 『이만오천송반야경』도 그 내용이 게송 이만오천 개 정도의 분량이라는 의미이다. 현장법사는 당시에 유행하던 여러 종류의 『반야경』을 모두 집대성하였는데 그것이 『대반야경』 600권이다.

한편 구마라집스님은 『이만오천송반야경』을 404년에 번역하고, 『팔천송반야경』을 408년에 번역하였는데, 경명을 모두 『마하반야바라밀경』이라고 해서 혼란이 발생했다. 뒤에 그 둘을 구분하기 위하여 전자를 『대품반야경』, 후자를 『소품반야경』이라고 부르게 되었다.

대승불교에서 육바라밀은 모두 중요하지만, 『반야경』은 그 가운데에서도 특히 반야바라밀을 강조한다. 즉 반야는 불모佛母로서, 육바라밀과 모든 불법佛法의 원천이기 때문에 반야바라밀을 성취함으로써 육바라밀을 성취할 수 있으며, 육바라밀을 성취함으로써 무상정등각을 성취하여 성불할 수 있다는 것이다.

『반야경』의 중심 주제는 '반야바라밀', 즉 '일체법이 공임을 아는 지혜의 완성'이지만, 그 밖에도 삼승三乘설, 십지十地설, 수기授記설, 화신化身사상, 불탑신앙, 경전공양설, 타방他方국토설 등도 발견된다.

『금강경』

『금강경』의 본래 이름은 『금강반야바라밀 Vajracchedikā-prajñā pāramitā』이다. '금강金剛'이란 금강석 즉 다이아몬드를 의미하는데, 그것은 '지혜'와 '번뇌'의 두 가지로 해석된다. 금강을 '지혜'로 해석하면 '모든 번뇌를 제거하는 금강석처럼 단단한 반야의 지혜를 설하는 경전'이라는 의미가 되고, 금강을 '번뇌'로 해석하면 '금강석처럼 단단한 번뇌를 끊어 없애는 반야의 지혜를 설하는 경전'이라는 의미가 된다.

이 경전은 일찍부터 중요한 경전으로 간주되어 구마라집스님을 비롯하여 여러 스님들에 의해 여러 차례 한역되어 다양한 한역본이 존재하는데, 그 중심 사상은 공사상이다. 철저한 공관의 실천으로 일체법이 공임을 아는 반야의 지혜를 얻어 일체법에 대한 분별과 집착을 끊고 육바라밀을 닦으면 무상정등각을 성취하여 성불할 수 있다는 것이다.

예를 들면 "여러 상相들은 모두 허망하다. 만약 상相을 상 아닌 것으로 보면 여래를 본다."라고 한다. 일체법은 모두 공이기 때문에 공관에 투철하여, 일체법에 대한 분별과 집착을 끊으면 여래如來, 즉 일체법의 진실, 혹은 일체법의 실상을 보게 된다는 의미이다.

한편 무분별, 무집착이라고 해도 마음의 작용을 없애라는 것은 아니다. 그러므로 "일체법에 대하여 집착하는 바 없이 마음을 일으켜 사용하라."라고 말한다. 이 말은 일체법은 공이기 때문에 무집착의 상태로 마음을 일으켜 사용하라는 의미이다.

또한 무분별, 무집착은 대승보살의 최고 목적인 무상정등각에 대해서도 동일하게 적용되어야 한다. 이와 관련하여 경에서 수보리는 "여래가 현등각現等覺한 아뇩다라삼먁삼보리라고 하는 어떤 법도 존재하지 않습니다."라고 말하고, 이에 대하여 부처님은 "그 아뇩다라삼먁삼보리에는 미진微塵처럼 작은 법도 존재하지 않으며 얻어지지 않는다. 그러므로 그것을 아뇩다라삼먁삼보리라고 부른다."(제22장 「무법가득분」)라고 설하여, 무상정등각에 대해서도 무분별과 무집착을 강조한다.

「유마경」

『유마경』의 본래 이름은『유마힐소설경 維摩詰所說經, Vimalakīrtinirdeśa』으로 '유마힐의 설법을 적은 경전'을 뜻하는데,『유마힐경』,『불가사의해탈경』이라고도 부른다. '유마힐'은 산스크리트 '비말라끼르띠 Vimalakīrti'의 음역으로 '깨끗하고 맑은 말씀'이라는 의미인데, 유마힐, 즉 유마거사는 경전의 편찬을 위해 만들어진 허구적인 인물이다. 유마거사는 릿차비족의 수도인 바이샬리성에 사는 부호로, 재가의 거사이면서도 불교의 깊은 뜻에 통달하고, 처자가 있으면서도 항상 범행을 닦고 여러 대중을 방편으로 교화하고 항상 널리 묘법 妙法을 선포하는 데 노력하였다.

어느 날 유마거사가 방편으로 병을 만들어 앓아눕자, 문수보살과 여러 보살이 병문안을 가게 되고 그와 법담 法談을 나누게 된다. 문수가 "거사님은 지대, 수대, 화대, 풍대 가운데 어디가 아픈 것입니까?"라고 묻자, 유마는 "보살은 병이 없지만 중생이 아프기 때문에 아픈 것입니다."라고 답한다. 보현색신 보살이 "거사님의 부모와 처자와 친척과 권속들은 모두 어디에 있습니까?"라고 묻자, 유마는 "나에게는 지혜가 어머니, 방편은 아버지, 법희 法喜는 아내, 자비심은 딸, 진실한 마음은 아들입니다."라고 답변한다.

그 자리에 모인 대중들이 보살의 깨달음, 즉 입불이 入不二에 대하여 대화하는 가운데, 문수가 '입불이는 무언무설 無言無說'이라고 말하면서, 유마에게 입불이에 대해 묻자 유마는 침묵하면서 아무 말도 하지 않았다. 그러자 문수는 유마를 찬탄하면서 "훌륭하고 훌륭합니다. 문자 文字도 언어의 설명도 전혀 없는 이것이야말로 진실로 입불이 入不二 법문입니다."라고 말한다.

이처럼 이 경전은 교리적으로는 공사상에 의한 대승보살의 실천을 고양하는 한편, 정토사상에 의한 재가신자의 종교적 덕목을 천명하는 것이 그 특징이다. 그러나 『유마경』에서 발견되는 정토사상은 아미타경 등에서 발견되는 타방정토 사상이 아니라 유심정토 사상이다. 왜냐하면 『유마경』은 「불국품」에서 "직심直心이 보살의 정토이다, 심심深心이 보살의 정토이다, 보리심菩提心이 보살의 정토이다."라고 하거나, "그 마음이 청정하면 불국토도 청정하다."라고 하기 때문이다.

4) 용수의 중관사상

(1) 용수보살

용수龍樹보살의 본래 이름은 나가르주나Nāgārjuna이다. '나가nāga'란 '용이나 뱀'을 의미하고, '아르주나arjuna'란 나무의 이름이다. 『용수보살전龍樹菩薩傳』 권1에 따르면 "어머니가 그를 아르주나 나무 아래에서 낳았고, 용이 그의 깨달음을 도왔기 때문에 그를 '용수보살'로 불렀다其母樹下生之. 因字阿周陀那. 阿周陀那樹名也. 以龍成其道. 故以龍配字. 號曰龍樹也(T50, no. 2047a, p. 185, b4-5)."고 한다.

용수보살은 어려서부터 총명하였는데 방탕한 생활로 죽을 위기에 처하게 되자, 그것을 계기로 불교에 출가하였다. 그는 육지에서 소승경전을 공부하였고, 다시 용의 인도를 받아 바닷속 궁전으로 들어가 대승경전을 읽고 무생無生의 지혜를 구족하였다. 그후 그는 육지로 돌아와 남인도에서 대승의 가르침, 특히 반야중관사상을 널리 펼치면서 사람들을 교화하였다. 중관학파는 용수보살을 자신들의 개조라고 한다.

그의 저술로는 『근본중송根本中頌, Mūlamadhyamakakārikā』, 『육십송여리론六十頌如理論, Yuktiṣaṣṭikā』, 『공칠십론空七十論, Śūnyatāsaptati』, 『회쟁론廻諍論, Vigrahavyāvartanī』, 『광파론廣破論, Vaidalya-prakaraṇa』, 『언설성취言說成就, Vyavahārasiddhi』, 『인연심론因緣心論, Pratītyasamutpādahṛdaya』, 『보행왕정론寶行王正論, Ratnāvalī』, 『용수보살권계왕송龍樹菩薩勸誡王頌, Suhṛllekha』 등이 있다.

(2) 중관사상의 기본 개념

중관사상의 기본 개념은 연기, 무자성, 공, 가명, 중도이다. 중관사상에서 연기緣起란 '여러 사물이 직접적 원인인 인因과 간접적 원인, 즉 여러 조건들인 연緣에 의존해서 발생하는 것'이라고 정의된다. 연기인 사물은 고정불변의 자성을 지닐 수 없다. 그러므로 『회쟁론』은 제22송에서 "여러 사물에 연해서 존재하는 것, 실로 그것은 무자성인 것이다."라고 말한다.

중관사상에서 공은 무자성의 다른 표현이다. 본래 공空, śūnya이라는 말은 '결여한, 존재하지 않는' 등을 의미하는데, 중관사상에서 공은 '자성의 비존재와 결여'를 의미하기 때문이다. 그러므로 '연기인 것은 무자성인 것이고, 무자성인 것은 공인 것이다.'라고 한다.

또한 중관사상은 '무자성인 것은 가명이고 중도이다.'라고 말한다. 즉 연기인 사물에는 고정불변의 자성이 없으며, 연기가 아닌 사물은 존재하지 않는다. 그러므로 일체법은 자성을 가진 실체로서 발생하는 것이 아니라, 가명假名, 즉 '원인과 여러 조건에 의존해서 시설된 명칭'으로서 발생하는 것이다. 따라서 일체법은 '자성으로서는 불생

不生'이다. 그와 마찬가지로 일체법은 가명으로서 소멸하며, 자성을 가진 실체로서 소멸하는 것이 아니다. 따라서 일체법은 '자성으로서는 불멸不滅'이다.

자성으로서 불생인 사물에는 존재의 자성이 없으며, 자성으로서 불멸인 사물에는 비존재의 자성이 없다. 이처럼 인과 연에 의존해서 생멸하는 사물에는 존재의 자성도 없고, 비존재의 자성도 없으므로, 진실한 존재bhāva, 有도 아니고 진실한 비존재abhāva, 無도 아니다. 그러므로 인과 연에 의해서 발생한 일체법은 존재와 비존재의 두 가지 극단을 떠난 중도이다.

한편 『중송』은 제24장에서 "연하지 않고서 발생한 사물은 아무것도 존재하지 않는다. 그러므로 공이 아닌 사물은 아무것도 존재하지 않는다."라고 말한다. 즉 일체법은 연기이기 때문에 무자성, 공, 가명, 중도가 아닌 사물은 아무것도 존재하지 않는다는 것이다. 그에 따라 중관학파는 일체법의 존재성을 부정하는데, 이것이 중관사상의 가장 큰 특징이다.

중관학파가 일체법의 존재성을 부정한다고 해서, 비존재를 주장하는 것은 아니다. 중관학파가 설하는 중도는 '존재와 비존재에 대한 동시 부정'을 의미하기 때문이다. 중관학파는 이런 사고에 따라 현상적인 사물만이 아니라, 여러 불교 학파들이 실재實在라고 인정하는 진리, 열반, 부처님 등에 대해서도 그 존재성과 비존재성을 모두 부정한다.

(3) 팔불중도

팔불이란 불생불멸不生不滅, 불거불래不去不來, 불일불이不一不異,

불상부단不常不斷의 여덟 가지이다. 그 가운데 특히 불생不生은 팔불을 대표하는 것으로 간주되므로 여기서는 팔불 가운데 불생과 불멸만을 살펴보도록 한다.

우리는 일반적으로 여러 사물이 발생할 때 자생自生, 타생他生, 공생共生, 무인생無因生의 네 가지 방법으로 발생한다고 생각하지만, 용수보살은 이 네 가지를 모두 부정한다. 예를 들어 부싯돌과 나무를 연으로 해서 불이 발생할 때, 불의 자성인 열기는 불의 원인인 부싯돌이나 나무 속에 존재하지 않는다. 이로부터 연기의 원인인 사물들 속에는 연기의 결과로서 발생하는 사물의 자성이 존재하지 않음을 알 수 있다. 따라서 여러 사물은 자생, 즉 '자신으로부터 발생한 것'이 아니다. 왜냐하면 자성이야말로 그 사물 자신이기 때문이다.

이로부터 타성他性도 존재하지 않음을 알 수 있다. 타성이란 '어떤 사물에 대해서 다른 사물의 자성'을 의미하지만, 모든 사물이 연기일 경우에는 어떤 사물의 자성도 인정되지 않기 때문이다. 이처럼 타성도 존재하지 않기 때문에, 타생他生, 즉 '다른 사물로부터의 발생'도 인정되지 않는다.

그리고 자생과 타생의 부정으로부터 공생과 무인생도 부정된다. 공생共生이 부정되는 이유는 자생과 타생이 모두 논파되었기 때문이고, 무인생無因生이 부정되는 이유는 원인이 존재하지 않으면 결과도 원인도 모두 존재하지 않게 된다는 오류가 뒤따르거나, 혹은 모든 것으로부터 모든 것이 발생한다고 하는 오류가 뒤따르게 되는 허물이 있기 때문이다. 예를 들면 주요 원인인 진흙이 존재하지 않으면 그것의 결과인 항아리도 존재하지 않게 되고, 다시 항아리의 비존재로부터 보조 원인인 물레 등의 존재도 부정되는 것과 같다. 혹은 원인인 진흙이 존재하지 않아도 비원인인 꽃이나 책상으로부터 항아리가 발생한다고 하는 오류가 뒤따르게 되는 것과 같다.

이처럼 용수보살은 우리 주변의 여러 사물에 대하여 네 가지 종류의 발생을 부정하지만, 부처님이 설한 '연緣에 의한 발생'은 부정하지 않는다. 『중송』은 제24장에서 "연기인 사물, 그것을 공성空性이라고 우리들은 부른다. 그 공성은 가명假名이며, 그 공성이야말로 중도中道이다."라고 한다.

월칭月稱, Candrakīrti, 600~650경논사는 위의 게송을 주석하면서 '연기는 인과 연에 의존해서 싹이나 식識 등이 발생하는 것이다. 그것은 '자성으로서 불생不生'이다. 또한 '자성으로서 불생인 사물들, 그것이 공성이다.'라고 말한다. 그가 인과 연에 의존해서 발생한 싹이나 식 등을 '자성으로서 불생'이라고 말하는 이유는 연기의 원인이나 연기의 결과물에 어떤 자성도 존재하지 않기 때문이다.

즉 연기의 결과물인 모든 사물은 자성에 의해서 발생하거나, 자성을 가지고 발생하는 것이 아니라, 무자성인 사물에 의해서 무자성인 사물로서 발생하는 것이다. 그러므로 월칭논사는 연기인 사물을 '자성으로서 불생'이라고 말한다. 요컨대 용수보살과 월칭논사에 따르면 불생이란 '일체법이 자성을 가지고 발생하는 것이 아니라는 진실'을 의미한다.

불생不生의 의미와 관련지어 보면 불멸不滅의 의미도 쉽게 이해된다. 요컨대 불멸이란 '일체법이 자성을 가지고 소멸하는 것이 아님'을 의미한다. 즉 연기인 여러 사물은 무자성이기 때문에, 자성을 가지고 발생하는 것도 아니고, 자성을 가지고 소멸하는 것도 아니다.

따라서 일체법은 '자성으로서는 불생불멸'이다.

팔불은 '일체법은 무자성'이라는 진실에 근거해서 설해진 것으로서, 유자성론에 근거한 각종 희론들에 대한 비판과 무자성인 사물의 진실 규명이라는 두 가지를 주요 내용으로 한다. 요컨대 팔불은 유자성론에 근거해서 설해지는 여러 견해들의 불합리를 비판하고, 무자성, 공, 가명, 중도라고 설해지는 일체법의 진실을 분명하게 깨닫도록 하기 위한 것이다.

(4) 이제와 열반

이제二諦란 승의제勝義諦와 세속제世俗諦의 두 가지 진실을 말한다. 그 가운데 세속제란 언어로 표현된 세속적인 진실을 말하고, 승의제란 부처님이 깨달은 최고의 진실을 말한다. 언어는 변화하는 진실을 온전하게 전달할 수 없다. 언어는 일정 시간 동안 동일한 의미를 지니고 있을 때에만 의미를 전달할 수 있기 때문이다. 부처님은 그런 사실을 알면서도 자비심 때문에 언어를 가지고 자신이 깨달은 진실을 중생들에게 설하였다. 이러한 이유로 이제설이 설해지게 되었다.

『중송』은 제24장에서 "여러 부처님의 가르침은 두 가지 진실에 근거한다. 그것은 세속제와 승의제이다. 세간의 언설에 의지하지 않으면 승의는 가르쳐질 수 없다. 승의에 도달하지 않으면 열반은 증득되지 않는다."라고 말한다. 이로부터 열반의 증득을 위해서는 승의제만이 아니라 세속제도 필요한 것을 알 수 있다.

세속제는 다시 요의설了義說과 불요의설不了義說로 나누어진다. 월칭논사는 『프라산나파다Prasannapadā』에서 "불도에 입문하도록 하기 위해 설해진 경전을 불요의경이라 하고, 불과佛果를 얻도록 하기 위해 설해진 경전을 요의경이라 부른다."라고 말한다.

중관사상의 기본 개념들은 언어로 설해진 것이므로 모두 세속제에 속하며, 그것들은 다시 불요의설과 요의설로 구분된다. 연기란 12연기와 상호의존적 연기를 의미하는데, 그것들은 모두 세속제 가운데 불요의설에 속한다. 왜냐하면 연기는 '불생불멸'인 것을 '발생과 소멸'이라고 설하기 때문이다. 무자성, 공, 가명, 중도는 세속제 가운데 요의설에 속한다. 그것들은 무자성, 공, 가명, 중도인 사물을 진실 그대로 설하기 때문이다.

『중송』은 제24장에서 "세간의 언설에 의지하지 않으면 승의는 가르쳐질 수 없다. 승의에 도달하지 않으면 열반은 증득되지 않는다."라고 하였다. 그런데 중관사상에서 승의제란 무자성, 공성 등의 진실을 의미한다. 따라서 이 게송은 무자성, 공성 등에 대한 깨달음이 열반의 필수 조건이라는 의미이다.

그렇다면 무자성, 공성 등에 대한 깨달음은 어떤 과정을 거쳐서 수행자를 열반으로 인도하는 것인가? 『중송』은 제18장에서 "업業과 번뇌煩惱의 소멸로부터 해탈이 있다. 업과 번뇌는 분별로부터 있는 것이다. 그 분별은 희론에 의해서 일어난다. 그러나 희론은 공성에서 사라진다."라고 말한다.

따라서 『중송』에서 고통의 발생은 공성의 비자각 → 희론의 발생 → 분별의 발생 → 번뇌의 발생 → 업의 발생 → 고통의 발생으로 도식화된다. 또한 동 게송에서 "희론은 공성에 의해서 사라진다."라고 말하기 때문에, 고통의 소멸은 공성의 자각 → 희론의 소멸 → 분별의 소멸 → 번뇌의 소멸 → 업의 소멸 → 고통의 소멸로 도식화된다.

그러므로 용수보살에 의하면 고통의 소멸, 즉 해탈을 위해서 일체법이 무자성이고 공임을 깨닫는 것이 필수적이다. 월칭논사는 『프라산나파다』에서 무자성, 공의 깨달음이 고통의 소멸로 연결되는 과정을 다음과 같이 설명한다.

첫째, 일체법이 무자성이고 공임을 깨달은 수행자는 모든 사물을 석녀의 딸과 같이 존재가 아니라고 생각하여 그것의 자성을 인식하지 않는다. 둘째, 자성을 인식하지 않기 때문에 그 사물들에 대하여 언어를 가지고 희론하여 의미를 확산시키지 않는다. 셋째, 희론을 행하지 않기 때문에 청정과 부정과 전도 등과 같은 이치에 맞지 않는 분별을 일으키지 않는다. 넷째, 분별을 일으키지 않기 때문에, 유신견有身見을 뿌리로 가지는 '나'와 '나의 것'이라는 집착으로부터 탐진치 등의 번뇌를 일으키지 않는다. 다섯째, 번뇌를 일으키지 않기 때문에 번뇌에 근거해서 업을 짓지 않는다. 여섯째, 업을 짓지 않기 때문에 생로병사와 같은 윤회의 고통을 받지 않는다.

요컨대 수행자는 불요의설인 12연기설과 상호의존적 연기설을 통해서, 일체법이 무자성, 공, 가명, 중도이고, 따라서 자성으로서 불생불멸 등이라고 하는 요의설을 이해하게 된다. 그는 요의설에 대한 반복적인 학습을 통하여 일체법이 무자성, 공, 가명, 중도이고, 따라서 자성으로서 불생불멸 등이라는 승의제를 깨닫게 된다. 승의제를 깨닫게 되면 희론과 분별이 사라지게 된다. 희론과 분별이 사라지면, 번뇌와 업이 소멸하게 되고, 이어서 윤회의 고통이 소멸한 길상의 특징인 열반에 도달하게 된다.

(5) 무상정등각의 성취

대승의 보살은 자신만의 열반이 목적이 아니라, 무상정등각 無上正

等覺의 성취에 의한 성불成佛이 목적이기 때문에, 열반의 문턱에 도달해 있으면서도 열반으로 들어가지 않고 무상정등각의 성취를 위하여 수행을 닦는다.

월칭논사는 『입중론』에서 '보살은 십지十地의 단계를 거치면서 십바라밀을 완성함으로써 불지佛地에 오른다.'고 보았다. 그러나 그는 방편方便, 서원誓願, 력力, 지智의 네 바라밀은 반야바라밀과 다른 것이 아니라고 하기 때문에, 결국 십바라밀과 육바라밀은 동일한 것이 된다.

십지란 환희지歡喜地, 이구지離垢地, 발광지發光地, 염혜지焰慧地, 난승지難勝地, 현전지現前地, 원행지遠行地, 부동지不動地, 선혜지善慧地, 법운지法雲地의 열 가지를 말한다. 제1환희지에서 보살은 중생을 위한 자비로 가득 차서 자신의 마음을 보현보살의 10대 서원에 회향하고서 환희를 일으키기 때문에 이 단계를 환희지라고 부른다. 제6현전지에서 보살은 일체법이 공임을 분명하게 깨달아 알기 때문에 일체법에 대한 희론과 분별, 번뇌와 집착을 모두 떠나 열반을 성취하는 것이 가능해진다. 그러나 보살은 중생들에 대한 자비심 때문에 자신의 열반을 뒤로 미루고 무상정등각의 성취를 위하여 정진한다. 제10법운지에서 보살은 한량없는 삼매를 닦는데, 그 마지막 순간에 그의 지혜가 부처님의 지혜와 다르지 않다는 관정灌頂을 받고 마침내 불지에 오르게 된다. 이제 보살은 부처님이 되었으므로, 그의 지혜는 완전히 청정해져서 커다란 비구름이 힘들이지 않고 비를 뿌리는 것처럼, 여러 중생들의 선업을 키우기 위해 힘들이지 않고 성스러운 법의 비를 내린다.

보살은 제1환희지로부터 제10법운지에 이르는 열 단계의 수행

속에서 십바라밀을 완성하여 성불하게 되며, 성불한 후에는 석가모니 부처님과 똑같이 무상정등각일체종지一切種智, 삼신三身, 십력十力과 함께 사선四禪, 사무량四無量, 팔등지八等至, 오신통五神通, 37보리분법, 반야지般若智; 사성제, 연기, 공 등에 대한 완전한 깨달음, 십자재十自在, 사무애해四無礙解, 십바라밀十波羅蜜 등의 여러 공덕을 갖추고 걸림없이 중생을 제도한다.

5) 인도에서 중관학파의 전개

(1) 인도 중관학파의 역사

중관학파의 역사는 크게 세 시기로 구분된다. 그것은 용수龍樹, Nāgārjuna, 150~250경, 제바提婆, Āryadeva, 170~270경, 라훌라바드라 Rahulabhadra, 200~300경논사가 활약한 초기 중관학파2~4세기, 불호佛護, Buddhapālita, 470~540경, 청변淸辯, Bhavaviveka, 500~570경, 월칭月稱, Candrakīrti, 600~650경논사 등이 활약하여, 귀류논증파와 자립논증파로 분열되었던 중기 중관학파5~7세기 초, 그리고 적호寂護, Śāntarakṣita, 680~740경와 연화계蓮華戒, Kamalaśīla, 700~750경논사 등이 활약한 후기 중관학파7~11세기이다.

초기 중관학파의 계통은 용수 - 제바 - 라훌라바드라로 이어진 것으로 되어 있는데, 제바스님 이후에 중관학파는 일시적으로 쇠퇴한 것으로 보인다. 구마라집스님의 전기에 의하면 구마라집은 사차국沙車國 왕자의 아우인 수리야소마須利耶蘇摩로부터 『중론』, 『백론』, 『십이문론』을 전수받았다고 하는데, 『중론』에는 청목靑目, Piṅgala, 200~300경논사의 주석이 붙어 있었으므로, 제바스님 이후에 청목논사가 인도에서 활동했음을 알 수 있다.

중기 중관학파가 활약하던 6~7세기는 불교에서 진나陳那, Dignāga, 480~540경와 법칭法稱, Dharmakīrti, 600~680경논사가 나타나 인식론과 논리학을 비약적으로 발달시킨 시대였다. 이들은 경량부와 유식학파의 사상을 종합적으로 해석하여 경량유가파經量瑜伽派라고도 할 수 있는 지식론 학파가 성립하는 발단이 되었다. 이들의 논리학 및 인식론에 대한 대응 방식의 차이점이 귀류논증파歸謬論證派와 자립논증파自立論證派 및 중기 중관학파와 후기 중관학파를 구분하는 기준이 된다.

불호스님은 시대적으로 진나논사보다 앞서므로 그의 인식론과 논리학을 알지 못했다. 그러나 불호스님은 예리한 논리 의식을 가지고 귀류논증의 방식으로 『중송』을 주석하였다. 한편 청변과 월칭논사는 진나논사의 논리학에 대해서 관심을 가지면서도 그에 대한 대응 방식은 각기 달랐다.

청변논사는 진나논사의 논리학을 자신의 중관철학에 깊이 도입하여, 진나논사가 제시한 정언적定言的 추론식을 통해서 일체법이 공임을 논증하고자 하였지만, 월칭논사는 오히려 정언적 추론식이 공의 논증에는 부적당하다고 생각하여, 귀류논증을 통해서 공을 논증하고자 하였는데, 여기서 자립논증파와 귀류논증파가 분열되었다.

그들은 진나논사의 논리학에 대해서는 반응하면서도 인식론에 대해서는 큰 관심을 보이지 않았다. 그러나 적호스님으로부터 시작되는 후기 중관학파는 논리학뿐 아니라 법칭논사의 인식론에서 강한 영향을 받았다. 그러므로 후기 중관학파는 사상적으로 유식학파와 밀접한 관련을 가지게 되며, 그런 점에서 적호스님은 유가행중관학파瑜伽行中觀學派로 분류되기도 한다.

적호스님은 논리학의 가치를 인정하고 자립논증식을 통해서 다른 여러 학파를 조직적으로 비판했다는 점에서 청변논사의 방법을 계승하였다. 그러나 청변논사가 논리학으로 다른 학파를 병렬적으로 비판했던 것에 비해서, 적호스님은 법칭논사의 인식론을 수용할 뿐 아니라, 불교학파들의 사상은 모두 중관사상에 이르기 위한 예비적인 단계라고 생각하여, 각 학파의 사상에 순위를 부여하고 여러 불교학파들이 제시하는 실재들을 조직적이고 종합적으로 비판했다는 점에서 청변논사와 구분된다.

(2) 귀류논증파와 자립논증파

귀류논증파는 귀류의 방식으로 공사상을 논증하고자 했기 때문에 그렇게 불린다. 귀류歸謬, prasaṅga란 '오류에 귀착하다'라는 의미로, 상대방의 주장을 오류에 도달하게 하여 그 주장을 논파하는 논증법이다. 일체법은 공으로서 무실체, 무자성이기 때문에 잠시도 머물지 않고 변화한다. 그러나 불교 안팎의 대부분의 학파들은 실재론적 사고에 따라 상주불변의 진실한 존재를 인정하면서 그런 존재들을 추구하였다.

용수보살은 그들의 실재론을 현실에 그대로 적용하면 어떤 오류가 벌어지게 되는지를 밝힘으로써 그들의 실재론을 논파하고자 하였다. 그는 『중송』「관인연품」에서 자생自生, 타생他生, 공생共生, 무인생無因生을 부정함으로써 실재론을 가지고는 여러 사물의 발생을 올바르게 설명할 수 없음을 드러냄과 동시에,「관사제품」에서 연기에 의한 발생을 승인함으로써 일체법이 무자성·공임을 밝혔다. 이것도 일종의 귀류논증이라고 할 수 있다.

　귀류논증파는 용수보살의 이 방법을 계승하여 여러 학파의 실재론을 논파하고 일체법이 공임을 논증하고자 하였다. 귀류논증파는 일체법이 공이라는 자신들의 입장에 따라 주장명제도 세우지 않는다. 만일 주장명제를 세우면 그것도 일체법이 공이라는 자신의 주장에 위배되기 때문이다. 그러나 그들이 논리를 전혀 사용하지 않았던 것은 아니다.

　월칭논사의 『프라산나파다』를 보면 곳곳에서 상대방의 논리를 사용하여 상대의 주장을 논파하고 있다. 그러므로 귀류논증파가 논리를 거부한다는 것은 논리를 사용하지 않는다는 의미가 아니고, 자신의 주장명제를 세우지 않는다는 의미로 이해하는 것이 옳다.

　한편 자립논증파는 공사상을 나타내는 데 자립논증식을 사용하기 때문에 그렇게 불린다. 청변淸辨에 따르면 귀류논증은 상대의 주장을 논파하기는 하지만 적극적으로 공을 논증한 것은 아니다. 그러므로 청변논사는 논리를 사용하여 공의 진실을 적극적으로 나타낼 필요가 있으며, 용의주도하게 논증식을 사용하면 오류에 빠지지 않고 공을 드러낼 수 있다고 생각하였다.

　그리하여 그는 불호스님의 귀류논증에 대하여 "인因과 유喩를 설하고 있지 않기 때문에 귀류논증은 논증식이 아니다. 또한 그것은 상대방의 논란에 회답을 하지 않고 상대방의 과실을 지적할 따름이므로, 그 주장과 반대되는 주장이 그대로 성립하게 되는 모순을 낳는다."라고 비판하였다.

　청변논사는 『중송』의 주석서인 『반야등론석般若燈論釋』을 저술하면서 자립논증식을 통하여 일체법이 공임을 밝히고자 하였다. 그는 논리를 중시했지만 공성은 논리를 넘어서 있으며 논리적 사고가 미치지 못하는 것을 알고 있었다. 그러므로 승의勝義의 입장에서는 논리학을 부정하면서도 세속의 범위 안에서 논리에 의해 일체법이 공임을 논증하려고 하였다. 그의 자립논증법은 진나논사의 영향을 받아 중관사상에 논리학을 도입함으로써 성립한 것이므로, 그의 입장도 유가행파의 사상에 가깝다. 그러나 그는 세속으로서는 외계의 존재를 승인하기 때문에 경량중관파라고도 부른다.

6) 동북아시아의 중관학파

(1) 삼론종의 주요 인물들

인도의 중관사상이 중국에 전해진 것은 구마라집스님의 영향이 크다. 구마라집스님은 구자국龜玆國 출신으로 7세에 출가하여 서역의 여러 나라를 다니면서 불교를 연구하였는데, 겨우 11세의 나이에 외도外道들과 토론하여 그들을 굴복시켰다고 할 정도로 총명하였다. 그는 20세에 구자국에서 계를 받았으나 그의 명성은 이미 멀리 중국에 알려져 있었으므로, 전진前秦의 왕 부견苻堅, 337~385은 구마라집을 모셔 오게 하였다. 그런데 스님을 모시고 가던 중 전진이 멸망하자, 스님은 후량後凉에서 15년 동안 머물다가 후진後秦의 요흥姚興, 366~416경에 의하여 장안長安에 들어오게 되었다. 스님은 장안에서 12년 동안 여러 경론들을 번역한 후 413년에 70세로 입적하였다.

구마라집스님은 후진시대의 불교를 대표하는 스님으로, 당나라의 현장玄奘, 602~664스님과 함께 중국의 가장 중요한 번역가로 간주된다. 그에 의해서 대·소승의 논서들이 중국에 전해지면서, 반야중관사상이 중국에 공고하게 뿌리를 내려 삼론종三論宗이 나타나게 되었다.

삼론종은 구마라집스님이 번역한 『중론』, 『십이문론』, 『백론』을 소의경전으로 한 종파이다. 일반적으로 그 계통은 구마라집 - 도생道生 - 담제曇濟 - 승랑僧朗=道朗 - 승전僧詮 - 법랑法朗, 508~581 - 길장吉藏, 549~623스님의 순으로 이어지며 길장스님 대에 이르러 크게 번성하였다.

승조僧肇, 374~414스님은 구마라집스님이 고장姑藏에 있을 때 그의 명성을 듣고 제일 먼저 제자가 되었다. 그는 삼장三藏에 통달하였는데 특히 『유마경』, 『열반경』에 능통하였으며, 그의 저서 『주유마경』은 지금까지도 불교연구자들의 좋은 지침서가 되고 있다. 그의 사상은 『조론肇論』을 통해 알 수 있는데, 여기에는 『반야무지론』, 『무불천론』, 『부진공론』, 『열반무명론』 등 반야공사상에 대한 내용이 포함되어 있다. 이 『조론』으로 말미암아 중국불교는 새로운 모습을 띠게 된다. 당시까지만 해도 노장老莊과 유학儒學의 관념론적 현학玄學으로 이해되던 중국불교는 비유비무非有非無의 공관, 중도실상론에 의해 유무를 뛰어넘는 새로운 사상적 활로를 찾게 되었던 것이다.

길장스님은 금릉金陵=남경南京에서 태어났으며, 어려서부터 명석하여 이름을 날렸지만, 21세에 구족계를 받고는 더욱 명성이 알려져 진陳나라 계양왕桂陽王으로부터 대단한 존경을 받았다. 진나라가 망하고 수隋나라가 강남을 통일하자, 길장은 가상사嘉祥寺에 머물면서 삼론의 강의와 저술에 전념하여 삼론종의 교의를 완성하였다. 후세에 그를 일러 가상대사라고 하는 것은 그가 살던 절에서 이름을 따온 것이다.

수나라의 황제인 양제煬帝는 길장스님을 매우 존경하여 혜일도량慧日道場과 일엄도량日嚴道場을 세워 거기서 살게 하였다. 스님은 이곳에서 팔불중도의 도리를 설하였고, 당나라 시대에는 십대덕十大德 중 한 분이 되었다. 그는 『중론소』, 『백론소』, 『십이문론소』, 『삼론현의』 등 40여 부 160여 권을 저술하였다.

(2) 삼론종의 소의논서

삼론이란 삼론종의 소의논서로서 『중론』, 『십이문론』, 『백론』의 세 논서를 말한다. 『중론』은 용수보살의 『근본중송』에 대한 청목논사의 주석서로, 그것을 구마라집스님이 409년에 한역하면서 『중론』이라고 제목을 달았다. 일반적으로 동북아시아에서 『중론』이라고 하면 바로 이것을 의미하는 경우가 많지만, 실은 그 가운데 『근본중송』이라고 부르는 게송만이 용수보살의 저작이다.

삼론종에 따르면 『중론』의 중심 사상은 공사상, 연기설, 이제설이며, 그 가운데에서도 특히 이제설을 중시한다. 이제란 진제眞諦와 속제俗諦를 말하는데, 삼론종에서 설하는 진제란 현상계의 여러 사물에 대하여 그 본성이 공이라고 관하여 그 존재를 승인하지 않는 불·보살의 입장을 말하고, 속제란 현상계의 여러 사물에 대하여 세간 일반의 상식적인 견지에서 그 존재를 승인하는 상대적인 입장을 말한다.

『백론』 1권은 『중론』에서 설해진 공사상에 따라 불교 내의 여러 학파만이 아니라, 인도에서 유행하였던 여러 학파의 실재론도 논파하고 있다. 『백론』은 용수보살의 제자로서 3세기 즈음 활약한 제바스님의 저작으로, 구마라집스님이 404년에 번역하였으며, 산스크리트 원전이나 티베트어 번역본은 존재하지 않는다.

제바스님이 『백론』에서 논파하려고 했던 것은 당시 인도에서 유행했던 여러 실재론 학파들이었다. 그것은 실재론 철학과 논리학을 중심으로 한 정리파正理派, 정신과 물질의 이원론을 주장한 수론파數論派, 여섯 개의 범주를 가지고 세계를 설명하고자 했던 승론파勝論派 등이었다. 인도의 중관학파가 용수보살의 『중송』 연구를 중시했던 반면, 중국의 삼론종이 제바스님의 『백론』을 중시했던 것은 이 학파가 특히 파사현정破邪顯正을 강조했기 때문이다.

삼론종이 주장하는 파사론은 공성을 알지 못하고 집착에 사로잡혀 있는 상대의 견해와 사고방식의 오류를 바로잡는 것이 주안점이기 때문에, 치우친 견해를 바꿈으로써 그릇됨도 다시 올바름이 되는 의미의 파사현정이기도 하다. 후세의 삼론종에서 외도나 소승불교보다 대승불교의 견해에 대해서 더 많은 비판을 행했던 것은 바로 이 때문이었다.

『십이문론』 1권은 용수보살의 저작으로 구마라집스님이 409년에 번역하였는데, 산스크리트 원전 및 티베트어 번역본은 존재하지 않는다. 이 책은 『중론』에서 12개의 주제를 뽑아내어, 그것들을 바탕으로 일체법이 공임을 설명하는 입문서적인 저술로서, 『중론』의 요약본이라고도 할 수 있다.

삼론종과 중관학파의 학설을 비교해 보면 그 차별성이 발견된다. 즉 중관학파가 승의제를 언어와 지식의 작용을 떠난 것으로 간주하는 반면, 삼론학파는 이제二諦가 상호의존하는 것이고 가명假名이며 교설이라고 주장한다. 그리고 중관학파가 연기인 것을 불일불이不一 不異로 보는 데 비해, 삼론학파는 불이不二와 상즉相卽으로 설명한다.

2. 유가행유식사상

1) 유가행유식사상의 배경

유식사상이란 인간의 의식 이외에는, 혹은 의식의 바깥에는 어떤 것도 존재하지 않는다는 일종의 관념론 사상이다. 이 사상은 중관과 더불어 인도 대승불교의 양대학파 중 하나인 유가행파를 대표하는 사상이다. 유가행파의 고유한 사상에는 이 외에도 반야중관의 공사상을 발전시켜 재해석한 삼성설, 전통적인 6식설에 알라야식과 말나식을 더한 8식설이 있다. 이 세 가지 사상은 유가행파의 삼대축이라 할 수 있다.

유가행파 瑜伽行派, yogācāra라는 학파명에서도 알 수 있듯 이들 사상의 근저에는 요가, 곧 명상 수행의 전통이 있다. 초기 경전부터 명상을 위주로 하는 수행자와 교리 탐구를 위주로 하는 수행자라는 두 가지 경향의 수행자가 있었다. 이 중 전자의 정통을 바탕으로 성립한 것이 유가행파이다.

유가행이라는 말에는 명상 수행이란 의미뿐 아니라, 명상 수행 瑜伽, yoga을 생활규범 行, ācāra으로 하는 사람, 곧 요가수행자 瑜伽師라는 의미도 있다. 이들 수행자들의 수행 매뉴얼을 집성한 것이 명상 수행자들의 수행 단계, 곧 『유가사지론 瑜伽師地論, Yogācāra-bhūmi』이다. 유가행파의 근본 전적인 『유가사지론』과 동일한 이름의 수행 매뉴얼이 서북인도의 설일체유부에 속하는 명상 수행자들 사이에 다수 존재했다고 알려져 있다. 축법호스님이 번역한 『수행도지경 修行道地經』, 불타발타라스님이 번역한 『달마다라선경 達摩多羅禪經』 등이 그것이다. 이러한 문헌의 존재를 통해 유가행파는 설일체유부에 속하는 이 명상 수행자들로부터 출현했다고 추측할 수 있다.

이 명상 수행자들의 명상법으로 발전한 유식관 唯識觀을 일상 세계에도 적용한 것이 유식사상이다. 유식설의 기원은 일반적으로 삼계유심을 설하는 『화엄경』 「십지품」 '현전지'에서 설하는 '삼계는 유심이다 삼계유심三界唯心.'라는 구절로 알려져 있다.

> 행위자에 집착하기 때문에 행위가 인식된다. 행위자가 없을 때 행위도 궁극적으로 인식되지 않는다. 그는 다음과 같이 생각한다. '이 삼계에 속한 것은 마음뿐이다. 여래에 의해 분류의 방식으로 설명된 이 모든 12지 연기도 하나의 마음에 의존하는 것이다.' - 『화엄경』

그러나 『화엄경』의 이 구절의 전후 맥락을 살펴보면, 외계의 대상을 부정한다기보다는 12연기의 전 과정이 자아가 아니라 마음에 의해서 주도된다는 의미임을 알 수 있다. '삼계유심' 구절 이전에, '행위자에 대한 집착 때문에 행위가 있으며, 행위자가 없다는 것을 인식하면 궁극적으로는 행위도 인식되지 않는다'고 설하고 있기 때문이다. 다시 말해 외계 대상을 부정하는 것이 아니라 자아의 부정을 의미한다.

동일하게 '삼계유심'을 설하는 경전 중에 명상 수행의 과정에서 외계 대상을 부정하는 맥락으로 사용하는 경전에 『반주삼매경』이 있다. 이 경은 명상 속에서 부처님을 친견하는 이른바 관불삼매를 설한다. 명상 속에서 부처님을 친견하고 설법과 수기를 들은 현호보살은 문득 '이 부처님들이 어디서 왔는지 혹은 자신이 그 부처님을 만나러 갔는지' 하는 질문을 한다. 그리고 부처님이 어디에서 오는 것도 아니고 자신이 어딘가로 가는 것도 아님을 안다.

> 그는 이와 같이 생각한다. '이 여래는 어디에서 왔으며, 나는 어디로 가는가?' 이렇게 생각한 후 그는 그 여래가 어디에서도 온 것이 아님을 잘 안다. 자신의 몸도 어디로도 가는 것이 아님을 인식한 후 그는 이와 같이 생각한다. '이 삼계는 유심이다. 왜 그런가? 내가 분별하는 대로 그와 같이 나타나기 때문이다.' - 『반주삼매경』

부처님이 어디에서 온 것도 아니고 자신이 어디로 간 것도 아닌 이유는 자신의 마음이 부처님을 만들어 냈기 때문이다. 자신의 마음이 부처님을 만들어 낼 수 있는 이유는 삼계가 유심이기 때문이다. 『반주삼매경』의 이 구절은 명상 과정에서 설해진다는 점, 외계 대상을 부정한다는 맥락에서 설해진다는 점에서 유식사상의 선구적인 형태로 볼 수 있다.

2) 유가행파의 논사와 논서

(1) 미륵, 무착과 세친보살

유가행파의 창시자는 미륵彌勒, Maitreya보살로 알려져 있다. 그러나 이 인물이 미륵이라는 이름을 가진, 역사적으로 실재한 인물인지 혹은 미래불인 미륵보살에 가탁한 것인지에 대한 논란이 있다. 최근에는 무착보살의 주도로 편집된 논서 혹은 비교적 오래된 유가행파 논서에 권위를 부여하기 위해 미륵보살이라는 이름을 빌린 것으로 보는 견해가 우세하다. 미륵보살에 이어 유가행파의 초석을 놓은 인물로 무착無著, Asaṅga, 310~380보살과 세친世親, Vasubandhu, 320~400보살 형제가 있다.

중국과 티베트의 전승에서는 미륵보살의 저작으로 다섯 논서를 들지만, 그 구체적 내용은 다르다. 먼저 티베트 전승에서는 『대승장엄경론송』, 『중변분별론송』, 『법법성분별론』, 『현관장엄론송』, 『구경일승보성론송』을 든다. 이 중 『법법성분별론』은 세친보살 이후 후대의 작품으로 판명되어 있다. 한편, 『현관장엄론송』은 『이만오천송반야경』의 주석이고, 『구경일승보성론송』은 여래장사상 계통의 문헌이다. 이 티베트 전승은 상대적으로 후대에 만들어진 설로 반야와 유식, 여래장사상을 하나로 통합된 체계로 이해하려는 의도 아래 만들어진 것으로 보인다.

이에 대해 중국 전승에서는 『유가사지론』, 『분별유가론』, 『대승장엄경론』, 『중변분별론』, 『금강반야경론』을 열거한다. 이 전승은 둔륜 혹은 도륜스님의 『유가론기』에 기록되어 있다. 이 중 『분별유가론』은 한역되지 않았으며, 『금강반야경론』은 『금강경』의 주석서로서 일반적으로 유가행파에 속하는 문헌으로 간주되지 않는다. 『대승장엄경론(송)』, 『중변분별론(송)』은 티베트 전승과 일치한다. 이로써 유가행파에 속하는 이 두 문헌이 미륵보살의 저작이라는 설은 매우 이른 시기부터 성립해 있었다는 것을 알 수 있다.

티베트 전승에서는 무착에게 7론을 귀속시킨다. 『유가사지론』을 『본지분』, 『섭결택분』, 『섭석분』, 『섭이문분』, 『섭사분』 등 다섯으로 나눈 5부와 『아비달마집론』, 『섭대승론』을 더한 것이다. 이 중 『유가사지론』은 한역으로 100권에 이르는 방대한 백과사전적 논서이다. 이 문헌은 무착보살 이전 오랜 시간 동안 전승되어 오던 독립된 문헌들을 집대성하여 편집한 학파적 논서로 간주된다. 『아비달마집론』과 『섭대승론』은 무착보살의 단독 작품으로 간주되며, 이 중 『섭대승론』이 무착보살의 주저이다.

『섭대승론』은 알라야식설과 삼성설, 유식관 등의 수행, 그리고 그 결과로서 열반과 지혜 등 대승불교의 주요 주제가 10가지로 압축되어 설명된다. 이는 유가행파 입장에서 저술된 대승불교의 입문서 혹은 교과서 성격을 가지는 논서다. 이 문헌에 대한 세친보살의 주석이 진제스님에 의해 한역되고 이를 기반으로 중국에서는 섭론학파가 성립하는 등 동아시아 대승불교에 큰 영향을 끼친 문헌이기도 하다.

세친보살에게는 『석궤론』, 『오온론』, 『성업론』, 『연기경석』, 『중변분별론석』, 『대승장엄경론석』, 『유식이십론』, 『유식삼십송』 등 8론이 있다고 한다. 이 중 『석궤론』, 『오온론』, 『성업론』 등은 『구사론』의 작자인 세친보살이 아비달마에서 유식으로 전향하는 가운데 저술한 과도기적인 작품으로 평가된다. 『중변분별론석』과 『대승장엄경론석』은 미륵보살이 지은 본송을 주석한 것이다. 독자적인 유식사상 계통의 저작은 『유식이십론』과 『유식삼십송』이다. 세친보살이 만년에 지은 『유식삼십송』에 10인의 논사가 주석한 주석서를 호법의 설을 정통으로 하여 한역한 것이 『성유식론』이다. 『성유식론』은 한역 이후, 동아시아 유식학의 근본 논서로 자리잡았다.

(2) 세친보살 이후의 논사와 계보

미륵-무착-세친보살로 이어지는 시기를 초기 유가행파로 분류한다. 세친보살의 『유식삼십송』에 대한 10명의 주석가가 활동하던 시기는 중기 유가행파로 구분할 수 있다. 이 시기는 안혜安慧, Sthiramati, 510~570, 호법護法, Dharmapāla, 530~561논사와 그 제자 계현戒賢, Śīlabhadra, 529~645, 그리고 무성無性, Asvabhāva, 6세기 말~7세기 초스님이 활약하던 시기이다.

안혜논사는 서인도 발라비Valabhi에서 활약한 유식논사이다. 그는 『유식삼십송』을 주석한 10대 논사의 한 명으로서, 호법논사의 가장 강력한 라이벌 중 하나였다고 알려져 있다. 그는 또한 『대승장엄경론』과 『중변분별론』에 대한 복주를 남기기도 하였고, 『구사론』에도 복주를 남기는 등 광범위한 문헌에 주석을 남기고 있다. 호법논사도 10대 논사의 한 명으로서, 날란다Nalanda 유식학파를 대표하는 학자였지만 32세의 나이로 단명하였다. 그의 제자인 계현스님이 날란다에 유학한 현장법사의 스승이었다. 무성스님은 『섭대승론』, 『대승장엄경론』 등을 주석하였다. 현장법사는 그의 『섭대승론석』을 매우 중시하여, 『섭대승론』 세친석보다 먼저 번역하기도 하였다.

이 시기는 또한 약간 계통을 달리하는 진나陳那, Dignāga, 480~540

와 법칭法稱, Dharmakīrti, 600~660논사가 활약하던 시기이기도 하다. 티베트 전승에서는 미륵-무착-세친보살을 성전추종파로 부르는 데 비해, 진나와 법칭논사 계통을 논리추종파로 분류하기도 한다. 논리추종파 계통의 유가행파 문헌은 진나논사의 『관소연연론』 등 극히 일부를 제외하고는 한역되지 않았다.

유가행파의 계보는 상대적으로 대승적인 성격이 강한 미륵논서 계통과 상대적으로 아비달마 성격이 강한 『유가사지론』 계통으로 나눌 수도 있다. 티베트와 중국 전승이 함께 미륵보살의 저작이라고 인정하는 『대승장엄경론』과 『중변분별론』은 상대적으로 대승적 색채가 강하며 이를 편의상 미륵논서라 부른다. 이 논서들의 본송은 알라야식을 인정하지 않으며, 수행론적으로는 대상뿐 아니라 식도 공하다고 하는 공성空性의 인식을 강조한다. 이러한 유식을 통한 공성의 인식을 강조하는 수행법을 『중변분별론』에서는 입무상방편상入無相方便相이라고 한다.

반면 아비달마 성격이 강한 『유가사지론』 계통의 논서는 무착보살의 『섭대승론』 및 세친보살의 저작을 포함한다. 이들 논서는 알라야식의 존재를 강조하며, 수행론적으로는 입무상방편상을 수용하면서도 상대적으로 식의 실재성을 강조한다. 그들은 견도見道에서 인식하는 궁극적인 인식 대상을 공성이 아닌 유식성唯識性이라 간주한다.

이 두 계통의 경향적 차이는 앞서 언급한 지역적인 차이, 곧 발라비 전통과 날란다 전통에도 기인하는 것으로 보인다. 후대 티베트에서는 이 두 계통을 무상유식학파와 유상유식학파로 구분하기도 한다. 무상유식학파는 대상을 인식하는 양상인 행상行相, ākāra이 허위라는 것이고 유상유식학파는 그것이 진실이라고 주장한다. 이 역시 식의 실재성을 어느 만큼 인정할 것인가 하는 문제와 연관되어 있다.

3) 유가행파의 사상

(1) 유가행파의 자기 인식

유가행파는 이전의 불교사상사 전체를 3단계로 분류한다 삼시전법륜三時轉法輪. 첫 번째 단계는 성문승을 위해 사성제를 설한 단계이다. 이 단계는 초기·부파불교 시대를 가리킨다.

두 번째 단계는 대승을 위해 모든 현상에 자성이 없고 무생·무멸이며 본래 적정하고 본질적으로 열반이라는 것을 은밀한 방식으로 가르친 단계이다. 이는 공성을 설한 반야경 단계를 포함한 유가행파 이전의 대승불교 시대를 말한다. 여기서 '은밀'이란 '불요의不了義, neya_artha'라고도 하며, 경전의 말씀을 글자 그대로가 아니라, 특별한 해석을 통해 그 숨겨진 본래 의미를 끄집어내어 이해해야 한다는 것이다.

세 번째 단계는 일체승을 위해 모든 현상에 자성이 없고 무생·무멸이며 본래 적정하고 본질적으로 열반이라는 것을 분명하게 가르친 단계이다. 이 단계에서 설한 경전은 해석의 여지가 없이 글자 그대로 이해해야 한다. 숨겨진 것이 없이 모두가 분명한 의미를 드러내는 경전이기 때문이다. 초기 유가행파의 근본경전인『해심밀경』을 포함한 유가행파의 가르침이 여기에 속한다. 이를 '요의了義, nīta_artha'의 가르침이라고도 한다. 유가행파는 자신의 사상이, 이전의 초기·부파 및 반야·중관의 모든 가르침을 포괄하고 재해석한, 가장 뛰어난 가르침이라는 자부심을 갖고 있다는 것을 알 수 있다. 이 단계를 대표하는 가르침이 삼성설·유식설·팔식설이다.

(2) 삼성설
공사상의 성립

초기불교는 오온이 자아가 아니며, 자아의 것도 아니라는 무아사상을 기반으로 하고 있다. 오온은 있지만 오온은 자아가 아니며, 또한 오온에 자아가 있는 것도 아니라는 것이다. 자아는 부정하지만 오온의 존재는 인정하는 사상은 점차 오온 혹은 오온을 구성하는 요소가 실체적으로 존재한다는 사상으로 발전해 간다.

북전 아비달마를 대표하는 설일체유부說一切有部는 인간과 세계를 구성요소로 분석하는 방법을 극단적으로 발전시켰다. 그들은 인간과 세계를 더 이상 분해할 수 없는 데까지 분해하였다. 그리하여 더 이상 분해되지 않는 궁극적인 요소를 75가지로 세분하고, 그것을 물질, 마음, 심리현상, 마음과 결합하지 않는 현상, 무위라는 다섯 종류로 범주화하였다. 이것을 5위75법五位七十五法이라고 한다.

이들 75개의 구성요소는 과거·현재·미래라는 삼세에 걸쳐 실체적으로 존재하지만, 이 75법 안에 자아는 존재하지 않는다. 5위75법설은 무아를 입증하기 위해 만들어진 사상인 것이다. 그러나 5위75법을 이루는 하나하나의 법은 자성을 가진 실체적 존재이다. 이에 따라 설일체유부는 자아의 부정을 강조하기 위해 구성요소를 실체화했다는 비판에 직면한다.

이러한 비판적 입장은 반야바라밀을 주장하는 대승불교로부터 나왔다. 『반야경』은 물론, 『반야경』의 사상을 이론화한 중관사상은 초기불교의 무아사상을 발전시켜 아비달마불교가 주장하는 사물의 실체성을 부정한다. 반야중관사상에서는 자아뿐 아니라 자아를 구성하는 구성요소도 실체적으로는 존재하지 않는다고 주장한다. 무아사상을 모든 법에 적용한 무실체사상으로 발전시킨 것이다. 이러한 실체 부정의 사상이 공사상空思想이다.

악취공과 선취공

설일체유부의 실체설을 비판하면서 등장한 사상이 공사상이었지만, 공사상을 잘못 이해하는 경향도 나타난다. 그것은 모든 것의 존재를 부정하는 허무주의이다. 이와 같이 모든 것의 존재를 부정하는 잘못 이해한 공사상을 악취공惡取空이라 한다. 악취공이란 어떤 장소에 어떤 사물과 장소가 모두 없다고 부정하는 것이다. 즉 세간적 현상장소과 그 현상의 본질사물이 모두 없다고 보는 것이다. 한편, 공사상을 설해진 취지대로 잘 이해한 것을 선취공善取空이라 한다. 선취공이란 어떤 장소에 어떤 사물이 없을 때 사물은 없다고 부정하지만, 장소는 있다고 인정할 뿐만 아니라 그 장소에 '남아 있는 것'도 인정한다. 이는 우리가 살아가는 세간으로서의 현상장소을 긍정하고 나아가 그 현상의 실체성, 곧 공성도 남아 있다고 여기는 것이다. 이와 같이 선취공은 장소와 사물이라는 두 요소뿐만 아니라 '남아 있는 것'을 세 번째 요소로 하여 이를 있는 것으로 본다. 결론적으로 '사물'은 없는 것이고, '장소'와 '남아 있는 것'은 존재한다.

공성의 세 요소인 '사물', '장소', '남아 있는 것'은 이후 유식사상에서 각각 변계소집성遍計所執性·의타기성依他起性·원성실성圓成實

性에 대응되는 삼성설三性說로 발전한다. 사물에 비유되는 변계소집성은 주객분별 망상으로 구성된 사물로서, 전혀 존재하지 않는 것을 가리킨다. 과수원에 열려 있는 빨간 사과를 예로 들어 보자. 우리는 사과의 빨간색과 그 빨간색을 가진 사과를 보고 있다고 생각한다. 하지만 빨간색 그 자체는 마음 바깥에 존재하지 않으며, 마찬가지로 사과 그 자체도 존재하는 것은 아니다. 빨간색과 사과는 우리 마음이 주객분별의 언어적 조작에 의해서 만들어 낸 사물이다. 그 사과는 언어로 표현된 '사과라는 말'로 덧씌어진 대상이기에 사과 그 자체가 아니라 허상에 불과하다. 그것은 '토끼의 뿔'과 같은 허구적 구성물이다. 장소에 비유되는 의타기성은 다른 여러 가지 인연에 의거하여 생겨나는 존재의 모습으로, 연기적 형태로 다른 것에 의존하여 발생하지만 실체적으로는 존재하지 않는 것을 가리킨다. 사과나무, 햇빛, 토양, 사람들의 보살핌 등의 여러 가지 연기적 조건에 따라 빨간 사과가 열려 있는 현상은 인정하지만, 그러한 현상이 고정불변한 실체로서 존재하지 않는다는 것이다. 남아 있는 것에 비유되는 원성실성은 완전히 성취된 존재의 모습으로, 원래부터 존재하지 않는다는 진리의 존재성을 말한다. 빨간 사과의 본질, 그 실체가 없다는 사실이 존재한다는 것이다. 이와 같이 삼성은 차례대로 전혀 존재하지 않는다는 의미의 공성, 실체적으로는 존재하지 않는다는 공성, 승의적勝義的인 공성을 의미한다.

삼무자성설과 삼성설

삼성설은 공성의 세 측면인 삼무자성을 긍정적으로 표현한 것이다. 삼무자성이란 상무자성相無自性, 생무자성生無自性, 승의무자성勝

義無自性을 말한다.

상무자성은 모든 것이 언어적으로만 존재할 뿐 그 언어가 가리키는 것이 실체로 존재하는 것이 아니라는 것이다. 예를 들어 '허공에 핀 꽃空花'이라고 할 때, '허공에 핀 꽃'이라는 말은 있을 수 있지만, 그 말이 가리키는 실제 꽃은 결코 있을 수 없는 것과 같다. 언어로 표현된 대상은 언어적 사유과정에 따른 분별의식이 만들어낸 환영이자 환상이다. 사람들은 언어를 매개로 하여 '나'라는 자아의식을 중심으로 세상을 재단하며 살아간다. 이렇게 우리들의 대상세계란 언어로 분별 조작된 세계이므로 개념적 산물일 따름이다. 그런 세계는 사실 실재하지 않는다.

생무자성이란 모든 법이 조건에 따라 마치 있는 것처럼 발생한다는 것이다. 연기의 조건에 따라 사태를 파악하는 마음작용으로서 마음의 흐름은 분명히 있다. 이 마음의 흐름은 현상적으로 존재한다. 그러나 그것은 실체적 요소로서 자성을 지니고 있지는 않다. 예를 들어 마술사가 마술로 코끼리를 만들어 낼 때, 코끼리가 있는 것은 아니지만 관객들은 코끼리가 있는 것처럼 보는 것과 같다. 마음의 주객분별 작용으로 코끼리 등의 현상세계가 전개되지만, 사실 그러한 분별은 존재하지 않는 코끼리를 외계에 존재하고 있다고 여기는 것일 뿐이다. 궁극적인 의미에서 우리 눈에 비친 코끼리는 실재하지 않는다.

승의무자성에는 두 가지 의미가 있다. 첫째는 생무자성이 그대로 승의무자성이다. 생무자성은 승의적으로는 자성이 없으므로 생무자성 자체가 승의무자성인 것이다. 둘째는 일체법의 무아성, 곧 공성이 승의무자성이다. 무자성이 곧 승의이기 때문이다. 빨간 사과를 예로

들자면, 조건에 의해 발생하는 현상으로서 빨간 사과도 승의무자성이고, 그 사과가 실체적으로는 존재하지 않는다는 공성도 승의무자성인 것이다. 차례대로 상무자성은 변계소집성에 해당하고, 생무자성은 의타기성에 해당하며, 승의무자성은 일부는 의타기성에, 일부는 원성실성에 해당한다.

이와 같이 삼무자성성은 반야중관의 공성설을 더 세밀하게 발전시킨 것이다.

삼성의 비유

유가행파의 경론에서 삼성설은 다양한 예시를 통해 설명된다. 예를 들어 투명한 수정이 있다고 하자. 그 투명한 수정을 파란색 테이블 위에 놓으면 사파이어처럼 보이고, 빨간색 테이블 위에 놓으면 루비처럼 보일 것이다. 그와 같이 보이는 사파이어나 루비는 실은 존재하지 않는 것이다. 이를 변계소집성이라 한다. 투명한 수정이 사파이어나 루비처럼 나타나는 것이 의타기성이다. 수정에 파란색이나 빨간색이 제거되어 투명한 수정 그 자체가 드러나는 것이 원성실성이다.

조금 다른 관점에서 설해진 것이 뱀사蛇·새끼줄승繩·삼마麻의 비유이다. 즉 숲속 길을 지나가고 있는데 뱀 한 마리가 나무 위에서 뚝 떨어져 깜짝 놀라 피했다. 그러나 정신을 차리고 다시 보니 사실은 뱀이 아니라 새끼줄이었다. 삼줄로 꼰 새끼줄의 모양이 길고 가느다란 뱀과 색과 모양이 비슷하여 착각한 것이었다.

이렇게 실제로는 없지만 있다고 착각한 뱀은 변계소집성, 길고 가느다란 뱀의 색깔과 모양이 비슷한 삼줄로 꼰 새끼줄이 의타기성,

그리고 새끼줄의 본질인 삼이 원성실성에 해당된다.

수정의 비유가 현실의 인식이 성립하는 측면에 중점을 둔 비유라면, 뱀·새끼줄·삼의 비유는 사물의 본질을 추구해 나가는 수행론의 측면에서 설해진 비유라고 할 수 있다.

(3) 유식설

명상 수행과 유식

유식唯識이란, 말 그대로 식만이 존재할 뿐 그 식이 인식하는 대상은 존재하지 않는다는 것이다. 유식설도 그 기원에서는 삼매 수행과 밀접히 관련되어 있다. 이미 앞에서 그와 같은 유식설의 기원을 관불삼매를 설하는 『반주삼매경』에서 찾아보았다.

이를 계승하여 처음으로 명시적으로 유식을 선언한 경전이 『해심밀경』이다. 여기서는 삼매 수행의 관찰대상의 성격과 관련하여 다음과 같이 설명한다.

> "세존이여, 관찰하는 삼매의 대상인 영상은 어떤 것입니까? 그 마음과 다른 것이라고 해야 합니까, 다르지 않다고 해야 합니까?" "미륵이여, 다르지 않다고 해야 한다. 왜 다르지 않은가? 그 영상은 식일 뿐이기 때문이다. 미륵이여, 나는 '인식은 식일 뿐인 것으로 특징지워진 인식대상을 가진다식소연유식소현識所緣唯識所顯.'고 설한다."
>
> - 『해심밀경』

이 구절에서 유식이라는 용어가 처음 등장한다. 마음속에 영상을 만들고 그 영상을 대상으로 하는 삼매를 영상문映像門의 유식관이라고도 한다. 이러한 영상문의 유식관은 다음과 같은 과정을 통해 수행된다. 시체가 썩어 가는 과정을 관찰하는 부정관을 예로 들어 보자. 시체가 썩어 가는 모습을 관찰한다고 하여도 직접 썩어 가는 시체를 보면서 명상에 드는 것은 아니다. 먼저 수행자는 무덤에서 직접 시신이 썩어 가는 모습을 관찰한 후 기억하거나, 혹은 경전이나 논서에 설해진 것을 학습한 후 기억한다.

그 후 수행자는 자신의 사원이나 개인 공간에 돌아와 그곳에서 삼매에 든다. 그리고 삼매에 든 상태에서 시신이 썩어 가는 모습을 상상하는 것이다. 수행자는 영상이 더욱더 또렷하게 나타나도록 영상을 만들어 내는 과정과 지우는 과정을 반복한다. 마침내 만들어 낸 영상이 실제를 보는 듯 선명해지면 그것을 대상으로 관찰을 시작한다.

미륵보살의 질문은 이러한 영상에 대한 관찰이라는 특수한 수행을 배경으로 하고 있다. 그렇게 삼매 속에서 만들어 낸 시신의 영상이 과연 마음과 같은 것인가, 다른 것인가? 마음이 만들어 낸 영상이 마음과 다를 리는 없을 것이다. 문제는 이어지는 내용이다. 그렇다면 외부도 마음과 같은 것인가 혹은 다른 것인가? 세존은 이러한 물음에 대해, 외부의 대상도 마음과 다르지 않음을 인정한다. 즉 외부의 대상도 마음이 만들어 낸 영상처럼 마음과 같다고 함으로써, 오직 식만이 존재한다는 유식사상이 최초로 설해진 것이다.

유식설 선언의 의도

이와 같이 가장 처음 설해진 유식설은 그 어떤 설명이나 증명의 과정도 없이 선언의 형식으로 설해진다. 따라서 우리는 왜 외부의 대상이 존재하지 않는다고 설해졌는지 그 이유나 의도를 직접 확인할 수는 없다. 그러나 우리는 유식설 선언의 맥락을 통해 그 의도를 유추해 볼 수는 있다. 그것은 부처님의 말씀을 통해, 일상생활의 대상조차 마음이 만들어 낸 것임을 수행자에게 확신시킴으로써, 삼매 속에서는 더 원활히 영상을 만들어 낼 수 있도록 뒷받침하려는 것이다.

상상을 통해 영상을 실제와 동일한 수준까지 만들어 내기 위해 유가행파는 다양한 방법을 제시하고 있다. 예를 들면 화가의 비유로 설명하는 방법이다. 화가는 그림 연습을 할 때, 원하는 그림이 나올 때까지 수없이 그림을 지웠다 그렸다를 반복하면서 연습한다. 마음 속에서 영상을 선명하게 만들어 낼 때도 이와 마찬가지로, 영상을 만들어 냈다가 선명하지 않으면 지우고 다시 만들어 내기를 반복하면서 영상의 선명도를 높여 가는 것이다. 선명도는 점차 높아져 마치 눈앞에서 실제 사물을 보는 것과 동일한 정도까지 올라간다. 만약 수행자가 일상생활에서 인식하는 사물이 마음과 무관하게 존재하는 것이라고 생각한다면, 그것은 영상을 만들어 내는 데 부정적으로 작용할 것이다. 반대로 일상 사물조차 마음이 만들어 낸 것이라는 확신이 있다면, 삼매 속에서 영상을 만들어 내는 것은 훨씬 수월한 일이 될 것이다. 유식의 선언은 이와 같이 영상문의 삼매 수행자의 수행을 돕기 위해 종교적이고 실천적인 목적으로 설해진 것이다.

유식5위와 입무상방편상

유가행파는 유식관 수행의 단계를 정교하게 체계화하였다. 이를 유식5위라고 한다. 5위란 자량위資糧位, 가행위加行位, 견도위見道位, 수도위修道位, 구경위究竟位 등의 다섯 단계를 가리킨다. 이 단계는 설일체유부의 5단계 수행론을 대승화한 것이다.

자량위란 먼 여행을 떠나기 위해 필요한 여러 가지 물품을 갖추듯이, 본격적인 수행을 위한 준비물을 모으는 단계이다. 여기서는 오랜 시간에 걸쳐 복덕과 지혜를 모은다. 가행위는 본격적인 수행의 단계로, 유식관을 닦는다. 견도위에서는 유식관을 닦은 결과 처음으로 유식성을 꿰뚫어 보게 된다. 수도위는 반복하여 유식성을 꿰뚫어 봄과 동시에 이타행을 행한다. 구경위에서는 이 모든 수행의 결과 궁극적인 지혜와 열반을 증득한다.

이 중 가행위에서 유식관이 집중적으로 수행된다. 가행위에서 닦는 유식관은 무상에 들어가는 방편입무상방편상入無相方便相이 핵심적인 역할을 한다. 입무상방편은 두 단계로 구성되어 있다. 첫 번째 단계에서는 '오직 식뿐'이라는 인식에 근거하여 대상이 존재하지 않는다는 것을 관찰한다. 두 번째 단계에서는 대상이 존재하지 않는다는 인식에 근거하여 식도 존재하지 않는다는 것을 관찰한다. 이를 통해 법계法界, 다시 말해 유식성唯識性을 깨닫는 견도위로 나아간다.

유식의 증명

일견 상식에 반하는 유식설은 실재론자의 강력한 비판에 직면한다. 세친보살은 『유식이십론』에서 이러한 실재론자의 비판에 대답하고, 실재론자들이 주장하는 외계 대상의 존재를 비판한다. 실재론자는 대상이 없다면 '첫째 왜 사물이 특정한 장소에만 나타나는지, 둘째 마찬가지로 왜 특정한 시간에만 나타나는지, 셋째 어떻게 다수의 사람에게 공통적으로 인식되는지, 넷째 존재하지 않는 것이 어떻게 인과적 효력을 가지는지 설명할 수 없다.'고 비판한다.

이에 대해 세친보살은 꿈의 비유를 들어 대상이 없다고 하더라도 특정한 장소와 시간에 대상이 나타날 수 있다고 한다. 또한 아귀의 비유를 들어 공통의 업을 가진 존재들에게는 공통의 대상이 인식될 수 있음을 설명한다. 마지막으로 대상이 없다고 하더라도 몽정의 예처럼 인과적 효력 또한 증명된다고 한다. 이 모든 것은 지옥의 비유를 통해 다시 한번 증명된다. 비록 아귀나 지옥과 같은 비유는 현대인의 사고방식으로는 수긍하기 힘든 측면도 있지만, 꿈과 몽정의 비유는 어느 정도 설득력을 가지는 설명이다.

이러한 비유를 통한 설명은 실재론자의 비판에 대한 대답이다. 그는 여기에 그치지 않고 실재론자가 주장하는 외계의 대상이 성립할 수 없다고 직접적으로 비판하기도 한다. 먼저 외계의 대상은 부분과 전체로 나눌 수 있다. 이 중 전체는 존재할 수 없다. 전체란 부분으로 구성되지 않은 단일한 것을 의미한다. 만약 그러한 전체가 존재한다면 우리는 운동장에서 한 걸음을 내디뎌도 운동장 끝에 도달한다는 모순이 생긴다. 운동장이 전체라면 부분이 있을 수 없으므로 한 걸음 만에 운동장 전체를 건너야 하기 때문이다. 현실에서는 이러한 일은 발생하지 않는다. 따라서 전체란 없다.

부분 또한 존재할 수 없다. 부분을 극한으로 나누면 더 이상 나눌 수 없는 것, 곧 원자에 도달할 것이다. 이것은 정의상 부분을 가질 수 없는 것이다. 그렇다면 이들 원자들은 결합이 불가능하다. 결합이란 부분과 부분이 만나는 것인데, 결합 가능한 부분이 있다면 나눌 수 있을 것이기 때문에 원자의 정의에 어긋난다. 부분이 없이 결합한다면 전체가 겹쳐야 할 것인데, 그 경우는 여전히 크기를 가진 형태가 불가능하다. 숫자 0에 아무리 많은 0을 더한다고 해도 0보다 커질 수 없는 것과 같다.

부분과 전체 개념을 이용한 실재론 비판은, 앞선 비유를 통한 대답과는 달리 매우 논리적이고 이론적이다. 유가행파의 유식설은 이와 같은 실재론 비판을 통해 이론적으로 완성되었다.

(4) 팔식설

유가행파는 전통적인 6식설에 알라야식阿賴耶識, ālaya-vijñāna과 말나식末那識, manas을 도입하여 팔식설을 주장하였다. 전통적인 6식은 표면적으로 활동하는 식표층의식表層意識이고, 유가행파에서 도입한 두 식은 잠재적으로 활동하는 식심층의식深層意識이다. 특히 알라야식에 대해서 유가행파는 그것이 자아로 오인될 것을 두려워하여 이전에는 설하지 않은 것이라 하여 새로운 식의 도입을 합리화한다.

알라야식

알라야식은 아뢰야식阿賴耶識, 아리야식阿梨耶識, 아려야식阿黎耶識 등으로 음사되고, 흔히 '장식藏識'이라고 의역된다. 알라야식의 '알라야'가 '창고', '저장소' 등을 의미하기 때문이다. 알라야식은 일생 동안 지은 업과 번뇌를 하나도 빠짐없이 씨앗종자 형태로 보관한다능장能藏. 이렇게 보관된 종자는 씨앗이 발아할 조건이 맞는 환경을 만나면 싹이 트고 자라나 열매를 맺듯이, 잠재하여 있다가 조건이 갖추어지면 생각과 말과 행위로 나타나고종자생현행種子生現行, 그 결과를 새로운 종자의 형태로 다시 알라야식에 저장한다현행훈종자現行熏種子. 이런 의미에서 알라야식을 '일체종자식一切種子識'이라고도 한다.

이러한 종자의 활동은 한 생에만 그치는 것이 아니라 윤회를 통해 계속 이어진다. 즉 식물의 씨앗이 새로운 싹을 틔우고 성장하여 새로운 열매를 맺는 과정을 반복하는 것과 마찬가지로, 알라야식 또한 전생에 지은 업에 따라 그 조건에 맞는 환경을 만나면 새로운 생명으로 태어나며, 다음 생으로 넘겨주는 활동을 반복한다.

알라야는 '집착' 또는 '집착의 대상'이라는 의미도 있는데, 이는 알라야식이 말나식에 의해 자아로 잘못 집착집장執藏되는 식을 의미한다. 즉 말나식이 끊임없이 변하는 알라야식을 불변하는 자아로 착각하여, 알라야식을 나라고 잘못 집착하는 것일 뿐이다.

알라야식은 그 발전 과정에서 기원을 달리하는 또 다른 학설인 유식설과 결합한다. 이 세상은 알라야식의 현현顯現으로, 알라야식의 종자로부터 염오된 세계가 나타난다. 따라서 알라야식은 모든 염오된 현상세계가 발생하는 원인이 된다. 이렇게 알라야식은 모든 염오된 현상의 원인으로서, 현상세계에 내재한다소장所藏.

알라야식의 도입과 발전

알라야식이 정확히 언제 무슨 이유로 불교사상사에 등장했는지는 아직도 불명확한 점이 많다. 현재까지 알려진 문장 가운데 가장 먼저 알라야식을 언급하는 문장은 『유가사지론』에 나타난다. 거기서는 수행자가 모든 마음이 사라지는 멸진정에 들었을 때도, 감관 속에 알라야식이 존재하여 표면적 마음의 종자를 유지하고, 멸진정에서 나올 때는 그 종자로부터 표면적 마음이 발생한다고 설명한다. 이것은 멸진정에서도 수명과 체온을 유지하고 마음이 신체로부터 떠나지 않는다고 설하는 『법시비구니경』에 의거한 설명이다. 알라야식은 원래 '신체에 잠재하고 신체에 부착하는 식'이라는 의미였다.

이때 알라야식은 감관에 남아 있는 종자를 실체화한 것일 뿐, 대상을 인식하고 마음작용을 동반하는 완전한 형태의 식은 아니었다. 여기서 알라야식은 멸진정 전후를 잇는 가교의 역할과, 멸진정에 들어 있을 때 수명과 체온을 유지하는 역할을 하는 것이었다.

표면적인 마음표층의식이 없는 멸진정에서 하는 알라야식의 이러한 역할은 점차 그와 유사한 경우에도 적용되어 간다. 곧 무상정無想定과 무상천無想天, 임종 시와 수태 시 등에도 적용되어 간다. 나아가 표면적인 의식이 없는 상태뿐 아니라 그것이 있는 경우에도 알라야식이 존재하는 것으로 간주된다. 이것은 일체종자식 개념과 결합함으로써 가능했다. 이에 따라 알라야식은 일생 동안 존재하면서 신체를 유지하고 종자를 간직하는 식이 되었다.

한편 물질 곧 신체가 존재하지 않는 무색계로 태어나는 경우, 알라야식은 신체와 독립한 것으로 발전하게 된다. 이에 따라 중생의 의지처소의所依는 신체가 아니라 알라야식이 되고, 마침내 알라야식은 중생의 근본 요소가 된다. 나아가 유식설과 결합할 때, 알라야식은 중생의 근본 요소일 뿐 아니라 세계의 근본 요소이기도 하다. 존재하지 않는 대상이 존재하는 것처럼 발생할 때, 그 대상들은 알라야식에 있는 종자로부터 발생하기 때문이다.

진정한 식으로서 알라야식

알라야식이 진정한 의미의 식이 되기 위해서는 대상을 인식해야 하고, 마음작용도 동반해야 한다. 이에 따라 알라야식은 환경세계와 신체, 그리고 습기를 인식대상으로 가진다. 그러나 6식이 구체적 대상을 명료하게 인식하는 반면, 알라야식은 세계 전체를 흐릿하게 인식할 수 있을 뿐이다. 이러한 알라야식의 인식은 마치 해가 떠 있을 때 반딧불이가 빛을 내고 있는 것과 같이 불명료하다.

알라야식은 모든 마음작용에 동반되는 보편적인 마음작용인 접촉촉觸, 주의력작의作意, 느낌수受, 인지상想, 의도사思와 결합한다. 이 다섯 가지는 어떤 마음이 일어날 때 항상 함께 일어나는 마음작용이므로 변행심소遍行心所라고 한다. 알라야식의 잠재성으로 인해 이 변행심소 또한 잠재적으로 작용한다.

이러한 알라야식은 아라한이 되기 전에는 소멸하지 않고, 모든 윤회의 과정에서 언제나 존재한다.

말나식

말나식의 정식 명칭은 '말나末那=의意라고 불리는 식mano nāma vijñāna'이다. 말나식은 현재에 존재하면서 의식을 번뇌로 물들이므로 염오의染汚意라고도 불린다. 설일체유부는 의근이 한 찰나 전에 과거로 사라진 식무간멸의無間滅意이어서 현재에 존재하지 않는다고 보는 데 반해, 유가행파에서는 무간멸의와 염오의를 모두 인정하므로 의근이 전 찰나와 현 찰나에 걸쳐 두 개가 있게 된다.

말나식은 알라야식을 자아라고 집착하는 자아의식이다. 그러나 찰나찰나 생멸하고 번뇌와 고통의 원인이 되는 알라야식은 자아가 될 수 없다. 자아가 아닌 알라야식을 자아로 여겨 집착하므로, 말나식에는 자아와 관련한 네 가지 근본번뇌가 항상 결합한다.

네 가지 근본번뇌란 자아에 대한 무지아치我癡, 자아가 있다는 관념아견我見, 자아 정체성아만我慢, 자아에 대한 애착아애我愛을 말한다. 이러한 자아관념으로 표층 의식을 항상 물들이기 때문에 염오의라고 불리는 것이다. 예를 들어 보시를 하는 경우에도 '내가 보시를 하였다.'라거나 '나는 선한 사람이다.'라는 생각이 드는 것은 자아의식인 말나식이 늘 잠재적으로 존재하면서 '나'라는 관념으로 표층의식을 물들이기 때문이다.

'자아'라는 존재가 없는데도 '자아'라는 관념이 발생하는 것이 아치이다. 이와 같이 발생한 관념 때문에 '자아가 있다'고 생각하는 것이 아견이다. '나는 보시를 하는 선한 사람이다.'와 같이 자아에 대한 정체성을 인식하는 것이 아만이다. 보시하는 행위는 선한 행위이고 자기 자신을 이렇게 선한 사람으로 생각하고, 만족하고 자랑스러워하는 것을 아애라 한다.

알라야식과 마찬가지로 말나식은 심층의식深層意識으로 아라한이 되어야 완전히 소멸한다. 그러나 아라한 단계 이전에도 모든 의식이 사라진 멸진정滅盡定과 출세간의 수행도에서는 잠시 소멸한다.

4) 불교인식논리학

인식논리학의 융성 배경

무착보살과 세친보살이 활약하던 시기는 당시 북인도 전체를 통일했던 굽타제국4세기~6세기의 전성기였다. 찬드라굽타 2세재위 380~415와 쿠마라굽타 재위 415~450가 다스리던 이 시기의 굽타제국은 정치적으로 안정되고 경제적으로도 풍요를 누렸다. 이를 바탕으로 학문과 예술을 발전시켜 힌두 르네상스 시대라고 불릴 정도로 번성하였다. 이 시기는 불교뿐 아니라 불교의 자극을 받은 힌두 정통파들도 속속 학파화하였다. 이에 따라 각 학파 간의 대립과 논쟁도

활발해졌다. 이러한 논쟁술을 바탕으로 각 학파는 전통적으로 이어 오던 자신들의 논리학을 발전시켰으며, 불교 또한 독자적인 인식론 과 논리학을 확립하였다.

오명처와 고인명

인식논리학은 불교 전통에서는 다섯 가지 학문 영역오명처五明處, 곧 내명內明=불교, 인명因明=인식논리학, 성명聲明=문법학, 의방명醫方明 =의학, 공교명工巧明=공예 등 중 하나이다. 내명인 불교를 제외한 학문 분야는 모두 세간 일반의 학문 분야로서 외명外明에 포함되는 것이다. 이 가운데 인명이란 인因, hetu에 대한 학문이라는 의미이다. 여기서 인因이란 논리학에서 논증의 이유를 가리킨다.

불교에서 논리학의 전통은 용수보살이 지었다고 알려진 『방편심 론』까지 거슬러 올라간다. 『유가사지론』에서도 7인명이라는 형태 로 논쟁술을 정리하고 있다. 진나논사는 이와 같은 이전의 인명학 을 일신하여 새로운 인명학을 제창하였다. 이 때문에 진나논사 이 전의 인명학을 고인명古因明이라 하고, 이후의 인명학을 신인명新因 明이라고 한다. 고인명과 신인명의 대표적인 차이 중 하나는 새로운 논증식의 제시이다. 진나논사 이전에는 논증의 이유를 포함한 논리 식이 종宗=주장명제, 인因=이유명제, 유喩=실례명제, 합合=적용명제, 결結=결 론명제 등 다섯 구성요소로 이루어져 있었지만, 그는 이 중 적용명제 와 결론명제를 제외하고 종·인·유의 세 명제로 구성하였다.

진나논사의 인식논리학

진나논사는 세친보살의 제자로 알려져 있지만, 그 생존 연대를 고려하면 직접적인 제자로는 보기 힘들다. 유식사상과 관련한 그의 저작은 『관소연연론觀所緣緣論』이 대표적이다. 이 문헌은 세친보살의 『유식이십론』을 직접적으로 계승하여 외계 대상의 존재를 비판한다. 그에 따르면 인식의 대상이란 식을 발생시킬 수 있고 식에 자신의 형상을 부여할 수 있는 특별한 능력을 의미한다. 또한 이 능력은 이미 식 안에 내재해 있다고 한다. 세친보살은 『논궤論軌, Vādavidhi』, 『논식論式, Vādavidhana』 등의 논리학 관계 논서를 지었다고 알려져 있는데, 진나논사는 이 중 『논궤』에 대한 주석서를 저술하면서 인식논리학에 경도되어 간 것으로 보인다.

논리학에 관한 그의 대표작은 인식논리학 개론에 해당하는 『집량론集量論, Pramāṇa-samuccaya』이다. 양量, Pramāṇa이란 타당한 인식수단을 의미한다. 이것은 논쟁과 논증의 이유명제인因를 중심으로 발전해 온 고인명을 인식수단 전체로 확장한 것이라는 의미를 지닌다.

그는 타당한 인식수단으로 직접지각현량現量과 추리비량比量만 인정하였다. 그는 직접지각을 '분별을 배제한 것'으로 정의하고, 그것의 인식대상을 대상의 개별상이라고 하였다. 직접지각은 다시 감관에서 발생한 것, 의근에서 발생한 것, 자신의 마음작용에 대한 인식, 요가 수행자의 초월적인 직접지각 등 네 가지로 분류된다. 추리는 언어에 의한 인식으로 보편상을 인식대상으로 한다.

추리는 크게 자기 자신을 위한 추리와 타인을 위한 논증으로 나뉜다. 진나논사는 추리의 인식대상인 보편상을 확립하기 위한 새로운 이론으로 '타자의 배제apoha' 이론을 확립하였다. 예를 들면 '소'라는 보편상을 인식할 때, '소' 그 자체의 보편을 인식하는 것이 아니라 소가 아닌 다른 것, 곧 코끼리나 말을 배제함으로써 소를 인식한다는 이론이다.

또한 추리에서 가장 중요한 이유명제인因의 세 가지 특징 이론을 확립하였다. 그것은 첫째 이유가 되는 것이 추리 대상에 존재할 것, 둘째 추리 대상과 동일한 종류에만 존재할 것, 셋째 추리 대상과 동일한 종류가 아닌 것에는 결코 존재하지 않을 것이다.

예를 들어 산추리 대상에서 연기가 나는 것을 보고 불증명 대상이 났다는 것을 추리할 때, 이유가 되는 연기는 산에 반드시 있어야 하고, 산과 동일한 종류인 아궁이에만 존재하며, 산과 동일한 종류가 아닌 호수에는 결코 존재하지 않아야 한다는 것이다.

이와 같은 추리 과정을 남에게 알리기 위해 필요한 것이 3단계로 구성된 논증식이다. 3단계 논증식은 '저 산에는 불이 있다'주장명제, '연기가 있기 때문에'이유명제, '아궁이 동류 및 호수이류와 같다'실례명제로 구성된다.

법칭논사의 인식논리학

법칭논사는 진나논사의 인식논리학을 계승 발전시켜, 불교인식논리학을 완성한 인물로 평가된다. 그는 진나논사의 『집량론』을 주석한 『양평석 量評釋, Pramāṇvārttika』을 비롯한 7부의 논리학서를 남겼다.

법칭논사는 진나논사의 직접지각론의 모호함을 해결하기 위해 '효과적 작용력 artha-kriyā' 개념을 도입하여 실재 개념을 보다 더 엄밀하게 규정하였다. 그는 추리에서 이유와 증명대상의 필연적 관계에 대한 이론도 발전시켜 결과인 結果因, kārya-hetu과 동일인 同一因, svabhāva-hetu의 개념을 확립하였다. 전자는 연기가 불의 결과이므로 연기를 통해 불을 추리할 수 있는 것이고, 후자는 '보리수는 나무이다'라는 동일성 관계를 통해 나무의 존재를 증명하는 것이다.

그의 논리학은 이후 인도 및 티베트 학자들에 의해 광범위하게 수용되었다. 하지만 진나와 법칭논사의 논리학 관계 논서는, 『인명입정리론』을 제외하고는 전혀 한역되지 않아, 동아시아 불교사상사에 미친 영향은 미미하다.

인식논리학의 의의

인식논리학은 일견 수행을 통한 깨달음의 증득과 무관해 보이기도 한다. 그러나 인도의 논사들은 깨달음을 위해서는 명상 수행뿐 아니라 문법학과 논리학도 반드시 필요하다는 것을 누누이 강조한다. 문법학과 논리학은 일체지자가 갖추어야 할 다섯 가지 학문 분야에 포함되며, 수행과 열반을 방해하는 잘못된 견해를 파사하는 데 반드시 필요한 수단이기 때문이다. 나아가 그것은 바른 견해를 획득하고 다른 사람에게 전파하는 수단이기도 하다. 중생구제라는 이타행을 위한 효과적 수단이 되기도 하는 것이다.

5) 동아시아의 유식학

(1) 중국의 유식학

지론종地論宗

지론종은 『십지경론十地經論』을 소의경전으로 하여 성립되었다. 이 경은 세친보살이 『십지경十地經』을 주석한 것으로, 범본을 늑나마제勒那摩提, Ratnamati, ?~508~?스님과 보리류지菩提流支, Bodhiruci, ?~527스님이 각각 한역하였다.

혜광慧光, 468~537스님은 이 두 한역본을 종합하여 지론종을 성립시켰으나, 얼마 지나지 않아 아뢰야식에 대한 견해의 차이로 늑나마제스님의 번역을 따르는 남도파와 보리류지스님의 번역을 따르는 북도파로 분열되었다. 남도파는 아뢰야식을 번뇌에 물들지 않은 무구순정無垢純正의 진식眞識으로 보는 반면, 북도파는 번뇌로 오염된 염오생멸染汚生滅의 망식妄識으로 보았다. 북도파는 얼마 후 섭론종에 흡수되었고, 남도파는 수隋, 581~619에 걸쳐 번영하였다.

섭론종攝論宗

섭론종을 창시한 진제眞諦, Paramartha, 499~569스님은 서북 인도의 브라만 출신으로 다수의 산스크리트 불전을 가지고 와 양梁 말기 전란 속에서도 수많은 번역 작업을 이어 나갔으며, 무착과 세친보살의 학설을 체계화하였다.

섭론종은 아뢰야식을 변화하지만 사라지는 일이 없기 때문에 무몰식無沒識이라 하였다. 또한 아뢰야식을 깨끗하고 더러운 측면이 함께 있는 진망화합식眞妄和合識으로 보아, 번뇌가 없는 무구청정식無垢淸淨識인 아말라식阿末羅識, amala-vijñāna 혹은 아마라식阿摩羅識을 제9식의 진식眞識으로 설정하고 이를 심체心體로 보았다. 번뇌로 오염되어 있는 중생 세계와 깨달음의 세계가 공존하는 진속불이眞俗不二의 단초를 제공하는 9식설九識說은 여래장 및 불성사상으로 이어져 동아시아 대승불교의 사상적 특징을 보여 주고 있다.

법상종法相宗

섭론종과 지론종을 구유식舊唯識, 법상종을 신유식新唯識이라 하는

데, 이는 법상종이 현장스님의 신역新譯에서 비롯되었기 때문이다. 그는 산스크리트 알야야 비즈냐냐ālaya vijñāna를 아뢰야식阿賴耶識이라 음역하고, 알라야ālaya, 아뢰야阿賴耶를 저장貯藏, 창고의 의미로 보아 장식藏識이라 한역하였다. 원문에 충실한 그의 번역 방법론은 불전 번역에 일대 개혁을 가져왔으며, 이후 동아시아 대승불교에 큰 영향을 미쳤다.

현장법사의 제자 자은 규기慈恩 窺基, 632~682스님은 『유식삼십송唯識三十頌』에 대한 십대논사들의 주석서를 호법護法스님의 견해를 중심으로 정리하여 『성유식론成唯識論』을 편찬하고, 이를 바탕으로 법상종을 세웠다. 그가 자은사慈恩寺에서 활동하였기 때문에 법상종을 자은종慈恩宗이라고도 한다.

법상종에서는 팔식을 심心·의意·식識의 삼능변三能變으로 설명한다. 능변能變이란 인식하는 주체를 뜻하며, 인식되어지는 대상을 소변所變이라 한다. 전5식前五識과 제6의식第六意識은 대상을 분별하여 인식하는 식요별경식了別境識으로 제3능변인 식에 해당한다. 전5식은 물질적 감각기관인 5근五根이 5경五境이라는 물질적 대상을 받아들이는 인식작용으로 인식 영역이 매우 제한적이다. 제6의식은 전5식을 바탕으로 분석, 종합, 판단 작용을 한다.

제2능변인 제7말나식에서 말나는 마나스manas를 음사한 것으로 의意를 뜻하며, 항상 나를 중심으로 집착하여 생각사량思量하는 자아의식이기 때문에 우리는 의식을 하든 하지 않든 항상 번뇌에 물들어 있다. 이를 근본번뇌라 한다.

제1능변 혹은 초능변初能變인 아뢰야식은 심체心體에 해당한다. 아뢰야식은 종자로 이루어져 있기 때문에 일체종자식一切種子識이라 한다. 우리의 모든 생각과 말과 행위현행現行는 그 결과가 종자의 형태로 아뢰야식에 저장되며 이러한 과정이 반복됨에 따라 습관이 형성훈습熏習된다. 즉 우리의 삶은 종자의 끊임없는 현행과 훈습 작용이다.

종자는 번뇌를 일으키는 원인인 유루종자有漏種子와 청정한 마음인 무루종자無漏種子로 분류되나, 종자 자체는 무부무기無覆無記이다. 무부無覆는 번뇌에 덮여 있지 않다는 뜻으로, 본성적으로 마음의 근본은 번뇌에 물들어 있지 않기 때문에 수행을 통해 청정한 마음을 얻을 수 있다. 이는 해탈의 가능성을 보여 준다. 무기無記란 선도 악도 아니라는 뜻으로, 선악의 문제는 심식의 근원에서 정해진 것이 아니라 제6의식에서 판단되는 것이다. 이는 노력에 의해 악행을 예방하고 선행을 키울 수 있음을 시사하며, 불교의 업은 운명론, 결정론이 아니라 인간의 자유의지를 매우 중시한다는 것을 알 수 있다.

법상종은 호법스님의 사분설四分說로 우리의 인식이 성립되는 과정과 원리를 설명한다. 먼저 인식하는 주체인 견분見分과 인식되는 대상인 상분相分이 있다. 그러나 견분과 상분은 자증분自證分에서 분화된 것으로, 주체도 대상도 본래 하나이다. 외부 대상인 상분을 짓게 하는 원인과 견분이 상분을 인식하도록 하는 것이 자증분이다. 이 자증분은 다시 증자증분證自證分에 의해 확인되고 증명된다. 견분과 상분은 외부의 인식작용이라 할 수 있으며, 자증분과 증자증분은 내부의 인식작용으로 서로를 확인하고 증명함으로써 무한소급의 문제를 해결한다.

또한 모든 존재와 현상을 심법心法을 중심으로, 다섯 종류의 총 100개의 법으로 분류한다5위100법五位百法. 이는 설일체유부가 색법色法을 중심으로 5위75법으로 분류한 것과 비교된다. 유부의 법이 실체인 것과는 반대로, 법상종의 법은 모두 실체가 없는 것으로 중생의 이해를 돕기 위해 임의로 설정한 것가립假立에 불과하다.

이와 같이 법상종은 일체법一切法의 본질성性과 현상상相을 궁구하는 종파종宗로, 경험적인 지각과 감각을 통해 현상을 분석하여 존재와 현상의 본질에 다가가는 매우 분석적이고 철학적이며, 종교적이기보다는 이론적인 성격을 띠고 있다. 그러나 이러한 분석적 방법론은 본질에 직접 천착하는 중국적 사유방식과 맞지 않아 지속되지 못하고 쇠퇴하였다.

(2) 신라의 유식학
원측스님

문아 원측文雅 圓測, 613~696스님은 신라 국왕의 손자로 15세에 당으로 가 스님이 된 후, 일생을 당에서 활동하였다. 그는 구유식과 신유식을 종합하였는데, 당시의 동아시아 유식학은 구유식에서 신유식으로 넘어가는 과도기였다. 이것은 인도 발라비와 날란다를 중심으로 전개된 6세기 인도의 양대 불교학계와 밀접한 관련이 있다.

날란다는 호법護法·계현戒賢스님 등 많은 유식학자들의 근거지로 현장법사는 계현스님의 제자인 반면, 발라비는 안혜安慧논사의 근거지로 진제스님은 그의 영향을 받았다. 원측스님은 현장법사을 만나기 전 오랫동안 진제스님 문하의 대덕인 법상法常과 승변僧辯스님에게 배웠기 때문에, 안혜논사에서 진제스님으로 이어지는 구유식 계통과 호법논사에서 현장법사로 이어지는 신유식 계통을 두루 배워 종합할 수 있었다. 그는 현장법사가 인도에서 돌아와 경론을 번역할 때 함께 참여하면서 신역 경론을 연구하고 강론하였으며, 서명사西

明寺의 대덕大德이 되어 대당 신라 학자들을 중심으로 서명학파西明學派를 이루었다.

원측스님은 진제스님의 9식설을 부정하고 중국 법상가들과 같이 8식설을 인정하지만, 규기스님과는 달리 일불승一佛乘의 입장에서 오성각별五性各別을 이해한다. 즉『해심밀경』에서 무성유정無性有情과 정성이승定性二乘 등을 말한 것은 근기가 미숙한 때를 말한 것으로, 성불의 가능성이 전혀 없다는 의미가 아니라고 하였다.

원측스님의 저술에 관련해서 여러 설이 있는데, 망월대사전에는 14부 55권이라고 되어 있으나 3부 17권만 현존한다. 그는 방대한 주석서를 섭렵하여 다양한 이설異說을 망라하고 정리하였으며, 자·타종自·他宗을 대승적 견지에서 공평하게 받아들였다.

특히『해심밀경소解深密經疏』는 동아시아 불교사상사에 큰 영향을 미친 논서로, 한국 역사상 외국어 티베트어로 그 전문이 번역된 최초의 사례이다. 쫑가파 Thong kha pa, 1357~1419 스님은『소』를 빈번이 인용하였으며, 티베트불교 논서의 구성에도 영향을 준 것으로 보인다.

도륜스님

도륜道倫 혹은 둔륜遁倫스님은 신라 출신으로 통일신라시대 초기 불교교학이 가장 활발하던 시기인 문무왕대 661~681에 당에서 활동했다고 추정되며, 그의 저서는 18부 60권에 달하지만『유가론기瑜伽論記』와 그 일부를 별책으로 편찬한『보살계본기菩薩戒本記』와『보살계갈마기菩薩戒羯磨記』만이 현존한다.

『유가론기』는『유가사지론』100권 전체를 주석한 현존하는 가장 오래된 문헌이다. 이 문헌에는 현존하지 않는 당시 저명한 유식계통스님들의 주석들이 대거 등장하므로 동아시아 유식을 연구하는 데 매우 중요하며, 십 수명의 신라 출신 스님들의 이름과 그들의 학설이 등장하고 있어 한국불교사에 있어서도 연구할 가치가 높으나 중요도에 비해 많은 연구가 이루어지지 않았다.

또한 소승성문계와 대승보살계를 대비하여 설명하면서 유가보살계의 수승함을 선양하였으며, 제9아말라식을 자성청정식으로 인정하여 제8아뢰야식과 체는 같으나 의미를 달리하는 체동의별體同義別 관계로 보고 있는 점이 특징이라 할 수 있다.

대현스님

대현大賢, 혹은 태현太賢스님은 경덕왕 때742~762 활동했으며, 원효대사, 경호스님과 함께 신라 3대 저술가라고 불린다. 그는 불교 전반에 걸친 55여 부 120여 권의 방대한 저술을 하였다고 알려져 있으나 현존하는 저술은 5권에 불과하고, 유식과 관련된 것은 『성유식론학기成唯識論學記』뿐이다. 삼국유사三國遺事에서 대현스님을 '해동海東의 유가조瑜伽祖'라고 평가하였을 만큼 그는 신라의 유식불교를 집대성한 인물이라 할 수 있다.

동아시아 대승불교는 법상종의 상종相宗과 중관 및 여래장사상으로 대표되는 성종性宗을 상반되는 사상체계로 이해하는 전통이 있다. 그러나 대현스님은 이 두 입장을 모두 수용하여 상과 성의 차별성을 인정하면서도 궁극적인 차원에서는 동일하다고 봄으로써 성상융합性相融合을 지향하였다. 이러한 종합 불교적인 성격은 원효대사의 회통불교와도 맥을 함께하며 신라불교, 나아가 한국불교의 통섭적인 특징을 잘 보여 주고 있다.

3. 여래장사상

1) 여래장사상의 기원과 의미

(1) 부처님의 열반

부처님은 자신의 열반을 예감했다. 그리고 고향으로 가는 마지막 여행길에 올랐다. 그가 도중에 멈춘 곳은 쿠시나가라. 춘다가 마지막 공양을 부처님께 올린다. 모여든 자들은 부처님의 임종을 비탄하고 부처님에게 열반하지 말라고 간청한다. 이때 그는 놀라운 선언을 한다. 열반하는 것처럼 보일지라도 사실 '여래는 상주한다'는 것이다. 부처님이 마지막으로 설법할 때도 '상주'는 계속하여 반복된다. '여래의 상주'는 대승『열반경』을 꿰뚫는 가장 중요한 주제인 것이다.

(2) 상주의 의미

'여래상주如來常住'로 한역된 구절은『열반경』산스크리트 단편에도 남아 있어 그 원문을 확인할 수 있다. "불세존은 상주한다 nityo bhagavāṃ buddha"라는 구절이다. 흔히 '상주 nitya'라는 말은 현대어로는 '영원'으로 번역된다. 따라서 여래상주란 일반적으로는 여래가 시공을 초월하여 영원히 존재한다는 것으로 이해된다. 실은 이 상주라는 말에는 훨씬 더 깊은 수행론적 의미가 숨겨져 있다. 여래상주의 '상주'라는 말이 가진 수행론적 의미를 살펴보는 것은, 인도 정통파의 아트만을 묘사하는 개념인 상常·낙樂·아我·정淨을 여래에게 적용하여 여래를 영원한 존재로 파악하는 것과는 다른 맥락에서, 여래상주가 가진 종교적 의미를 더욱 깊이 이해할 수 있게 할 것이다.

산스크리트 '니티야nitya'는 '니ni'와 '티야tya'로 이루어진 단어다. '니ni'는 본래 '여기에' 혹은 '안에'라는 뜻이다. 여기에 '티야tya'가 붙어서 만들어진 '니티야'는 '여기에 있는 것'이라는 의미를 지닌다. 따라서 여래상주란 여래가 여기에 있다는 것이다. 이것은 여래가 시공을 초월하여 영원히 존재한다는 것과는 다른 의미다. 오히려 시공 안에, 지금 여기에 있는 것을 의미한다. 그런데 열반한 부처님이 어떻게 지금 여기에 있을 수 있는가?

(3) 상주의 관상

『열반경』은 여래의 상주를 거듭 강조할 뿐 아니라, 이를 관상할 것도 강력하게 권한다. 여래의 상주를 관상한다는 것은 "여래는 상주한다'고 실천하는 자들의 집에 여래는 머문다."는 문장으로 표현된다. '여래가 집에 머문다tathāgato gṛhe tiṣṭhati.'는 문장도 『열반경』의 산스크리트 단편에 남아 있어 원문을 확인할 수 있다. 여기서 말하는 집은 여래상주를 관상하는 사람의 집을 가리킨다. 이 문장의 의미는 여래가 지금 여기에 있다고 관상하면, 실제로 여래는 그렇게 관상하는 사람의 집에 있다는 것이다. 여래가 열반했음에도 불구하고, 만약 어떤 사람이 여래가 지금 여기에 있다고 관상한다면, 여래는 거기에 머문다. 이것은 초기 대승불교 이래의 관불觀佛 혹은 견불見佛 전통을 잇는 실천 방식이다. 부처님은, 누군가가 그를 기억하고 관상할 때면, 그 사람 곁에 언제나 그리고 반드시 머무는 존재이다.

하바타에 따르면, '상주'는 영원히 존재한다는 의미가 아니라 언제나 혹은 반드시 거기에 있다는 의미인 것이다(『여래장과 불성』, 147ff). 이와 같이 관상 수행의 맥락에서 상주를 이해할 때 여래상주의 의미는 더 깊은 종교적 의미를 가진다. 여래는 나와 무관하게 시공을 초월해 있는 영원한 존재가 아니다. 우리가 간절히 여래를 친견하기를 원할 때, 바로 우리 옆에 있는 존재이다.

(4) 사리와 불성, 불탑

여래상주에 더해 『열반경』을 관통하는 또 하나의 주제는 '실유불성實有佛性'이다. 불성의 산스크리트 원어는 『열반경』 산스크리트 단편이 발견된 이후 '붓다-다투 buddha-dhātu'로 확정되었다. '성性'이라는 한역어가 가진 추상적 의미 때문에 '불성'이라는 말의 실제 의미를 이해하는 데 어려움을 겪기도 했지만, '붓다-다투'라는 원의가 확인됨으로써, '불성'이라는 말이 가진 구체적인 의미가 밝혀지게 되었다.

'다투'라는 말은 '성'이라고 번역되기도 하지만, 보통은 '계界'라고 번역되고, 오온·12처·18계에서와 같이 구성요소라는 의미를 지닌다. '계'라는 말의 구성요소라는 의미는 의학 분야의 용법에서도 확인할 수 있다. 그 경우 계는 신체의 구성요소, 체질을 구성하는 점액질 등의 요소를 말한다. 이러한 구성요소로서 '다투'가 『열반경』에서 '붓다-다투'라는 말로 표현될 때, 그것은 부처님의 신체의 구성요소, 나아가 부처님의 유골, 곧 불사리를 가리키게 된다.

성인의 유골이 생전의 성인과 동일시되는 것은 거의 모든 종교 전통에서 나타난다. 심지어 생전에 성인이 갖고 있던 초월적인 능력까지도 그대로 갖고 있다고 여겨지기도 한다. 여래의 유골을 모신 불탑이 생전의 여래와 동일하게 귀의와 신앙의 대상이 되는 이유가 여기에 있다. 불탑은 생전의 여래를 대신한다. 아니 불탑은 바로 살아 있는 부처님 그 자체다. 그러한 모습으로 여래는 여전히 우리 곁에 상주하는 것이다.

불탑의 존재는 관상을 통한 여래상주의 확인과 함께 중생의 종교적 요청에 답하는 중요한 역할을 한다. 중생이 불탑을 신앙하고 모시는 행위는 단순히 열반하신 부처님을 추모하는 행위가 아니라, 살아 있는 부처님을 만나는 신성한 행위다. 주류불교가 불탑을 중심으로 신앙행위를 영위한 것은 이러한 중생의 종교적 요청에 의한 것이다.

(5) 불탑신앙의 내면화와 여래장

앞서 여래상주는 관상의 대상이라고 하였다. 한편 불탑에 모신 사리를 신앙하는 행위도 내면화하여 관상의 대상이 된다. 그것은 마치 불탑 안에 부처님의 사리=불성가 존재하는 것처럼, 자신의 신체가 바로 불성=부처님의 사리을 모신 불탑이라고 관상하는 것이다. 여래가 여기에 있다고 관상하는 자의 집에 여래가 머물듯이, 자신의 신체에 불성=불사리이 있다고 관상하는 자의 몸에 불성은 있는 것이다. 그때 귀의의 대상은 밖에 있는 것이 아니라 바로 자기 자신이 된다. 여기서 비로소 불성은 물질적 형태인 불사리가 아니라 부처님의 본질이라는 철학적 의미를 지니게 된다.

불성을 또 다른 표현으로 여래장이라고도 한다.『열반경』은 이를 "우리들에게 여래장이 있다 asmākam upari tathāgatagarbho 'sti"라고 설한다. 이때 여래장은 아직 미숙한 형태를 가리키는 여래의 태아라는 의미가 아니라, 부처님의 위력을 그대로 간직하고 있는 완전한 형태의 여래를 의미한다. 여래장사상이 최초로 등장하는 장면이다. 이러한 이유로 『열반경』에서는 스스로를 '여래장대경'이라고 일컫는다.

한편 자기 자신에게 불성 혹은 여래장이 있다고 관상하는 것도 상주의 관상과 연결된다. "여래가 '모든 중생에게 여래장이 있다'고 가르칠 때는 바로 '상주'를 실천해야 한다."라고 『열반경』은 설하고 있다.

이와 같이 여래장사상은 여래의 부재를 사리신앙과 관상의 실천으로 극복하고, 여래가 지금 여기에 존재한다는 믿음으로부터 출발한 사상이다. 『열반경』에서 기원하는 여래장사상은 『여래장경』을 통해 아름다운 비유와 함께 확립되고, 마침내 『보성론』을 통해 이론적으로 완성되기에 이른다.

2) 여래장계 경전

(1) 여래장 삼부경

『열반경』에서 최초로 등장한 여래장사상은 이후 『여래장경』의 아홉 가지 비유를 통해 중점적으로 설해진다. 『여래장경』에 『승만경』과 『부증불감경』을 더해 여래장 3부경이라고도 한다. 여래장 3부경은 여래장사상을 이론화한 『보성론』이 중시한 경전들로서, 여래장사상의 체계적인 이해에 필요한 중요한 경전들이다.

종래의 여래장사상은 『여래장경』에서 최초로 나타난 것으로 인정되었으나, 최근 호지와 래디치 등에 따르면 그동안 여래장사상의 방계로 간주되어 왔던 『대반열반경』에서 최초로 등장한 것으로 보인다. 래디치는 『열반경』에서 여래장사상을 설하는 부분이 『여래장경』보다 시기적으로 앞서 성립했다는 점, 『열반경』이 지칭하는 '여래장경'이 현존 『여래장경』을 가리키는 것이 아니라 『열반경』 자신을 지칭한다는 점, '불성'으로 번역된 산스크리트 원어가 '붓다다투 buddhadhātu'뿐만 아니라 '타타가타가르바tathāgatagarbha'인 경우가 두 배가 넘어 주요한 주제가 '여래장'인 점 등을 들어 여래장사상이 『여래장경』이 아니라 『열반경』에서 성립했다고 주장한다(『여래장과 불성』, 23).

『여래장경』과 9유喩

『여래장경』은 『열반경』을 계승하여 여래장사상을 전면적으로 천명하고, 아홉 가지 비유로 여래장사상을 풍부하게 설명한 경전이다. 아홉 가지 비유 중 첫 번째 비유를 제외하면 모두 실생활에서 볼 수 있는 현실적인 비유를 들어 여래장의 존재를 보여 주고 있다. 모든 비유가 공통적으로 설하는 것은 본래 청정한 고귀한 존재가 어떤 우연적인 더러움에 가려져 있지만, 마침내 그 본래 모습을 드러낸다는 점이다.

『여래장경』의 첫 번째 비유는 '연꽃 속의 여래'이다. 여래장tathāgatagarbha이라는 말 자체가 이 비유에서 나타나는 연화장蓮華藏, padmagarbha이라는 말과 연관되어 있다. 불교에서 연화는 더러움 안에서 피어나는 청정함을 상징한다. 따라서 이 비유는 여래장사상 전체를 대표하는 비유로 적당하며 실제로 그 지위를 차지하고 있다. 이 비유는 부처님의 설법 장소에 수많은 연꽃이 피어나고 하나하나의 연꽃마다 완전한 형태의 부처님이 앉아 있는 것에서 시작한다. 곧이어 수많은 연꽃이 모두 시들어 추한 모습을 하지만, 오히려 거기 앉은 여래는 광명을 내어 모든 불국토를 비춘다는 것이다.

두 번째 비유는 벌이 지키는 꿀, 세 번째는 껍질에 둘러싸인 곡물, 네 번째는 분뇨통 안의 금괴, 다섯 번째는 가난한 사람의 집 지하에 숨겨진 재보財寶, 여섯 번째는 씨앗 안의 싹, 일곱 번째는 썩은 천에 싸인 불상, 여덟 번째는 가난하고 추한 여인이 임신한 전륜성왕, 아홉 번째는 점토 주물 안의 금상이다.

이 아홉 가지 비유는 모두 더러운 외피 안에 청정한 본질이 있다는 것을 비유하는 것이지만, 미묘한 차이도 엿볼 수 있다. 한 부류는 잠재적으로 완성된 것이 현현한다는 의미를 가진 비유이고, 다른 한 부류는 미완성된 것이 성장, 발전한다는 의미를 가진 비유이다. 첫 번째 비유가 현현론을 대표하고, 여섯 번째와 여덟 번째 비유가 발전론에 가까울 것이다. 아홉 비유가 가진 이 두 가지 경향은 이후 여래장사상의 전개과정에서도 나타난다.

『승만경』과 여래장의 공성

『승만경』은 불과 1권으로 이루어진 짧은 경전이지만, 경전의 설자가 여성이라는 점과 특유의 일승사상을 선양한다는 점에서 주목을 받아 왔다. 여래장사상과 관련해서는 일승사상의 측면이 두드러진다. 『승만경』의 일승사상은 「일승장」에서 잘 나타난다. 거기서는 중생의 윤회인 분단생사分段生死와 성인의 윤회인 변역생사變易生死라는 두 가지 생사를 구분하고, 이 점에서 성문과 연각의 열반이 여래의 열반과는 다르다는 점을 드러낸다. 이로써 최고의 존재로서 여래를 도출하고 중생이 여래와 다르지 않음을 밝힌다. 이 사실이 후반의 「자성청정장」에서는 여래장이라고 표현되는 것이다.

또한 『승만경』은 여래장과 공성의 관계와 관련하여, 그 전거를 제시한 것으로도 유명하다. 그것은 여래장의 공空과 불공不空의 측면을 다음과 같이 밝힌 것이다.

> 여래장은 분리되고, 지혜와 떨어진, 모든 번뇌의 껍질번뇌장 煩惱藏, kleśa-kośa에 대해서는 공공여래장空如來藏이지만, 갠지스강의 모래보다 많은, 분리되지 않은, 지혜와 떨어지지 않은, 불가사의한 부처님의 모든 속성에 대해서는 불공 불공여래장不空如來藏이다. - 『승만경』

공여래장이란 여래장이 없는 것이 아니라 여래장을 감싸고 있는 껍질인 번뇌가 없는 것이다. 이에 대해 불공여래장이란 불가사의한 부처님의 모든 속성이 여래장에 존재하는 것이다. 이것은 모든 것의 존재를 부정하는 반야·중관의 공사상과는 궤를 달리하는 것으로 유가행파의 공사상에 가까운 것이다. 티베트불교의 한 학파는 반야·중관의 공사상을 자공설自空說이라 하고, 유가행파와 여래장사상에서 보이는 공사상을 타공설他空說이라 하여 구분하기도 한다.

『부증불감경』과 법신

『부증불감경』도 1권의 짧은 경전이다. 하지만 『보성론』이 이 경전의 삼분의 일을 인용할 정도로 매우 중요한 경전이다. 이 경전은 '중생계는 늘어나거나 줄어드는가?' 하는 사리불의 질문으로 시작하여 '중생계는 늘어나지도 않고 줄어들지도 않는다'는 부처님의 대답과 함께, 그 이유를 밝히는 것을 주 내용으로 한다.

부처님은 중생계가 늘지도 줄지도 않는 이유가 중생계와 여래계가 동일하다는 점, 따라서 중생은 본래 청정한 여래의 법신이라는 점을 든다. 그러한 의미에서 중생을 여래장이라고 한다. 곧 법신이 무한한 과거로부터 번뇌에 덮여 윤회하는 상태를 중생이라 하고, 법신이 윤회의 고통을 벗어나고자 10바라밀 등을 닦는 상태를 보살이라 하며, 법신이 모든 번뇌를 벗어나 완전한 깨달음을 얻은 상태를 여래라고 한다는 것이다.

그리하여 여래장인 중생계는 세 가지 특징을 가진다고 본다. 첫째 청정한 법과 본래 결합해 있고, 둘째 번뇌와 공존하지만 본래 결합해 있지는 않으며, 셋째 미래에도 변하지 않는 본성이 있다. 따라서 여래장인 중생계는 법신·법계의 다른 이름일 뿐이다. 그러므로 법신·법계가 늘지도 줄지도 않는 것처럼 중생계 또한 늘지도 줄지도 않는 것이다.

(2) 열반경과 그 주변 경전

『열반경』에서 여래상주와 실유불성이 선언되고 여래장사상이 비로소 탄생하였다. 『열반경』에서 처음 나타난 불성·여래장사상은 한편으로는 『여래장경』·『부증불감경』·『승만경』을 통해 『보성론』으로 수렴하였고, 다른 한편으로는 『앙굴마라경』·『대법고경』을 통해 발전했다. 종래에는 『여래장경』이 여래장사상을 설한 최초의 경전으로 간주되었고, 『열반경』 및 그와 관계 깊은 경전인 『앙굴마라경』·『대살차니건자소설경』 등은 여래장사상의 방계 경전으로 간주되기도 하였다. 하지만 최근 『열반경』 연구의 심화에 따라 『열반경』이야말로 여래장사상을 최초로 선언한 경전임이 밝혀지게 되었다.

『열반경』 1류와 『대운경』

『열반경』은 방대하고 복잡한 경전이다. 이에 따라 통상 여래상주를 설하는 부분을 『열반경』 1류라 하고, 더 발전한 실유불성을 설하는 부분을 『열반경』 2류라 하여 구분한다. 그리고 이러한 『열반경』의 성립과 발전과정에서 많은 파생 경전들이 생겨난다.

이 중 『대운경』은 『열반경』 1류의 여래상주 사상을 발전시킨 경전이다. 특히 불탑신앙으로 표현되는 색신=유골 신앙을 부처님의 가르침, 곧 법신=경전 신앙으로 전환시키고자 하였다. 부처님의 유골은 살아 있는 부처님 그 자체로 간주되고 따라서 유골을 모신 불탑도 동등한 지위를 가진다. 그러나 『대운경』은 이와 같은 물질로 이루어진 유골은 진정한 유골이 아니라고 불탑신앙을 부정한다. 경전이야말로 부처님의 진정한 유골이라고 본다.

> 여래는 금강처럼 견고한 신체를 갖고 있으며, 화작한 신체를 나투기 때문에 실제로는 겨자씨만큼의 유골도 있는 것이 아닙니다. 여래에게는 피와 뼈와 살이 없는데 어떻게 유골이 있겠습니까. 중생의 이익을 위한 수단으로 유골을 남겨 둔 것입니다. 불세존은 법으로 이루어진 신체(법신法身)를 갖고 있습니다. 부처님의 유골은 법입니다. - 『대운경』

우리는 앞에서 여래상주가 단순히 영원불멸을 의미하는 것이 아니라 여래가 지금 여기에 있다고 관상하는 관상수행의 의미를 담고 있음을 살펴보았다. 또한 부처님의 유골을 모신 불탑이 그대로 불성을 간직한 중생이라는 방식으로 내면화되는 것도 살펴보았다. 여래의 유골을 색신이 아니라 법신으로 간주하는 것도 심오한 수행론적 의미를 가진다. 법신이란 원래 말 그대로 가르침法의 모임身이라는 의미로서 경전을 가리킨다. 경전, 곧 법신은 부처님의 색신, 곧 유골을 대신하여 불탑에 안치되기도 하고 불상 안에 복장되기도 한다. 이를 통해 법신=경전을 가진 불탑이나 불상은 살아 있는 부처님과 동등한 지위를 얻는 것이다. 이러한 법신을 가진 불탑이나 불상의 내면화는 어떤 양상일까? 이는 곧 경전의 수지를 의미한다.

예를 들어 우리가 『반야심경』혹은 『금강경』의 한 구절이라도 외우고 있다고 하자. 그것은 그대로 우리 마음 안에 법신이 들어와 있다는 것을 의미한다. 경전을 수지·암송하는 것은 곧 우리 안에 법신을 모시는 행위이다. 경전을 수지·암송하는 자에게는 법신이 지금 그의 마음 안에 있다. 그에게는 법신이 상주한다. 『대운경』은 법신사상을 통해 여래상주의 의미를 더욱 발전시키고 불탑·색신 신앙을 뛰어넘고자 한 경전이다.

『열반경』2류와 『앙굴마라경』

『앙굴마라경』은 같은 제목의 초기경전을 단초로 새로운 대승적 사상을 전개한 경전이다. 『앙굴마라경』은 성불이 가능하다는 근거로『열반경』2류의 실유불성사상을 충실히 계승하고 있다. 그리고 이러한 실유불성사상에 근거하여 중생의 성불 가능성을 강조한다. 『앙굴마라경』의 입장은 여래장의 실유와 성불 가능성을 믿지 못하는 중생을 어둠만 보는 올빼미에 비유하면서 격렬히 비난하는 데서 잘 나타난다.

> 과거세에, 낮에는 전혀 볼 수 없고 암흑만을 보는 올빼미와 같이 여래장을 믿지 않았던 중생들은, 현재세에서도 세간에서 스승을 보지도 않고 찾으려고도 하지 않는다. 푸르나여, 미래세에서도 안위설자安慰說者로부터 여래장이라는 가르침을 듣고도 부처님이 되리라는 수기를 믿지 않는 중생들은, 올빼미와 같이 불신하는 자들이다. - 『앙굴마라경』

문제는 이러한 실유불성설이 자칫 수행무용론으로 빠지는 경향이 있다는 것이다. 앙굴리말라와 문답에서 문수보살은 이 점을 염려하여 말한다.

> 만약 모든 중생에게 불성이 있다면 언제 출가하여 수행할 필요가 있겠는가? 불성이 있다면 수행이 필요 없다고 생각하여 누구라도 5무간업이나 일천제의 업을 짓지 않겠는가? - 『앙굴마라경』

여래장사상 계통에서 흔히 등장하는 수행무용론은 이후에도 다양한 방식으로 변주되어 나타난다. 이러한 수행무용론을 극복하는 것이 여래장사상에서 하나의 과제였다고 할 수 있다.

『대법고경』

수행무용론이 등장하는 배경에는 『여래장경』의 연꽃 비유에서 잘 나타나듯, 중생에게 완전한 형태의 여래가 존재한다는 사상이 있다. 『열반경』에서 선언하는 실유불성도 완전한 부처님이라는 의미에서 불성을 가리킨다. 이러한 의미에서 불성은 법신과 동일하다. 중생에게는 완전한 형태의 여래·법신이 있다. 중생에게는 자신에게 불성이 있다는 것을 믿는 것 혹은 자각하는 것만 요구될 뿐 별도의 수행은 필요하지 않다. 이것이 수행무용론의 논리다.

『대법고경』은 이러한 수행무용론을 극복하기 위해 중생 안에 있는 불성이 여래·법신이라는 것을 부정한다. 대신 그것은 여래·법신을 획득하기 위한 원인이라고만 설한다.

> 모든 중생과 모든 생명에게는 불성buddha-dhātu이 있다.
> …… 이것을 원인*dhātu으로 모든 중생은 열반을 얻는다.
> -『대법고경』

중생 안에 있는 것은 완전한 형태를 가진 결과로서의 법신이 아니라, 원인으로서의 불성이다. 불성을 본질이나 결과가 아닌 원인으로 봄으로써, 자칫 빠져들 수 있는 수행무용론의 위험으로부터 벗어나고자 한 것이다. 수행을 통하지 않고서는 원인이 있다고 하더라도 그 결과를 산출할 수 없기 때문이다. 이것은 중생과 여래의 동일성을 강조하던 종래의 여래장사상과는 달리 중생과 여래의 이질성을 강조하는 것이다. 이에 따라『대법고경』은 굳이 성불이 불가능한 존재인 일천제를 전혀 언급하지 않는다.

이와 같이『여래장경』을 비롯한 여래장 3부경과『열반경』계통의 다양한 경전을 통해 발전한 여래장사상은 5세기 중반경『보성론』의 등장으로 전면적으로 이론화된다.

3) 『보성론』의 여래장사상

『보성론』의 성립

이상의 여러 경전을 통해 발전한 여래장사상을 집대성하고 체계화한 논서가 『보성론』이다. 『보성론』에서 '보성寶性'이란 불·법·승 3보寶를 낳은 원인性이라는 의미다. 이와 같이 삼보를 낳은 원인이 곧 여래장이다. 여래장이라는 내적인 조건에 '불보리佛菩提', '불공덕佛功德', '불업佛業'이라는 외적인 조건이 더해진다. 이 일곱 가지 주제3보·여래장·불보리·불공덕·불업를 7종 금강구라고 부른다. 이 7종 금강구가 『보성론』의 골간을 이룬다.

『보성론』은 유가행파의 고유한 용어나 개념을 토대로 하고 있고, 유가행파의 주요 저작을 인용하는 경우도 있다. 그 성립 시기는 5세기 중후반으로 보는 것이 일반적이다. 『보성론』의 작자에 대해서는 여러 전승이 일치하지 않는다. 인도 전승에서는 미륵보살이라고 하고, 중국 전승에서는 견혜堅慧보살이라고 한다. 티베트에서는 운문 게송은 미륵보살, 산문 주석은 무착보살이 지었다고 한다. 구체적인 인물이 누구였건, 『보성론』의 저자가 유가행파 교리에 매우 밝았던 인물이었음은 분명하다.

여래장의 세 가지 의미

7종 금강구 중 네 번째인 여래장에 대한 분석이 『보성론』의 핵심을 이룬다. 『보성론』은 『열반경』과 『여래장경』에서 설해진 '일체중생은 여래장이다'에 세 가지 의미를 부여한다.

> 정각자의 신체가 변재하기 때문에, 진여는 무차별이기 때문에, 종성 때문에, 항상 몸을 가진 모든 자는 부처님을 본질로 가진다. 요약하면 세 가지 의미에 의해 세존은 '항상 모든 중생은 여래를 본질로 가진다'고 설했다. 곧 ① 모든 중생에게 여래의 법신이 변만해 있다는 의미에 의해, ② 여래의 진여는 무차별이라는 의미에 의해, ③ 여래의 종성이 존재한다는 의미에 의해서다. - 『보성론』

세 가지 의미란 첫째 법신의 변재성으로, 법신은 모든 곳에 존재한다는 것이다. 둘째 진여의 무차별성이니, 중생과 부처님의 진여가 동일하다는 것이다. 이로써 중생과 부처님은 동일성을 확보한다. 셋째, 여래의 종성이 있다는 것으로, 여래가 될 원인이 중생 안에 있음을 말한다. 이 세 가지 의미는 이전 경전에서 미묘하게 다르게 설해진 여래장의 의미를 종합한 것이다.

이러한 세 가지 의미에 따라 '일체중생은 여래장이다'라는 표현은 세 가지 의미로 이해된다. 첫째, '일체중생은 여래의 태아이다'라는 의미이다. 법신이 모든 곳에 충만하게 퍼져 있으므로, 마치 태아가 어머니의 자궁에 있듯이 모든 중생은 여래 안에 있다는 뜻이다. 둘째, '일체중생의 본질이 여래, 곧 진여이다'라는 의미이다. 진여는 전후에 변함이 없음을 뜻한다. 중생이 여래가 되었다고 해서 그 본질이 변하는 것은 아니다. 중생은 진여라는 측면에서는 여래와 아무런 차이도 없다. 중생과 여래는 완전히 동일한 존재인 것이다. 셋째, '여래성이 이 모든 중생들의 본질이다'라는 의미이다. 여래성이란 여래가 될 수 있는 원인이니, 원인이라는 의미에서 여래가 중생에게 내재해 있다는 것이다.

여래장의 열 가지 의미

여래장의 세 가지 의미를 밝힌 후, 『보성론』은 다른 관점에서 여래장의 열 가지 측면을 해설한다. 열 가지 측면이란 여래장의 본질, 원인과 결과, 작용, 결합, 출현, 상태의 차이, 변만성, 불변이성, 무차별성이다.

먼저 여래장의 본질은 앞서 살펴본 여래장의 세 가지 개별적 의미에 따라 각각 법신은 위력, 진여는 불변이성, 종성과 관련해서는 대비를 들고 있으며, 전체적인 의미에서는 본래 청정함을 든다.

두 번째는 여래장에 대한 장애를 제거하는 원인으로서, 일천제에게는 믿음, 비불교도에게는 반야, 성문에게는 선정, 독각에게는 대비를 제시한다.

세 번째는 여래장에 대한 장애를 벗어난 결과로, 법신의 상주常住·행복樂·자아我·청정淨을 든다. 이것은 초기경전 이래로 4전도에 해당되었지만, 여래장사상에서는 전도가 아닌 것이 된다. 그 이유는 이들을 인식하는 방식의 적용대상이 다르기 때문이다. 곧 오취온에 대해 상주·행복·자아·청정이라고 인식한다면 전도이지만, 여래의 법신에 대해 상주·행복·자아·청정이라고 인식하는 것은 전도가 아닌 것이다.

네 번째인 여래장의 작용은 윤회에 대해서는 혐오감을 일으키고,

열반에 대해서는 희구를 일으키는 것이다. 이것은 여래장이 가진 종성이라는 측면의 작용이다.

다섯 번째는 여래장과 본질적으로 결합해 있는 공덕이다. 이것은 원인과 결과 두 측면이 있다. 원인의 측면에서는 법신청정의 원인인 믿음의 수습, 부처님의 지혜를 증득하는 원인은 반야와 삼매의 수습, 여래의 대비가 작용하는 원인인 대비의 수습이다. 결과의 측면에서는 5신통과 번뇌를 소멸하는 지혜와 번뇌의 소멸이다.

여섯 번째는 여래장이 다양한 양상으로 세간에 출현하는 것이다. 여래장은 진여로서 어떤 경우에서도 공통된 특징이지만, 범부와 성자 그리고 정등각자라는 세 가지 양상으로 세간에 출현한다. 이 여섯 번째 출현을 다시 네 가지 측면으로 세분한 것이 다음 일곱 번째부터 열 번째까지의 네 가지이다.

일곱 번째는 상태의 차이이다. 그것은 부정한 것, 일부는 부정하고 일부는 청정한 것, 청정한 것으로 차례대로 중생, 보살, 여래를 가리킨다.

여덟 번째는 변재성이다. 중생, 보살, 여래의 차이에도 불구하고, 허공이 모든 곳에 변재하듯, 법신이 세 가지 양상에 모두 존재하는 것이다.

아홉 번째는 불변이성이다. 세 가지 존재 양상에 변재하고 있는 여래성은 잡염과 청정의 두 측면을 가지지만, 실제로는 잡염에서 청정으로 변하는 것은 아니다. 우연적인 번뇌가 결합한 후 분리된 것일 뿐 여래성 자체는 변함이 없는 것이다. 날씨가 맑아진 것은 구름이 사라져서일 뿐 하늘이 더럽혀졌다가 맑아진 것이 아닌 것과 같다.

마지막 열 번째는 무차별성이다. 무루계에 대해 법신, 여래, 사제,

승의열반이라는 네 동의어가 있는데, 이 네 동의어가 여래성이라고 하는 차별 없는 대상에 대해 발생하는 것이다. 또한 이를 깨달은 불과 佛果와 열반이, 마치 해와 햇빛이 분리되지 않는 것처럼 불이인 것이다.

이상의 열 가지 측면은 여래장이라고 하는 새로운 용어와 사상에 기존의 대승불교사상의 여러 교리를 집결해 놓은 것이다.

여래장의 세 가지 의미와 9유喩

『여래장경』이 아홉 가지 비유를 통해 여래장사상을 천명한 것은 이미 살펴보았다.『보성론』은 이 아홉 가지 비유를『보성론』의 독자적인 설인 여래장의 세 가지 의미라는 관점에서 설명한다.

먼저 아홉 가지 비유 중 첫 세 가지, 곧 연꽃 속의 여래, 벌이 지키는 꿀, 껍질에 둘러싸인 곡물은 법신을 비유하는 것이다. 여기서 법신의 두 가지 의미가 설명된다. 곧 여래들의 자내증의 증득법 adhigama-dharma과 그것을 얻는 원인으로서 매우 청정한 법계에서 흘러나오는 교법 deśana-dharma이다. 전자는 진리 그 자체로서 법신이고, 후자는 그것을 얻게 하는 가르침의 모임인 경전을 가리킨다.

두 번째로 분뇨통 안의 금괴는 진여를 비유한다. 그것은 마음이 비록 수많은 번뇌와 고통을 수반하고 있지만, 본성적으로는 빛나고 있는 것으로서 전후에 변화가 없기 때문이다. 다른 것으로 변하지 않는 금은 이러한 측면을 잘 보여준다.

세 번째로 가난한 사람의 집 지하에 숨겨진 재보, 씨앗 안의 싹, 썩은 천에 싸인 불상, 가난하고 추한 여인이 임신한 전륜성왕, 점토 주물 안의 금상은 종성과 그로부터 획득할 수 있는 3신을 비유한 것이다. 종성은 두 가지다. 곧 본래 상태의 종성본성주종성本性住種姓과 개발된 종성습소성종성習所成種姓이다. 가난한 사람의 집 지하에 숨겨진 재보는 본래 상태의 종성을, 씨앗 안의 싹은 개발된 종성을 비유한다. 종성으로 획득하는 3신은 자성신, 수용신, 변화신이다. 이 중 썩은 천에 싸인 불상은 자성신을, 가난하고 추한 여인이 임신한 전륜성왕은 수용신을, 점토 주물 안의 금상은 변화신을 비유한다.

믿음을 통한 여래장의 증득

그렇다면 중생은 자신 안에 여래장이 있다는 사실을 어떻게 알 수 있는가? 여기서 여래장사상의 가장 특징적인 수행론이 다시 한번 드러난다. 그것은 여래장을 증득하기 위해서는 별도의 수행이 필요하지 않다는 것이다. 여래장의 존재는 사유될 수도 없고 분별될 수도 없는 것이다. 그것은 오직 믿음의 대상일 뿐이다.

여래장은 범부, 성문, 독각, 그리고 새롭게 대승에 입문한 사람에게는 보이지 않는다. 그들은 눈이 없는 사람이기 때문이다. 범부는 유신견有身見에 빠져 있기 때문에, 성문과 독각은 전도된 견해를 탐닉하기 때문에, 새롭게 대승에 안주한 사람은 공성을 올바로 이해하지 못하기 때문에 눈이 없는 사람이다.

공성을 올바로 이해하지 못한 사람이란, 앞서 『승만경』의 교설에서 보았듯이 여래장의 공성과 불공성을 올바로 이해하지 못한 사람을 가리킨다. 곧 여래장에 번뇌는 없지만 무량한 공덕은 있다는 것을 이해하지 못하고 여래장의 존재나 공덕의 존재조차 부정하는 사람은 여래장을 볼 수 있는 눈이 없는 사람이다.

이 네 가지 유형의 사람이 갖추어야 할 것은 여래장을 설하는 경전의 말씀을 믿는 것뿐이다. 부처님의 가르침에 대한 간절한 믿음으로만 여래장의 존재를 확인할 수 있다.

여래장을 설한 목적

여래장이 범부, 성문, 독각, 처음 대승에 입문한 사람이 사유하거나 분별할 수 있는 영역이 아니라면, 왜 여래장사상이 설시되었는가? 『보성론』은 이에 다섯 가지 이유를 들고 있다.

첫째, 열등감을 가진 사람을 격려하기 위해서이다. 많은 중생들은 자신이 과연 성불할 수 있을까, 아니 수행에 나아갈 수 있을까에 대해서도 확신하지 못해 망설이고 있다. 이러한 중생에게 성불의 가능성을 제시함으로써 수행에 나아가게 하기 위해 설해진 것이다.

둘째, 보살의 아만심을 제거하기 위해서이다. 일부 보살은 스스로 아만에 빠져 자신만이 성불할 수 있고 다른 중생은 그렇지 못하다고 무시하고 경멸한다. 이러한 아만에 빠진 보살을 경책하기 위해 여래장사상은 설해진 것이다.

셋째, 허망한 것에 집착하는 오류를 다스리기 위한 것이다. 허망한 것이란 중생의 허물로 인위적이고 우연적인 것이기 때문에 집착할 만한 것이 아니다.

넷째, 진실한 법을 비방하는 것을 다스리기 위해서이다. 진실한 법이란 중생의 허물이 무아, 곧 공인 것이고 본성적으로 청정한 공덕을 말한다.

다섯째, 자신에 대한 과도한 집착으로 중생과 자신의 동일성을 보지 못하는 것을 고치기 위해서이다. 이로써 대비심을 낳게 한다.

이러한 다섯 가지 허물을 고치기 위해 여래장사상은 설해진 것이다.

4) 『대승기신론』과 동아시아 여래장사상

『대승기신론』(이하 『기신론』)은 동아시아 불교에서 가장 큰 영향력을 지닌 문헌 중 하나이다. 『기신론』은 전통적으로 화엄과 선禪 등 특정 학파와 상관없이 다양한 학파와 종파에서 중시되었으며, 현대에 들어서도 그 가치가 재발견되거나 새롭게 연구되고 있다. 『기신론』은 다른 지역의 불교와 구분되는, 동아시아 불교를 특징짓는 문헌이라 할 수 있다.

(1) 불성·여래장사상의 동아시아 전래

동아시아에는 유식사상이 본격적으로 전해지기 이전에 이미 여래장사상 계통의 경론들이 먼저 보급되어 있었다. 또한 동아시아인들은 유식사상보다는 여래장사상에 더 친근감을 느끼는 경향이 있다. 이에 따라 동아시아인은 먼저 여래장사상을 이해한 후, 유식사상을 이해하고자 노력하였다. 이 점은 동아시아 유식사상사뿐 아니라 여래장사상사를 결정짓는 이유이기도 했다.

중국에 여래장사상이 최초로 전해진 것은 『대반니원경』6권, 417~418, 법현역, 『대반열반경』40권, 414~421 담무참역이 한역되면서부터이다. 담무참역 『대반열반경』은 430년 말에 남도 건강建康=현재 남경에 전해진 후 혜령과 혜관스님, 사령운 등이 36권본으로 개정하였다436년. 이후 남조와 수당의 불교인들은 주로 이 남본에 의거하여 주석과 연구를 행했다. 그 대표적인 인물이 도생道生, 355~434스님이다.

도생스님은 6권본 『열반경』에는 없는 일천제 성불설을 주장하다 남조 불교계로부터 축출되었으나, 이후 전해진 40권본 『열반경』에서 일천제성불설이 확인되자 그의 사상을 인정받은 것으로 유명하다. 그는 미래의 결과 당과當果를 불성이라고 주장하였다. 도생스님 이후 남조에는 보량寶亮, 444~509, 장엄사 승민僧旻, 462~527, 개선사 지장智藏, 458~522, 광택사 법운法雲, 467~529스님 등이 나타나 각자의 불성론을 주장하였다. 이들의 학계를 열반종이라 한다.

한편 북지에서는 늑나마제스님이 508년에 『보성론』을 한역하여 체계화된 여래장사상을 최초로 중국에 소개하였다. 또한 같은 해, 보리류지스님이 낙양에 도착하여 『십지경론』을 번역508~511하기 시작하였다. 이를 바탕으로 지론종이 성립하였으나, 지론종은 곧 남도파와 북도파로 분열하였다. 그중 알라야식의 진眞과 망妄으로 나누거나 혹은 진식을 독립시켜 진여 혹은 여래장이라고 간주한 남도파가 융성하였다. 이러한 인도 여래장사상과 유식사상의 전파는 『대승기신론』 성립의 밑바탕이 되었다.

(2) 『대승기신론』의 성립과 유포

『대승기신론』은 마명보살조造, 진제역譯이라고 전한다. 『기신론』의 저자가 2세기경에 활약한 인도 시인 마명馬鳴, Aśvaghoṣa보살이라는 것은 가탁이라고 하더라도, 진제스님의 번역 여부에 대해서는 예로부터 많은 논란이 끊이지 않았다. 최초로 『기신론』을 역경목록에 올린 수대의 『중경목록』594 편조차도 진제역을 의심할 정도였다.

현대에 들어서도 『기신론』이 인도찬술인지 중국찬술인지를 두고 학자들 간의 논란은 끊이지 않고 있다. 인도찬술설은 원래 인도에서 산스크리트로 저술된 『기신론』이 진제스님 혹은 다른 사람에 의해 번역되었다는 설이다. 중국찬술설은 중국의 불교도에 의해 중국어로 찬술된 것이 진제역으로 가탁되었다는 설이다. 이 주장은 『기신론』의 어법과 내용 등이 보리류지스님의 번역 문헌과 유사한 점 등에 근거한다. 이 외에 중국에 들어온 인도인에 의해 강설된 문헌이라는 설도 있다.

최근에는 『기신론』 성립에 관한 새로운 학설이 등장하였다. 이것은 『기신론』이 인도찬술도 아니고 중국찬술도 아닌 제3의 중간적 형태의 저술이라는 것이다. 다시 말하면, 『능가경』과 『보성론』을 비롯한 인도찬술 문헌의 번역본과 일부 중국찬술 문헌에 근거하여 보리류지스님 주변의 저자가 중국인을 대상으로 저술한 문헌이라는 설이다. 나아가 지론종의 교리가 강하게 등장하지 않는 점에 근거하여, 지론종 성립 이전 낙양기 불교에 친숙한 저자가 보리류지스님의 번역과 강의록을 새로 배운 후 저술한 여래장사상의 개론서일 가능성도 제기되고 있다. 『기신론』은 저술과 동시에 저자 자신에 의해 마명보살의 저술로 가탁된 것으로 보인다.

『기신론』의 성립 연대는 550년에서 570년 사이로 보고 있다. 낙양기 불교를 배운, 보리류지스님 주변의 저자가 저술했다는 설에 따르면 이보다 조금 앞선 543년경부터 547년경 사이에 저술된 것이라고 볼 수도 있다. 이후 『기신론』은 지론종 학승에게 인용되기 시작하였다. 또 남조에도 유포되어 진제스님이 『기신론소』를 지었다고도 한다. 이와 함께 『기신론』이 진제역이라는 설이 성립한 것으로 보인다.

(3) 『대승기신론』의 구조와 내용

『대승기신론』은 1권으로 구성된 짧은 문헌이지만, 그 구조는 매우 정교하고 복잡하며 치밀하다. 『기신론』은 「서분」인 귀경게, 본문인 「정종분」, 그리고 회향게인 「유통분」으로 크게 나눌 수 있다. 본문인 「정종분」은 『기신론』 자신이 「인연분因緣分」, 「입의분立義分」, 「해석분解釋分」, 「수행신심분修行信心分」, 「권수이익분勸修利益分」의 다섯 부분으로 나눈다. 전체적으로 총론에서 각론으로, 이론에서 실천으로 전개해 나가는 논리정연한 구성으로 되어 있다. 귀경게와 회향게를 제외한 「정종분」을 간략하게 표로 나타내면 다음과 같다.

I. 인연분					
II. 입의분					
III. 해석분	1. 현시정의	0) 일심이문			
		1) 심진여문 ① 여실공 ② 여실불공			
		2) 심생멸문	① 심생멸	㉮ 아리야식	
				㉯ 각의	
				㉰ 불각의	
			② 생멸인연	㉮ 심	
				㉯ 의	
				㉰ 의식	
				㉱ 6종 염심	
			③ 생멸상		
			④ 훈습론		
			⑤ 3대와 불신관		
		3) 입진여문			
	2. 대치사집				
	3. 분별발취도상				
IV. 수행신심분					
V. 권수이익분					

— 가시와기 히로오, 「불성론·대승기신론」

내용을 살펴보면, 먼저 「서분」인 귀경게에서는 3보에 대해 귀의하고, 부처님의 종자가 끊이지 않을 것을 염원한다.

본문인 「정종분」 중 「인연분」은 『기신론』을 저술한 이유를 여덟 가지로 밝힌다. 이 중 첫 번째는 『기신론』을 저술한 총괄적 이유이고, 두 번째에서 여덟 번째 이유는 이하 「입의분」에서 「권수이익분」에서 설하는 내용과 차례대로 대응한다. 그 총괄적 이유는 일체 중생으로 하여금 고통을 여의고 구경의 안락을 얻게 하기 위한 것이라고 한다.

「입의분」은 『기신론』 전체 내용을 압축하여 제시하는 총괄적인 부분이다. 여기서는 먼저 마하연, 곧 대승을 법法과 의義로 나눈다. 그리고 법을 중생심이라고 정의한 후, 그 중생심에 심진여상心眞如相과 심생멸상心生滅相이 있다고 한다. 대승이란 중생의 마음이고 일심一心인데, 이 중생의 마음은 진여로서 불생불멸하는 측면과 생멸하는 측면을 동시에 갖추고 있다는 것이다.

의는 3대, 곧 체대體大, 상대相大, 용대用大라고 한다. 체대란 진여로서 평등한 본바탕을 말하며, 상대란 그 진여가 갖춘 구체적 속성으로의 여래장과 한량없는 공덕을 의미한다. 그리고 용대란 일체 세간과 출세간의 선한 인과를 내는 마음의 작용을 말한다. 이렇게 『기신론』은 일심一心, 진여문과 생멸문의 이문二門, 체·상·용 삼대三大의 체계를 이룬다.

「해석분」은 '현시정의顯示正義; 마음의 바른 뜻을 보여 줌', '대치사집對治邪執; 사람들의 삿된 고집을 고치도록 해 줌', '분별발취도상分別發趣道相; 마음을 어떻게 다스려 나갈 것인지 분석적으로 설명함' 등 세 부분으로 나뉜다. '현시정의'는 「입의분」에서 제시한 일심, 이문, 삼대를 설명하는 부분으로서, 양적으로도 『기신론』의 3분의 2를 차지하는 가장 핵심 부분이다.

이문의 한 측면을 구성하는 심진여문은 다시 여실공如實空과 여실불공如實不空으로 설명된다. 이문의 다른 하나인 심생멸문은 심생멸, 생멸인연, 생멸상, 훈습론, 3대와 불신관의 고찰 등 다섯 부분으로 나뉜다.

이 중 심생멸은 유가행파의 알라야식설을 채용하여 변용시켜 염오된 세계와 그것을 벗어나는 과정을 설명하는 부분이다. 여기서 아리야식의 각의覺義는 자성청정심이며, 불각의不覺義는 무명으로 인한 미망의 세계다. 이 불각이 상사각相似覺: 깨달음에 근접해 가는 상태, 수분각隨分覺: 깨달음에 거의 다다른 상태, 구경각究竟覺에 이르기까지 깨달음이 드러나기 시작하는 시각始覺의 과정이 설명되고, 그 배후에는 항상 본각本覺이 있다고 설한다.

반대로 불각 측면의 전개과정은 무명업상無明業相: 무명이 작용하는 모습, 능견상能見相: 주관, 경계상境界相: 객관이라는 삼세三細와 지상智相: 분별지, 식별작용, 상속상相續相: 분별작용이 계속 전개됨, 집취상執取相: 경계에 대한 집착, 계명자상計名字相: 언어와 문자로 분별함, 기업상起業相: 행동으로 드러나는 선악업, 업계고상業繫苦相: 업으로 인해 고통이 발생함이라는 육추六麤로 설명된다.

생멸인연은 마음의 염오된 측면을 다른 관점에서 서술하는 것으로, 심에 의거해서 업식業識, 전식轉識, 현식現識, 지식智識, 상속식相續識이라는 5의意와 의식으로 전개되는 과정 및 6종 염심染心을 설한다. 위에서 설한 아리야식이 유가행파의 알라야식과는 다르듯이, 여기서 설하는 5의 또한 유가행파에서 설하는 의意와는 다른 개념이다.『기신론』은 업식에서 상속식에 이르는 다섯 식이 이후 의식이 발생하는 근거가 된다는 의미에서 일괄하여 의意라고 하는 것이다.

이에 비해, 유가행파에서는 한 찰나 전에 사라진 6식 중 어느 하나 무간멸의無間滅意가 현재 의식이 발생하는 근거개도의開導依가 되며, 의식과 동시에 존재하는 제7말나식은 의식을 자아의식으로 오염시키는 식, 곧 염오의染汚意가 된다. 과거와 현재 두 찰나에 걸쳐 두 종류의 의意가 있다는 것이 유가행파의 설이다.

심생멸문의 세 번째 생멸상은 심생멸의 양상을 추세麤細, 인연, 상의 소멸상멸相滅로 설명하는 비교적 짧은 부분이다. 네 번째 훈습론은 유가행파의 훈습론을 변용한『기신론』독자의 염정훈습을 설한다. 마지막 3대와 불신관에서는 마하연의 의義인 3대와 법신, 보신, 화신의 3불신을 다룬다.

「해석분」의 두 번째인 '대치사집'은 앞서 설명한 '정의'에 대한 잘못된 집착을 다룬다. 세 번째인 '분별발취도상'은 이전까지의 이론적 고찰에서 실천수행으로 나아가는 부분이다. 여기서는 보살의 실천도로서 세 가지 발심을 설명한다. 그것은 모든 부처님이 증득한 길을 따라 모든 보살이 발심 수행해 가는 모습을 뜻한다

「해석분」에 이어지는「수행신심분」은 '분별발취도상'에 이어 실천수행을 설한다. 어떻게 믿음을 일으키고 수행할 것인가를 밝히는 부분이다. 이때 믿음은 진여와 3보에 대한 믿음을 말한다. 이어서 설명하는 5종 수행은 믿음의 완성을 이루기 위한 보시, 지계, 인욕, 정진, 지관으로, 곧 6바라밀을 의미한다. 그리고 이 중 마지막 지관에 대해 자세히 설명하면서, 지와 관의 이문을 함께 닦지 않으면 보리의 도에 들어갈 수 없다고 강조한다. 이것은 오직 '믿음'만을 강조하는 인

도 여래장사상과는 구별되는 『기신론』의 독자적인 수행론이다.

마지막으로 「권수이익분」은 회향게로서 『기신론』의 가르침을 수지할 것을 권하는 것이다.

이상의 『기신론』의 내용은 매우 정교하고 치밀한 동아시아적 여래장사상의 면모를 보여 준다. 그럼에도 불구하고 『기신론』이 동아시아 불교사에서 가장 큰 위상과 영향력을 차지하게 되기까지는 원효대사의 주석 작업을 기다려야 했다.

(4) 기신론의 위상 확립 - 원효대사의 기여

『기신론』은 성립 이후 지론종 학자를 중심으로 영향력을 넓혀 나갔지만, 다른 학파나 학승들에게 중시된 흔적은 보이지 않는다. 수대의 천태 지의天台 智顗, 538~597대사는 『기신론』을 전혀 언급하지 않고, 삼론종의 길장吉藏, 549~623스님 또한 지론종 논사의 문헌에 인용된 『기신론』 문장을 재인용하는 정도였다. 당대에 들어서도 사정은 나아지지 않았다. 화엄종의 지엄智儼, 602~668스님에게 『기신론』의 비중은 미미하였고, 법상종은 철저히 무시하였다.

『기신론』의 영향력이 비약적으로 확대한 것은 법장法藏, 643~712스님의 『대승기신론의기』 저술 이후였다. 『기신론의기』는 『기신론』 주석서 중 가장 많이 읽히게 되었고, 이 주석서의 영향으로 『기신론』 사상은 화엄종을 비롯한 불교계 일반에게 이해되게 되었다. 하지만 법장스님에게도 『기신론』 사상 자체는 그의 5교판 중 대승종교에 불과한 것이었다. 그가 『대승기신론의기』를 지은 배경에는 당시 세력을 얻어 가는 법상종과 선종에 대항하기 위한 의도가 숨어 있기도 하였다.

이러한 법장스님의 『대승기신론의기』는 실은 원효元曉, 617~686대사의 『대승기신론』 주석서에 거의 전적으로 의존하는 것이었다. 원효대사는 당시 불교계의 여러 이론을 종합적으로 이해할 수 있는 이론을 『기신론』에서 발견하고, 『기신론』에 대한 많은 연구와 저술로 이를 입증해 나갔다. 그의 『기신론』 관련 저술은 현존하는 『기신론소』와 『기신론별기』 외에도 『기신론종요』, 『기신론대기』, 『기신론요간』, 『기신론사기』, 『기신론일도장』, 『기신론이장장』 등이 있었다고 전한다.

원효대사 이전의 『기신론』 주석서와 비교할 때, 그의 주석은 단순한 자구 설명과 용어 해석 차원을 벗어나 『기신론』을 통해 불교의 근본 입장을 이해하고 확립하고자 한 것이었다. 그는 특히 『기신론소』에서 대승과 일심, 그리고 동체대비의 통찰을 강조한다. 이는 일심에 입각한 그의 종교성이 무엇을 향하고 있는지를 분명하게 보여 준다.

> 대승의 진리에는 오직 일심一心만 있다. 일심 외에 다른 진리는 없다. 단지 무명의 어리석음으로 인해 일심을 모르고 방황하는 탓에 여러 가지 파랑을 일으켜 온갖 윤회의 세상이 생겨나게 되는 것이다. 그러나 비록 윤회의 파도가 일지라도 그 파도는 일심의 바다를 떠나는 게 아니다. 일심으로 말미암아 온갖 세상 윤회의 파도가 일어나므로 널리 중생을 구원하겠다는 서원을 세우게 된다. (또한) 윤회의 파도는 일심을 떠나지 않으므로 한 몸이라는 큰 자비동체대비同體大悲를 실천할 수 있는 것이다.
> - 『대승기신론소』

이에 따라 원효대사의 『기신론』 주석에는 몇 가지 특징이 나타난다. 먼저 『기신론』 주석을 위해 인용하는 경론의 광범위함이다. 그는 『능가경』을 비롯해 『화엄경』, 『반야경』, 『열반경』, 『승만경』, 『인왕경』, 『범망경』, 『본업경』 등 대승경전을 광범위하게 인용하고 있을 뿐 아니라, 『대지도론』, 『유가사지론』, 『보성론』, 『섭대승론』, 『대법론』, 『대승장엄경론』, 『중변분별론』 등 수많은 논서들도 자유자재하게 인용하고 있다. 이는 원효대사가 섭렵한 문헌의 다양함과 깊이를 보여 주는 것임과 동시에, 『기신론』을 하나의 종합적 불교 체계로 이해하고자 했던 그의 시각을 반영하는 것이다.

다음으로 『능가경』이 『기신론』의 소의경전임을 분명히 한 것이다. 원효대사 이전의 주석서, 예를 들어 3대소의 하나인 혜원소도 『능가경』이 『기신론』의 소의경전임을 선언하였지만, 실질적으로 『능가경』을 인용하여 주석하지는 않았다. 이에 비해 원효대사는 수많은 대승경전 중에서도 『능가경』을 가장 많이 인용하여 주석하고 있다. 나아가 그의 『능가경』 해석은 이후 『능가경』 이해에도 큰 영향을 미친 것으로 보인다.

마지막으로 이른바 구유식설뿐 아니라 현장법사의 신유식설도 적극적으로 수용해 『기신론』 주석에 활용한 점이다. 이 점은 『능가경』이나 『기신론』에는 잘 드러나지 않는 신유식의 제7말나식 개념으로 『기신론』을 주석하는 점에 두드러지게 나타난다. 이로써 그는 신·구유식을 통합하여 종합적으로 이해하고자 하였다. 이러한 원효대사의 종합적 태도는 『기신론』 주석 전체에 일관되게 나타난다.

비록 법장스님의 『대승기신론의기』라는 우회로를 거치기는 했지만, 이러한 원효대사의 작업이 없었더라면 동아시아 대승불교사에서 『기신론』이 이토록 중시되지는 않았을 것이다. 그는 『기신론』을 재발견하고 그 위상을 확고히 하였다. 이를 통해 동아시아 불교사 전체의 흐름을 규정했다고 평가할 수 있을 것이다.

4. 밀교사상

1) 밀교의 정의와 분류

(1) 밀교란 무엇인가

불교는 인도에서 일어나 이슬람의 침입 등 여러 요인으로 말미암아 인도에서 그 모습을 감추기 직전까지 밀교라는 이름으로 번성했다. 밀교는 입문 의례를 거친 수행자가 만뜨라mantra라고 불리는 진언과 만다라maṇḍala를 통해 다양한 불보살의 존격을 관상觀想함으로써 자신을 불보살과 동일화시켜 정각의 상태를 체험하도록 만든다. 그리하여 최종적으로 완전한 깨달음에 이르는 것을 목적으로 한다.

밀교는 비밀불교祕密佛敎, Esoteric Buddhism의 줄임말로, 딴뜨릭불교Tantric Buddhism라고도 한다. 딴뜨라 전통을 표방하는 종교 사조를 칭하는 딴뜨리즘Tantrism이라는 용어는 딴뜨라 전통에 속한 경전들이 수뜨라sūtra, 經라고 칭해지는 대신 딴뜨라tantra라고 명명된 데에 기인한다. 그러나 엄밀히 말해, 밀교 혹은 딴뜨라적 요소는 경전의 명칭이 바뀌기 훨씬 이전부터 나타났다. 밀교가 밀교로서 뚜렷한 정체성을 확립해 진언이취眞言理趣, Mantranaya 혹은 금강승金剛乘, Vajrayāna이라는 용어를 사용하는 것은 중기 이후의 일이기 때문이다.

금강승은 자신들을 대승Mahāyāna의 가장 발전한 형태이자 수승하고 강력한 방편이라고 한다. 하지만 밀교 이전의 대승불교와 밀교를 비교했을 때, 그 특징이 확연하게 차이가 나기 때문에, 대승불교를 바라밀이취波羅蜜理趣, Pāramitānaya와 진언이취로 나눌 수 있다고 보았다. 이러한 맥락은 차후 현교顯敎와 밀교密敎를 구분하는 방식과도 연관된다.

(2) 밀교 분류와 전개

실질적으로 인도 밀교 전통의 주석가들이 밀교 경전들을 분류하기 시작하는 것은 대략 8세기 이후부터지만, 현대의 관점에서 밀교는 시대에 따라 초기, 중기, 후기의 세 시기로 구분될 수 있다.

시대별	주요 딴뜨라 경전 계열	대표경전과 특징
초기밀교	소작(所作, kriyā)딴뜨라	심주(心呪, hṛdaya), 호주(護呪), 관음(觀音), 불정(佛頂), 금계(禁戒), 관정(灌頂)계열 경전
중기밀교 (6세기~8세기)	행(行, Carya)딴뜨라	『대일경』 계열
	유가(瑜伽, Yoga)딴뜨라	『금강정경』 계열
후기밀교 (8세기 이후)	무상유가(無上瑜伽, Yogottara)딴뜨라	『비밀집회딴뜨라』
	최상승유가(最上乘瑜伽, Niruttarayoga)딴뜨라	『헤바즈라딴뜨라』, 『짜끄라삼바라』, 『깔라짜끄라딴뜨라』

위의 표에 제시된 초·중·후기의 연대는 이해를 위한 것으로, 실질적으로 각 시기에 해당하는 소작, 행, 유가, 무상유가, 최상승유가딴

뜨라 계열의 발전은 시기보다는 특징에 따라 명명된 것이다. 각 전통에 속한 각 경전들의 발전은 오랜 시간을 거쳐 이루어졌기 때문에, 시대적 구분이 달라도 동시대에 제작, 유통된 경전들도 있다. 그러므로 실제 밀교 전통은 훨씬 복합적으로 전개된다.

대략적으로 설명하자면, 초기밀교는 인도 브라만교의 호마 의례나 관정 등의 특징이 대승경전 안으로 포섭되기 시작한 전반적인 시기를 아우른다. 이는 중세기에 인도에서 딴뜨리즘이라는 사상적 변화가 불교에서도 서서히 일어나기 시작했다는 배경을 보여 준다. 대승불교 사상에 입각한 밀교 교리의 본격적인 체계화는 상대적으로 중기밀교에 이르러 세워지는데, 이는 사상적 기반의 필요성이 대두되었음을 반증한다. 이후 인도종교 전반에 두드러진 특징으로 나타나는 여성적 원리를 강조하는 인도의 샥띠즘Śaktism은 후기밀교에도 영향을 주게 되는데, 이러한 흐름은 비단 불교 안에서뿐만이 아니라 여타 인도 딴뜨라 전통에서 동일하게 나타난다. 그러므로 밀교의 발전은 독립적인 형태가 아니라 인도종교와의 상호 작용 속에서 이뤄진 것임을 상기할 필요가 있다.

2) 분류법에 따른 특징과 대표 경전

인도밀교 문헌에서 딴뜨라 경전의 분류방식은 총 다섯 가지로 정리될 수 있는데, 이를 시대적 구분과 연결시켜 살펴보면 다음과 같다.

(1) 초기밀교의 특징과 소작딴뜨라 경전

초기밀교는 진언, 만다라, 호마, 관정, 삼밀행 등의 밀교적 요소가 불교에 서서히 도입되던 시기를 아우른다. 산스크리트 원문은 소실되었지만 가장 많은 수의 경전이 전해지고 있어 450개 이상의 경전이 티베트어역으로 남아 있다. 중요한 문헌으로 『대방광보살장문수사리근본의궤경 大方廣菩薩藏文殊師利根本儀軌經, Mañjuśriyamūlakalpa』을 꼽을 수 있다. 초기밀교에 속한 경전들은 일반적으로 소작딴뜨라라고 구분되며 초기에 대거 등장하지만, 소작딴뜨라가 시대적으로 초기에 국한되는 것은 아니다. 초기밀교 경전의 성립과 제작, 유통은 이르게는 3세기경부터 늦게는 중기밀교의 시기와 겹치는 6~7세기경에 이르기 때문에, 이를 1기, 2기, 3기로 다시 세분해 볼 수 있다.

초기밀교의 발생

초기밀교의 제1기 동안에는 대승의 공사상이나 다라니로부터 파생한 밀교계 다라니경전들과, 부파불교에서 호주護呪로서 암송되었던 빠릿따paritta를 설하는 밀교계 호경護經류가 나타났다. 전자의 예로 『무량문미밀지경 無量門微密持經』이, 후자의 예로 『대금색공작왕주경 大金色孔雀王呪經』 등이 있다.

초기밀교의 전개

5~6세기에 들어서면서 초기밀교는 본격적으로 구체적인 공양법 등을 전개한다. 만다라를 건립하고 토단土壇을 세워 호마 등의 공양과 염송을 행하는 일련의 작법이 의궤화되기 시작한다. 이 시기 동안 진언의 암송에 따라 인계印契, mudrā를 행하며, 만다라에 제존諸尊을 소환하는 소청의궤召請儀軌 등이 두드러지게 나타난다.

초기밀교의 확립

인도 굽타왕조의 말기부터 후기 굽타왕조에 이르는 6세기 후반에서 7세기 전반까지의 3기에는 수행을 위한 만다라와 조상 등의 세부가 정교화되며, 현세 이익의 측면에 맞춰져 있던 다양한 작법들이 성불을 목표로 재구성된다. 이때부터 밀교경전의 계통이 세워지게 되는데, 특성에 따라 심주心呪, hṛdaya계열, 호주護呪계열, 관음觀音계열, 불정佛頂계열, 금계禁戒계열, 관정灌頂계열의 여섯 가지로 분류해 볼 수 있다.

① 심주계열: 심장이라는 뜻의 '흐리다야hṛdaya'라고 칭해지는 밀교계열의 다라니를 설하는 경전으로, 대표적으로『제불심다라니경』諸佛心陀羅尼經 등이 있다.

② 호주계열: 상좌불교에서 널리 사용되는 보호를 위한 호주護呪, paritta는 특정한 수호를 목적으로 하는 밀교계호주경전에서도 찾아볼 수 있다. 대표적으로는『수구즉득대자재다라니신주경 隨求卽得大自在陀羅尼神呪經』 등이 있다.

③ 관음계열: 관세음보살을 본존으로 한 다라니를 수록하고 있는 경전들로,『천수천안관세음보살대신주본 千手千眼觀世音菩薩大身呪本』 등이 있으며, 한국에서 천수경에 포함되어 있는 '신묘장구대다라니 神妙章句大陀羅尼' 또한 이 계열에 속한다고 볼 수 있다.

④ 불정계열: 불정佛頂은 부처님의 정수리에 솟아 있는 육계肉髻를 의미하는데, 부처의 지혜를 상징한다. 심주계열과 유사성이 있으며, 이 계열의 대표적인 경전으로『불정존승다라니경 佛頂尊勝陀羅尼經』을 꼽을 수 있다.

⑤ 금계계열: 밀교 수행을 위한 계율이나 금계 등이 강조되게 되

는데, 『소바호동자청문경蘇婆呼童子請問經』을 통해서 초기밀교가 확립되는 시기에 밀교에 특화된 규범의식이 싹트고 있었다는 점을 볼 수 있다.

⑥ 관정계열: 밀교 초기에 관정은 죄를 없애고 정화하는 기능을 했지만, 초기밀교의 후반부에 갈수록 중기밀교의 특징과 유사하게 권능의 부여를 받는 의례로서 관정이 설해지게 된다. 이에 대표적인 경전으로 『금강수관정경金剛手灌頂經』이 있다.

(2) 중기밀교의 특징과 대표 경전

밀교는 중기밀교에 들어서면서 획기적인 전환점을 맞이하게 되는데, 여기에는 행딴뜨라로 분류되는 『대일경大日經』과 유가딴뜨라로 분류되는 『금강정경金剛頂經』이 주축이 된다. 인도에서 이 두 경전의 발생과 유통은 각기 독립적이었지만, 이 둘을 중국과 일본은 함께 받아들였기 때문에 동아시아 밀교에서는 '양부대경兩部大經'이라 부른다. 이처럼 중기밀교의 영향이 컸던 일본 진언종에서는 이전의 밀교와 중기밀교를 구분하기 위해 전자를 '잡밀雜密', 후자를 '순밀純密'이라고 구분했다.

성립 시기는 『대일경』이 조금 앞서며, 이어서 『금강정경』과 관련 경전들이 나타난 것으로 보인다. 하지만 『금강정경』 계열의 영향력이 상당했기 때문에, 실질적으로 행딴뜨라 계열의 경전은 더 발전하지 않았으며 현재 남아 있는 것은 『대일경』이 거의 유일하다.

행딴뜨라

행딴뜨라의 대표 경전은 7세기 초부터 성립된 『대비로자나성불신변가지경 大毘盧遮那成佛神變加持經, Mahāvairocana-abhisaṃbodhi-vikurvita-adhiṣṭhāna-vaipulya-sūtra』으로, 줄여 『대일경 Mahāvairocana-sūtra』이라 부른다. 산스크리트 원문은 사본 파편과 인용으로만 일부분 전해지지만, 한역과 티베트역은 전체가 전해진다. 한역은 724년에 선무외善無畏, 637~735와 일행一行, 683~727스님이 공동 번역했으며, 티베트역은 9세기 초에 인도의 실렌드라보디Śīlendrabodhi와 티베트의 역경가 팰첵dPal-brtsegs스님이 번역했다.

밀교 이전의 경전이 세존에 의한 설법이었다면, 『대일경』에서는 대일여래가 직접 설법하는 형식을 갖추게 된다. 『대일경』의 중심사상은 첫 장 「주심품」에서 설해지는 '삼구三句의 법문'인데, 이는 "보리심을 원인으로 삼고, 대비를 근본으로 하며, 방편을 구경으로 한다 보리심위인菩提心爲因 비위근본悲爲根本 방편위구경方便爲究竟."라는 구절이다. 이 핵심사상을 반영해 12개의 대원大院이라고 하는 그룹이 삼중의 형태로 구체화된 것이 '태장만다라'이다. 삼구의 법문에 해당하는 범문은 까말라쉴라Kamalaśīla, 740~795의 『수습차제修習次第』에서 확인되는데, "일체지자의 지혜는 대비를 근본으로 하고, 보리심을 원인으로 하며, 방편을 구경으로 삼는다."라고 하여 첫 번째와 두 번째 경문의 순서가 다르다.

『대일경』의 핵심 수행은 진언 염송 수행과 더불어 다섯 개의 종자 음절을 신체에 각각 배치하는 것이다. 이는 일본 진언 전통에 의해 오자엄신관五字嚴身觀이라 불린다. 이 수행은 대일경의 핵심진언인 '아 비라 훔 캄a vīra hūṃ khaṃ'으로부터 파생된 아a, 바va, 라ra, 하ha, 카kha의 다섯 음절로, 각 종자음절의 의미와 배대되는 신체 부분은 다음과 같다.

종자음절	오대(五大)	모양	신체 위치
아 a	지(地)	사각형	하체
바 va	수(水)	원	배꼽
라 ra	화(火)	삼각형	심장
하 ha	풍(風)	반월	미간
카 kha	공(空)	보석	정수리

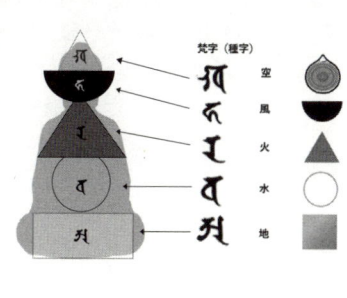

이는 붓다와의 완전한 합일을 설하는 가르침으로, 동아시아 밀교에서 매우 중요하게 취급되어 즉신성불卽身成佛사상의 교리적 토대로서 강조되었다.

유가딴뜨라

유가딴뜨라의 대표 경전은 『일체여래의 진리집성 Sarvatathāgatatattvasaṃgraha』이다. 산스크리트본이 현존하며, 한역과 티베트역으로도 전해진다. 한역을 중심으로 전파된 동아시아에서는 일반적으로 산스크리트본을 『금강정경 金剛頂經』 혹은 『초회금강정경 初會金剛頂經』이라고 부르지만, 산스크리트 제명에 따라 『진실섭경 眞實攝經』이라고도 부른다.

경전은 미혹한 상태인 범부의 신·구·의 삼업을 정화하여 깨달음의 상태에 있는 부처의 신·구·의와 동일화시키는 '삼밀유가'를 핵심적인 사상으로 설한다. 붓다와 동일한 인계 mudrā를 맺고 신밀身密, 붓다의 말인 진언을 암송하면서 구밀口密, 붓다의 경지인 삼매에 들어가는 의밀意密 수행을 하는 것이다. 이는 본존유가라고도 하는데, 『진실

14세기 중앙티베트 비로자나불 만다라 (개인 소장 curtesy Rossi & Rossi 제공)
(https://www.asianart.com/mandalas/page7.html)

섭경』에서 설해지는 '오상성신관五相成身觀, pañcākārābhisaṃbodhi'은 이러한 수행의 근간이 된다.

경전의 시작은 성도 전 석가Śākyamuni의 이름에서 유래한 '모든 의미의 성취Sarvārthasiddhi'를 뜻하는 일체의성취보살一切義成就菩薩이

고행을 하는 장면으로 시작된다. 일체 여래는 고행을 멈추고 정각을 이룰 수 있도록 그에게 무상정등각을 이룰 수 있는 수행법을 가르치는데, 이것이 바로 오상성신관이다. ① 먼저 자신의 마음을 월륜으로 관상하고 통달본심通達本心, ② 그 월륜이 자연스럽게 빛을 발하는 것을 보리심으로서 수습한 후에 수보리심修菩提心, ③ 그 월륜 위에 붓다의 지혜를 상징하는 금강vajra을 관상한다 성금강심成金剛心. ④ 그 금강을 통해 수행자의 신체와 마음에 모든 붓다가 들어오면, 수행자의 마음과 부처의 지혜가 하나가 되었음을 현증한다 증금강신證金剛身. ⑤ 이때 수행자는 자신이 대일여래와 동일함을 자각하게 된다 불신원만佛身圓滿. 이러한 다섯 단계는 예비적 유가 ādiyoga로, 이후 수행자는 그러한 마음으로부터 만다라의 37존을 일으킨다. 그리고 중앙의 대일여래와 자신이 합치되는 본존유가를 수습한다. 이러한 과정은 금강계만다라를 통해 구현되며 아홉 개의 구획으로 나눠져 있기 때문에 구회九會만다라라고도 불리는데, 바로 이 만다라의 중앙에 37존으로 구성된 성신회가 위치한다.

(3) 후기밀교의 특징과 대표 경전

후기밀교는 대략 8세기경부터 본격적으로 등장하는데, 종래의 밀교를 크게 발전시켰고 인도 전역에 큰 영향력을 떨치며 설파되었다. 후기밀교의 경전에서는 도덕률을 초월하는 수행과 사상이 나타나기 때문에 일반적으로 딴뜨라불교라고 할 때는 이 후기밀교의 사상을 말한다. 딴뜨리즘은 인도불교뿐만이 아니라 힌두교와 자이나 등의 다른 인도종교에서도 널리 받아들여지고 수행되었기 때문에 인도종교의 사상적 흐름으로서 이해해야 한다. 밀교경전은 중기밀교를 거치면서 대승불교의 교리적 입장에서 본격적으로 교설화가 이루어지는데, 후기밀교에 이르러 정점을 이루게 된다.

후기밀교는 만다라에 위치하는 여성 신격의 위상에 따라 마하요가Mahāyoga딴뜨라 혹은 무상유가딴뜨라라고 분류되는 경전들과 요기니Yoginī딴뜨라 혹은 최상승유가딴뜨라라고 분류되는 경전들로 양분된다. 인도 밀교의 역사와 더불어 발전사를 공유해 왔던 티베트불교에서는 14세기에 활약했던 티베트의 대학승인 부뙨Bu-ston, 1290~1364의 '소작딴뜨라와 행딴뜨라, 유가딴뜨라, 무상유가딴뜨라'의 4종 분류법을 널리 받아들였다. 특히 마지막 무상유가딴뜨라에 해당하는 후기밀교를 여성 존격의 등장이 두드러지는 특징을 기준으로 부父계딴뜨라와 모母계딴뜨라로 양분하여 설명한다.

마하요가—무상유가딴뜨라

이 계열의 대표적인 경전은 『비밀집회딴뜨라Guhyasamājatantra』(이하 『비밀집회』)로 총 18장으로 구성된다. 여기서 '비밀집회'란 수행자의 신·구·의 활동이 지닌 삼밀의 측면에서 부처와 일체가 되는 경지를 의미한다. 경전 자체가 긴 시간을 거쳐 현재 모습이 되었기 때문에, 각 장들은 성립시기에 따라 층위가 나누어진다. 이 중 가장 후대에 삽입된 부분인 마지막 제18장은 『속딴뜨라Uttaratantra』라는 별칭으로도 불린다.

후기밀교 문헌의 가장 두드러진 특징 중 하나는 일반상식에 반하는 행위를 긍정하는 데에 있다. 『비밀집회』 제5장에는 주존인 지금강持金剛이 여래와 보살에게 '최상의 수행'에 대해 설법하는 장면이 나온다. 여기서 지금강은 "살생과 거짓말, 타인의 재물에 집착하는 자, 그리고 애욕에 빠져 있으며, 분뇨를 먹는 자 등이야말로 높은 성취를 이루기에 적합하다."라고 말한다. 이에 당황한 보살들은 이것이 부처님이 설한 진리라는 것을 알고서 졸도한다. 이런 파격적인 서사의 배경에는 전통 불교나 기존의 사회 상식에 얽매이지 않고 수행자 집단을 딴뜨라사상과 의례를 통해 불교로 유입시키려는 의도가 바탕에 있다고 이해할 수 있다. 또한 후기밀교보다 앞서 딴뜨리즘 경향의 주축이었던 힌두 딴뜨라 전통에 맞서 불교가 밀교의 교설을 공고히 하던 시대적 배경도 고려되어야 한다.

밀교 수행에 있어서도 신체에서 호흡이 흐르는 통로인 맥관 nāḍi과 이 맥관들을 연결하는 중요한 지점을 지칭하는 짜끄라 cakra가 주요 개념으로 등장하면서, 호흡법을 통해 이들을 활성화시키는 생리적인 기법들이 중요한 수행으로 자리 잡는다. 그리고 이 경전에서 금강승 수행의 핵심사상 중 하나인 '생기차제 生起次第, utpattikrama'와 '구경차제 究竟次第, utpannakrama 혹은 niṣpannakrama'라는 두 가지 차제 dvikrama가 설해진다. 따라서 이에 대한 해석 전통인 즈냐냐빠다 Jñānapāda류와 성자 Āryadeva류의 두 유파가 큰 영향력을 얻게 된다.

요기니-최상승유가딴뜨라

무상요가딴뜨라와 비교해 요기니딴뜨라에서는 여성 존격의 위치가 격상되어 만다라의 본존으로 설해진다. 요기니 혹은 다끼니 ḍākinī와 같은 다양한 여성 존격이 다수 등장하기 시작하며 여성수행자의 역할이 강조된다. 의례에서도 성적인 요소들이 보다 두드러지게 등장하는데, 이는 밀교 수행자가 수행 중에 경험하는 네 가지 환희 歡喜, ānanda를 구체적으로 발전시킨 것이다. 더불어 밀교의 수행방법을 중관과 유식이라는 대승의 철학적 교설로 설명하는 주석서들이 활발하게 제작되었다. 요기니딴뜨라의 대표적인 경전으로는 『헤바즈라딴뜨라 Hevajratantra』와 『짜끄라삼바라딴뜨라 Cakrasaṃvaratantra』, 그리고 『깔라짜끄라딴뜨라 Kālacakratantra』 등이 있다. 후기딴뜨라는 특히 티베트로 전파되어 티베트불교의 중요한 일면으로 자리 잡게 된다.

3) 밀교의 주요 특징

밀교는 복합적이며 다중적인 양상으로 인해 몇 가지 단일한 내용으로 정의하기 어렵지만, 밀교의 대표적인 특징을 열거하면 다음과 같다. 명칭에서도 드러나는 가장 직관적인 밀교의 특징은 '비의秘義'이다. 많은 대승경전들은 권청勸請을 통해 여러 대중이 모인 앞에서 불법을 요청하는 것을 시작으로 하는 반면, 밀교 경전들은 딴뜨라에서 설해지는 의례와 가르침이 허락되지 않은 이들에게 전해지지 않아야 함을 경고한다. 그렇기 때문에 밀교에서는 초심자의 입문을 결정하고 핵심적 가르침을 구전하는 전통의 담지자로서의 스승 ācārya의 역할이 매우 중시된다.

(1) 입문의례

관정灌頂, abhiṣeka이 지니는 중요성은 밀교를 이해하는 데 핵심적이다. 관정을 뜻하는 산스크리트 아비세까 abhiṣeka는 '(머리에) 물을 뿌리다 abhi√sic'에서 파생된 단어로, 고대 인도에서부터 행해지던 왕실의 입문의례에 기인한다. 밀교에서는 재가 혹은 출가의 서원을 세운 것만으로는 밀교수행이 허락되지 않는다. 반드시 금강의 스승 vajrācārya에게 일련의 관정을 받아 입문의례를 거친 불제자만이 밀교수행을 할 자격을 얻게 된다.

입문의례는 각기 전통단계에 따라, 그리고 문헌에 따라 차이를 보인다. 초기밀교의 문헌 중에는 입문의례를 언급하지 않는 경우도 있지만, 중기에서 후기밀교로 넘어가면서 입문의례를 위한 예비적인 단계는 여섯 혹은 일곱 가지의 관정으로 정형화된다.

스승은 제자를 불보살의 존격들이 모셔져 있는 만다라로 이끌어, 제자의 입문을 요청하고 수행의 정당성을 부여하는 과정을 집전한다. 만다라에 들어선 제자는 눈을 가린 채 손에 있는 꽃을 만다라에 던지게 되는데, 꽃이 떨어진 지점은 자신이 속할 불계佛界가 된다. 이는 화환의 관정이라고 불린다. 그 후 스승은 제자의 머리에 물을 뿌려 정화의식을 행하고, 입문 이후의 밀교수행을 위한 금강vajra과 종 건치犍稚, ghaṇṭa을 하사한다. 그리고 금강명金剛名관정의 단계를 통해 제자는 밀교 수행자sādhaka로서의 새로운 이름을 부여받는다. 이 이름은 첫 번째 관정에서 받았던 불계와 연결된다. 후기로 갈수록 정형화된 예비적 관정은 병甁관정으로 재통합되며, 이 위에 상위의 세 가지 관정인 비밀秘密관정, 반야지般若智관정, 제사第四관정이 더해지면서 총 네 가지 관정으로 이루어진 입문의례가 확립되었다.

(2) 만뜨라

밀교수행의 핵심은 바로 진언에 있다고 해도 과언이 아니다. 진언은 단 하나의 음절에서부터 하나의 경전이라고 칭해질 만큼 긴 것을 모두 포함한다. 다라니 dhāraṇī도 큰 의미에서 진언의 한 종류라 할 수 있다. 진언의 암송은 베다 시대부터 인도종교의 핵심 요소이지만, 밀교에서 진언은 특히 의례에 있어서 만다라에 주존主尊을 불러내고, 머물게 하며, 다시 흩어지게 하는 데 쓰인다. 음절 자체가 관상觀想의 대상이 되기도 하고, 신격과 기능에 따라 단음절로 이루어진 종자種子진언이 사용되기도 한다.

(3) 만다라

원圓을 의미하는 산스크리트 maṇḍala를 음사하여 만다라曼茶羅, 曼陀羅라고 한다. 입문의례는 물론이고 다양한 의례 동안에 창조되는 불보살의 존격들을 모시는 성스러운 공간이다. 만다라는 전체 우주를 상징하기도 하지만, 동시에 수행자 개인의 신체를 상징하기도 한다.

만다라의 특징과 존격의 배치 구조는 중앙에 모시는 주존의 성격과 이를 설하는 경전에 따라 달라진다. 기본적으로 주존은 만다라의 정중앙에 모셔지며, 각종 불보살과, 문지기, 공양여존 등의 권속眷屬 신격들이 이를 둘러싼 것으로 구성된다. 관상을 통해 심적으로 구현되기도 하며 실질적인 도상으로 2차원 혹은 3차원적으로도 건립된다. 영구적으로 사찰의 벽화 등으로 그려지는 것도 있지만, 모래만다라와 같이 일시적으로 의례 동안에만 만들어지는 것도 있다. 인도네시아의 보로부드르Borobudur와 같은 대규모의 건축물도 일종의 불교 만다라를 구현한 것이다. 이러한 만다라의 구축은 대승불교의 정토세계 구축과도 사상적으로 관련된다.

동아시아에서는 『대일경』에 근거한 태장계 만다라와 『금강정경』에 근거한 금강계만다라가 널리 사용되며, 티베트불교에서는 후기밀교의 깔라짜끄라만다라 등이 대표적으로 잘 알려져 있다.

(4) 사다나

특정 존격에 초점을 맞춰 특별한 목적으로 행해지는 수행인 사다나 sādhana는 성취법成就法이라 의역된다. 보통 예비단계와 주요한 관상단계, 그리고 최종단계의 세 단계로 이루어진다. 예비단계에서는 진언이나 수인 등을 통해 보리심과 같은 이타심을 고양시키는 의례가 행해진다. 이를 통해 사다까sādhaka, 사다나를 행하는 자라고 불리는 밀교 수행자는 사물의 본질적인 상태인, 공성과 청정성을 환기한다. 그리고 주존을 관상하는 다소 복잡한 과정인 본존요가를 거쳐 목표를 성취한다. 이는 '지혜의 존재 jñāna-sattva'라고 표현되는 본존의 본래적 상태를 관상수행을 통해 수행자의 눈앞에 현현하게 되는 '규약적 존재 samaya-sattva'로 변화시키는 과정인 생기차제와, 그다음의 최종단계로 수행자 자신이 진정으로 존체 자체로서 변화하는 과정인 구경차제라는 주요한 두 단계로 구성된다. 이러한 설명은 매우 대략적인 개괄로서, 실제 사다나의 종류는 광범위하며 내용과 구성적 변주 또한 매우 다양하다.

4) 밀교의 역할과 전개

(1) 밀교의 의의
불이不二적 관점에서 부정적 요소의 재평가

밀교 이전의 불교에서 인간의 몸, 신체란 불청정성不淸淨性과 무상을 관찰할 수 있는 대상이었다. 하지만 밀교에서 신체는 깨달음을 통한 지복至福의 경험을 가능하게 하는 긍정적인 대상이다. 동일선상에서 갈애渴愛와 같이 번뇌를 일으키는 뿌리 또한 깨달음의 대락大樂을 위한 강력한 방편이 된다. 요기니딴뜨라의 대표적 경전인 『헤바즈라딴뜨라』의 "세간은 애욕에 의해 속박되지만, 그 애욕에 의해서 또한 해탈된다."라는 구절은 바로 이를 명확히 보여 준다.

즉신성불을 통한 깨달음

밀교의 의례는 주존의 관상을 통해 수행자 자신이 주존과 하나가 되는 과정이라고 할 수 있다. 관상은 불수념佛隨念 수행과 관련이 있지만, 주존과의 일체화는 밀교 고유의 것이다. 자성 혹은 주객의 이원성, 아니면 청정과 부정이라는 모든 것이 공하다는 것을 깨닫는 일련의 과정이다. 깨달은 인식에서 보면 수행자가 바로 다름 아닌 부처라는 견지가 여기에 깔려 있다.

(2) 밀교의 전파

인도밀교의 영향은 인도를 넘어서 티베트와 동아시아로 넓게 퍼져 나갔고, 지역적 특징에 맞게 발전하게 된다. 전승 방향에 따라 북과 남, 그리고 동쪽으로 구분된다. 북쪽 전승은 실크로드를 따라 인도 중심에서 카슈미르나 간다라 등의 북부 루트로 투르판이나 돈황 등을 거쳐 구법승들을 통해 중국으로 전승된 것이다. 남쪽 전승은 동인도와 남인도의 해양교역로를 따라 자바를 거쳐 중국 등으로 퍼진 밀교를 말한다. 동쪽 전승은 인도 본토에서 네팔을 거쳐 티베트로 전승된 밀교로, 엄밀하게 말하면 동북쪽 방향의 전승이라 할 수 있다.

밀교는 중앙아시아 무역로인 실크로드와 동남아시아를 거치는 바닷길을 통해 중국에 뿌리를 내렸고, 당나라 왕실의 전폭적 지지를 받기도 했다. 그리고 이는 일본과 한국에도 학파로서 전파되었다. 일본의 진언종은 구카이空海, 774~835스님을 시조로 꽃피우게 된다. 동아시아의 밀교는 특히 중기밀교의 『대일경』계와 『금강정경』계에 큰 영향을 받았다.

지리적으로 인도에 접해 있는 티베트는 오랜 시간을 거쳐 지속적으로 인도밀교의 영향을 지대하게 받았다. 중·후기밀교의 수많은 문헌들이 티베트어로 번역되었고, 밀교는 티베트불교를 정의하는 특징으로 자리 잡았다.

제4장

동아시아 대승불교

1. 동아시아 대승불교의 전개

2. 천태사상

3. 화엄사상

4. 정토사상

5. 대승불교와 선사상

1. 동아시아 대승불교의 전개

1) 동아시아불교에서 중국불교의 위치

(1) 불교의 중국 전파와 주요 역경가

 인도불교가 중국에 전파될 수 있었던 것은 기원전 2세기 말에 중앙아시아를 횡단하는 동서 교통로가 열렸기 때문이다. 이즈음에 서쪽의 로마제국에서부터 동쪽으로 중국 장안長安에 이르는 실크로드가 열렸고, 이 실크로드에 의해 통상교역이 확대되었다.

 불교는 서북 인도에서 아프가니스탄, 파키스탄 지방으로 전파되었고, 실크로드를 따라 상거래를 하던 대상隊商에 의해 점차로 중국에 전파되었다. 그리고 불교는 중앙아시아의 실크로드를 통해서만 전파된 것이 아니고, 남부해로南部海路를 통해서 베트남을 경유하여 중국 남부에도 전해졌다.

 중국불교의 초기에 역경을 한 사람은 주로 실크로드에 속해 있던 나라의 출신이었다. 이는 불교의 전파에서 볼 때 자연스러운 현상이다. 여기에서는 중국불교의 전파에 지대한 역할을 했던 수·당 이전의 주요 역경가를 중심으로 살펴보겠다.

 우선 안세고安世高스님은 중국불교사에서 최초의 번역가로 유명한 인물이다. 안세고스님은 안식국安息國, 파르티아의 태자로 태어났지만 왕위를 숙부에게 양보하고 불교를 공부하고자 여러 나라를 돌아다녔다. 그래서 그는 서역의 여러 나라 풍속에 대해 잘 알고 있었고, 여러 나라의 말을 잘하였다. 그러다가 148년후한 건화2에 낙양으로 왔다. 그 후 20여 년 동안 30여 부의 경전을 번역하였다. 당시 안식국에서는 설일체유부의 소승불교가 강한 세력을 가지고 있었고, 그에 따라 안세고스님도 선관禪觀,『아함경』이나 아비담학阿毘曇學, 아비달마에 이해가 깊었다. 스님의 번역 가운데 '선경'에 대해서는『안반수의경安般守意經』,『음지입경陰持入經』,『선행법상경禪行法想經』,『대도지경大道地經』 등이 있으며, '『아함경』'과 '아비달마'에 관해서는『인본욕생경人本欲生經』,『십보경十報經』,『보법의경普法義經』,『사제경四諦經』,『칠처삼관경七處三觀經』,『팔정도경八正道經』,『전법륜경轉法輪經』,『아비담오법경阿毘曇五法經』 등이 있다.

그다음으로 지루가참支婁迦讖, Lokakṣema스님은 대월지국大月氏國: 기원전 3세기~1세기경에 북아시아와 중앙아시아에 있었던 유목민족의 국가 출신이고 한나라 환제桓帝의 말기에 낙양에 와서 영제의 광화178~183와 중평184~189연간에 대승경전을 번역하였다. 그것은『도행반야경道行般若經』,『수능엄경首楞嚴經』,『반주삼매경般舟三昧經』,『아촉불국경阿閦佛國經』 등이다.

앞에 소개한 안세고스님은 주로 소승의 아비달마 계열의 경전을 번역하였고, 그에 비해 지루가참스님은 대승경전을 번역하였다. 그 이유의 하나로 안세고스님 출신지인 안식국에서는 소승불교가 성행하였고, 지루가참스님 출신지인 대월지국에서는 대승불교가 융성하였다는 점을 들 수 있다.

중국을 대표하는 역경가는 구마라집鳩摩羅什, Kumārajīva, 344~413

또는 350~409스님이라 할 수 있다. 구마라집스님은 구자국에서 태어났다. 그의 아버지는 천축인도사람이고 어머니는 구자국왕의 누이동생이다. 구마라집스님의 어머니는 그를 낳은 뒤에 출가하고 싶어 했지만, 그의 아버지는 아들을 한 명 더 낳을 때까지 허락하지 않았다. 스님은 7세에 어머니를 따라 출가해서 경전을 배웠는데 날마다 천 개의 게송을 읽었다고 한다. 9세에는 출가한 어머니와 함께 계빈국카슈미르으로 와서 반두달다槃頭達多스님에게 『중아함경』과 『잡아함경』을 배우고, 12세에 어머니와 구자국으로 돌아오는 길에 소륵疏勒, 카슈가르Kashgar에 들렀다. 소륵에서 1년 동안 머물면서 소승불교 논서인 '아비담'과 '육족론' 등과 『증일아함경』을 읽었다. 또 베다와 오명五明, 음양성산陰陽星算의 여러 학문도 널리 공부하였다. 그는 소륵에서 수리야소마須利耶蘇摩스님에게 대승의 가르침을 배워서 『중론』과 『백론』을 읽었다. 그 후 『십송율』을 배우고, 구자국의 신사新寺에 머물면서 『방광반야경』을 배우고 여러 대승경전과 논서에 대한 안목을 얻었다. 한편 계빈국의 옛 스승 반두달다스님은 구자국으로 와서 구마라집스님에게 대승의 가르침을 배웠다고 한다. 그로 인해서 대승불교학자로서 구마라집스님의 명성이 서역제국에 널리 퍼졌다.

후진後秦의 요흥姚興은 401년에 구마라집스님을 장안에 모셔왔다. 그는 구마라집스님을 국사의 예로 대접하였고, 서명각西明閣과 소요원逍遙園에서 경전과 논서를 번역하게 하였다. 그 후 12년 동안 스님은 번역과 강의에 전념했고, 그의 문하에 3천 명의 인재가 몰려들었다.

스님이 번역한 경전은 후대의 중국불교에 큰 영향을 주었다. 『중론』, 『십이문론』, 『백론』의 삼론三論은 삼론종의 소의경전이 되었고, 『대지도론』도 위의 삼론과 함께 사론四論학파를 형성하게 하였으며, 『대지도론』과 『법화경』은 천태종을 열게 하는 근거가 되었고, 『성실론』은 성실학파로 이어진다. 그 밖에 『아미타경』이나 『십주비바사론』은 정토교의 소의경전과 논서가 되었고, 『미륵성불경』은 미륵신앙의 발달로 이어졌으며, 『좌선삼매경』 등은 보살선菩薩禪이 탄생하도록 하였고, 『범망경』은 대승계율을 전하였으며, 『십송율』은 율학연구에 자료를 제공하였다.

그다음으로 뛰어난 중국의 역경가로 거론할 수 있는 인물이 진제 眞諦, Paramārtha, 499~569스님이다. 스님은 서천축 우선니국優禪尼國, Ujjayanī 출신이다. 양나라 무제가 부남국扶南國에 이름난 스님을 초빙하여, 진제스님은 546년에 남해에 도착했으며 548년에 건강에서 양무제를 만났다. 양무제는 스님을 번역 책임자로 하여 대규모의 번역 사업을 시도하려고 하였지만, 548년에 일어난 반란으로 인해서 무제의 계획은 이루어지지 못했다. 불안정한 시대 상황으로 인해 그는 여러 곳에서 유랑생활을 하였다.

548년에 발생한 반란을 피해서 스님은 부춘富春으로 이주한다. 이곳에서 그는 『십칠지론』 5권, 『결정장론』 2권, 『대승기신론』 등을 번역하였다. 552년에 스님은 건강으로 돌아와서 『금광명경』 7권을 번역하였으며, 554년 2월 예장豫章으로 이주해서 『미륵하생경』을 번역했고, 또 신오新吳로 가서 미업사美業寺에서 『9식의기』 2권 등을 번역했다. 이후 그는 신오, 시흥始興, 남강南康으로 돌아다니면서 『무상의경』 2권을 번역하였다. 558년 예장으로 옮기고 다시 임천군으로 옮겨서 『중변분별론』 2권을 번역하였다.

이처럼 유랑하는 삶에 지친 진제스님은 세 차례 인도로 돌아가고자 하였으나 뜻을 이루지 못했다. 562년 그는 실제로 인도로 가는 배에 올랐지만 태풍으로 인해 남해에서 멈출 수밖에 없었다. 563년에 『섭대승론』 3권과 『섭대승론석』 12권을 번역했다. 564년에는 『구사론게』 1권, 『구사론』 22권, 『구사론의소』 53권을 번역했다.

(2) 중국불교의 특징

불교는 서력기원을 전후해서 중국에 전래되었다. 이후 공空, 반야般若 등 인도불교의 난해한 용어를 어떻게 중국말로 번역할 것인지가 문제로 다가왔다. 위진시대에는 현학玄學과 청담淸談사상 등이 유행하였으므로, 중국인들은 그들에게 익숙한 청담에 바탕을 둔 노장사상이나 유교사상의 용어나 개념을 빌어 불교를 이해하고자 하였다. 이를 격의불교格義佛敎라 한다. 중국사상의 의미와 용어에 맞추어 설명한 불교라는 뜻이다. 공空을 무無, 깨달음을 도道라고 한 것이 그 대표적인 예이다. 이러한 풍조 속에서 불교가 중국의 청담 문화에 그 깊이를 더했지만 무는 공을 제대로 담아낼 수 없기에 사상적 변용이 일어날 수밖에 없었다. 이러한 격의불교의 흐름을 바로잡은 인물로서 승조僧肇, 384~414스님이 널리 알려졌다.

승조스님은 경조京兆사람으로 집이 가난하였기 때문에 책을 필사해서 생활을 유지하였다. 그 때문에 경전과 역사서 등의 고전에 깊은 이해를 할 수 있었다. 특히 스님은 『노자』와 『장자』를 좋아하였다. 그러나 그는 오吳의 지겸支謙이 번역한 『유마경』을 읽고서 환희심을 내고 "처음으로 돌아갈 곳을 알았다."라고 하였다. 20세 무렵에는 장안에서 다른 사람이 시기할 정도로 명성을 얻었고, 당시의 유명인사와 교유하며 지냈다. 구마라집스님이 형주의 고장姑藏에 있다는 소식을 듣고 그곳으로 가서 그의 문하에서 공부하였고, 구마라집스님이 장안으로 가게 되자 스승을 따라 장안으로 와서 승예僧叡 등과 함께 구마라집스님의 번역작업을 도왔다.

『대품반야경』이 번역될 무렵인 405년을 즈음해서 그는 『반야무지론般若無知論』을 저술해서 구마라집스님에게 보여 주었는데, 구마라집스님은 "나의 해석은 서술할 것이 없다. 그대의 말로 의미를 취해도 좋다."고 하면서 매우 칭찬했다고 한다. 그의 저서로는 『조론肇論』, 『유마경주維摩經注』, 『백론서百論序』, 『장아함경서長阿含經序』 등이 있다. 그리고 『조론』은 『반야무지론』405년, 『부진공론不眞空論』409년, 『물불천론物不遷論』409년, 『열반무명론涅槃無名論』413년으로 구성되어 있다.

승조스님에 의해 격의불교가 바로잡힌 이후, 중국에서는 불교가 뿌리를 내리면서 더욱 발전해 나갔다. 그러면서 몇 가지 주요 현상이 생겨났다. 그 가운데 우선 거론할 수 있는 것이 위경僞經의 성립이다. '위경'은 인도문화권에서 성립된 것이 아니고, 중국에서 작성된 경전을 말한다. 대표적으로 『부모은중경父母恩重經』을 들 수 있다. 초기불교에서도 부모와 자식 간의 윤리에 대해 말하고 있지만, 그것은 쌍방이 서로 자신의 도리를 다할 것을 말하는 것이었고, 중국의 유교에서 말하는 가부장적 효孝사상과는 다른 것이었다. 그래서 중국문화에 적응하기 위해 불교에서는 『부모은중경』을 제작해서 유교의 효孝사상을 받아들였다. 나아가 5계五戒와 5상五常이 같은 내용이라는 견해가 불교와 유교 쪽에서 서로 제시되기도 하였다.

그리고 인도불교와 구분되는 중국불교의 현상으로 많이 거론되는 것은, 불교교단과 국가권력의 관계에서 볼 때 중국불교는 국가권력에 종속적인 위치에 있었다는 점이다. 인도불교에서는 이념적으로 불교교단은 세속의 왕권과 관련이 없고, 실제로 세간의 정치가 불교교단에 간섭하는 일이 없었다. 그에 비해 중국에서는 왕권이 강하였기 때문에 불교교단은 지배권력과 타협하지 않을 수 없었다. 물론 동진東晉의 혜원慧遠, 334~416스님은 불교의 출세간성出世間性이나 초월성을 강조하기도 하였지만, 북조에서는 '제왕 곧 여래'라는 관념이 유행하였고, 이런 관념이 수나라와 당나라 시기의 불교에 큰 영향을 주었다. 이와 관련된 내용을 좀 더 자세히 살펴보겠다.

출가한 사문승려이 왕에게 절을 해야 하는지에 대해 논쟁이 생겨났고, 이것의 대표적 사례가 402년에 발생한 환현桓玄과 여산 혜원스님의 논쟁이다. 환현은 동진의 제위를 넘보는 야심가였고, 실제로 403년에 왕위에 올랐지만, 그 이듬해 의병에게 쫓겨 36세의 젊은 나이에 죽음을 맞이한 인물이다. 환현은 402년에 사문답지 못한 자를 승가에서 쫓아내라는 추방령을 내린 인물이기도 하다. 환현은 "임금은 사물을 다스릴 임무를 가진 존재이기 때문에 존경할 가치가 있다."라고 주장하였다.

이에 대해, 혜원스님은 세속에 사는 재가자와 출세간의 영역에 속하는 출가자를 구분하여, 재가자는 임금에게 충성을 다해야 하지만, 출가자는 세간의 영역을 벗어난 사람이므로 임금의 교화를 받을 필요가 없다고 반론하였다.

그리고 당나라 시대에 들어서면, 이 시기의 중국불교는 인도식 불교의 양상을 벗어나 중국사회의 양식에 적응하였다. 따라서 일부 스님들의 반대가 있다고 해도 커다란 흐름에서는 문제가 되지 못하였고, 점차적으로 불교는 국가권력에 종속되었다.

그 밖에 인도불교와 구분되는 중국불교의 현상은 교상판석敎相判釋을 중심으로 한 종파宗派불교가 성립하였다는 점이다. 교상판석을 줄여서 '교판敎判'이라고 한다. 이는 경전의 내용을 어떤 기준에 근거해서 분류하고 평가하는 것을 의미한다. 중국에 전해진 경전은 인도불교의 역사적 발전에 대응하여 전해진 것이 아니었다. 초기불교의 경전이나 대승불교의 경전이 순서에 맞추어서 전해진 것이 아니고, 무작위로 소개되었기 때문에 한문으로 번역된 한역경전漢譯經典을 체계적으로 이해하기 어려웠다. 이렇게 전래된 불교경전들을 체계화하고 평가하는 작업이 필요했고, 이러한 작업, 곧 '교판'에 근거해서 여러 종파불교가 성립되었다.

사상의 측면에서 중국불교는 출세간보다 세간世間에 비중을 두는 경향이 강하다. 인도불교는 대체로 출세간적 경향을 띠었다고 평가할 수 있다. 그에 비해 중국의 문화는 현세간現世間에 의미를 두고 있으므로, 중국불교는 세간에 강조점을 두는 이념체계를 갖추게 되었다. 특히 이렇게 세간에 비중을 두는 종파는 '선종禪宗'이라고 할 수 있다.

(3) 중국불교의 역사적 의의

앞에서 중국불교의 특징적 모습에 대해 살펴보았는데, 여기에서는 한 걸음 더 나아가 중국불교의 역사적 의의에 대해 검토하고자 한다.

무엇보다 중국불교는 동아시아에 불교를 전파하였다. 중국불교는 대승불교 중심의 불교문화이고, 한역대장경漢譯大藏經에 근거한 불교문화이기도 하다. 이에 기반해서 동아시아에 불교를 전파하며, 특히 한국불교와 일본불교에 지대한 영향을 미쳤다는 점에서 중국불교의 역사적 의의를 찾을 수 있다.

중국에 전래된 불교경전은 다라니진언를 제외하고 전부가 한문으로 번역되었다. 이는 중국문자에 대한 우월감과 자부심, 곧 중화의식中華意識이 드러난 것이라고 할 수 있다. 그래서 자신의 언어인 한문으로 불교를 이해하고자 하였다. 그로 인해 중국에 불교가 전파될 초기부터 당나라 시대에 이르기까지 불교경전을 한문으로 번역하는 것이 중요한 사업이 되었다. 한문으로 번역한 이들 경전이 토대가 되어서 형성된 것이 한역대장경이다.

한역대장경은 중국불교의 총집합이라고 할 수 있다. 많은 분량의 책을 인쇄할 수 있다는 것은 곧 그 나라 문화의 저력을 보여 주는 것이다. 인쇄사업이 가능하기 위해서는 그 기반이 되는 문화인프라가 깔려 있어야 한다. 대장경을 인쇄해서 제작하는 사업 속에는 수많은 고승과 신심 있는 재가신도의 활동이 녹아들어 있고, 그 당시 사회적·문화적 힘이 집결되어 있다. 이런 관점에서 본다면, 한역대장경은 중국불교의 모든 것이라고 불러도 좋을 것이다. 또한 중국의 한역대장경은 한국에서 고려대장경과 일본에서 대장경을 만드는 데 큰 영향을 주었으므로 한역대장경은 사실상 중국의 것만이 아니라 동아시아 문화의 보고寶庫라고도 볼 수 있다. 따라서 한역대장경은 인도불교가 중국에 전래되어 형성된 불교문화의 총집합이고, 이는 불교문화만이 아니라 중국과 한국과 일본의 문화를 더욱 풍요롭게 해 줄 수 있는 근원지 역할을 하는 것이다.

앞에서 말한 것처럼, 중국불교는 대승불교 중심의 불교문화이다. 인도불교의 발전단계를 보자면, 초기불교에서 부파불교를 거쳐서 대승불교로 진입하였지만, 인도에서 중국으로 불교가 전파될 때에는 대승불교가 중점적으로 전파되었다.

그리고 불교가 중국에서 주류종교로 성장해 가면서 불교는 중국문화에서 종교사상이나 종교문화의 부족한 측면을 보완하는 역할을 하기도 하였다. 중국에서 불교를 수용함으로써 중국의 사상계도 더 풍부해질 수 있었다. 유교의 경우, 송나라 주자학朱子學과 명나라 양명학陽明學이 형성되는 데 불교가 일정 부분 영향을 미치기도 하였다. 또 도교의 경우에는 도교의 의례와 도교의 사상을 형성하는 데 일정 부분 영향력을 발휘하였다.

불교가 중국에서 뿌리를 내리면서 영향을 미친 것이 종교의 측면에만 있는 것은 아니다. 중국불교는 중국의 미술공예, 천문역수天文曆數, 음악과 의학 분야에도 영향을 미쳤다. 중국에 전파된 불교문화에는 인도와 서역의 문화적 요소들이 있었고, 이런 점이 중국문화를 더욱 다채롭게 하였다.

불교가 중국에 정착하면서 자연스럽게 불교는 중국의 인생관과 서민의 신앙생활에도 영향력을 행사하였다. 송나라 이후 불교는 유교, 도교와 함께 생활의 지혜로 정착이 되었고, 그에 따라 명나라 시대에는 『채근담菜根談』과 같은 인생 철학을 말하는 책이 형성되는 데 일정 역할을 담당하였다. 또한 일반 서민은 관제關帝, 관우와 관세음보살을 동시에 받아들여 신앙하였다. 이러한 점은 불교가 중국문화에 스며들어가 중국문화의 한 부분이 되었음을 보여 주는 사례이며, 중국불교의 역사적 의의라고 할 수 있는 대목이다.

2) 한국불교의 특징과 역사적 의의

한국불교는 삼국시대에 전파되었고, 통일신라시대에 원효대사와 의상스님 등의 활약으로 교학적으로 발전하였다. 통일신라시대 말에 중국에서 선종이 들어와서 신라 말과 고려 초에 9산선문으로 정리되었다. 고려시대에는 교종의 여러 흐름과 선종이 함께 발전하였다. 조선시대에는 숭유억불崇儒抑佛의 기조를 나타내면서 불교는 억압을 받고 세력이 부진하였다.

이러한 과정을 거친 한국불교는 다른 나라의 불교와 다른 특징적 모습을 지니고 있다. 우선 회통불교會通佛敎 또는 화쟁불교和諍佛敎이다. 이는 불교 안에서 충돌할 수 있는 사상적 문제를 완전하게 극복하고 이론과 실천을 하나의 체계로서 융합融合한 것이다. 그 예로서 원효대사의 화쟁사상, 대각국사 의천스님의 선교일치禪敎一致, 보조국사 지눌스님의 선교일치, 조선조 후기에 교학, 염불, 참선이 동시에 수용되는 현상 등을 거론할 수 있다. 원효대사의 화쟁사상은 『대승기신론』의 일심이문一心二門에 기초해서 다른 불교사상을 포용한 것이라고 할 수 있고, 지눌스님의 선교일치는 선종의 돈오점수頓悟漸修가 이통현李通玄, ?~730장자의 화엄사상에도 나타난다는 것이다.

이처럼 한국불교에서는 불교이론이나 불교종파 사이에 서로 충돌하는 지점이 있을 때, 적극적으로 소통시키려는 노력을 기울였다. 이와 같이 소통하고 대화하려는 자세는 현대에도 여전히 요구되는 덕목이기도 하다.

호국불교護國佛敎도 한국불교의 특징이다. 여기서 말하는 호국불교는 '나라가 외침을 당하였을 때, 또는 나라가 위기에 처했을 때에 나라를 구하고 지키는 불교인의 활동'이다. 고려시대에는 북방 유목민족의 잦은 침입이 있었는데, 승려나 승군僧軍이 이런 국가 위기 상황이나 혼란의 상황에 전쟁에 직접 참여한 사례가 적지 않았다. 조선시대에는 임진왜란과 병자호란 때에 승군이 적극적으로 활동하였다. 선조는 1592년 7월 청허 휴정淸虛 休靜, 1520~1604대사에게 팔도 십육종도총섭八道十六宗都摠攝의 직책을 수여하고 국가의 위기를 맞아서 승군을 동원하도록 하였다. 휴정대사는 전국 사찰에 격문을 돌려서 5천여 명의 승군을 소집하였는데, 황해도의 의엄義嚴스님, 관동강원도 대관령의 동쪽의 사명 유정대사, 호남의 뇌묵 처영雷默 處英스님 등 각지의 승장들이 승군을 이끌었다.

특히 사명 유정四溟 惟政, 1544~1610대사는 휴정대사의 수제자로, 임진왜란에서 가장 큰 공을 세운 충의忠義의 스님으로 명성을 떨쳤다. 유정대사는 강원도에서 8백 명의 승군을 모아 휴정대사를 대신해서 직접 전투에 참여하였다. 그리고 산성을 축조하고 군량을 조달하는 일 등에서 큰 역할을 담당하였다. 특히 일본군과 강화교섭을 하는 과정에서 조정을 대표해 적장을 만났고, 정세를 분석하고 대비책을 임금에게 보고하기도 하였다. 또한 그는 전후에 일본에 사신으로 파견되어 국교를 재개하는 문제와 포로를 조선으로 돌려보내는 일 등의 외교문제를 처리하기도 하였다.

나아가 호국불교는 공동체가 어려움에 처했을 때, 적극적으로 참여해서 극복해 나간다는 것으로 바꾸어 말할 수 있다. 한국불교는 한반도에 발생한 여러 어려움을 극복하기 위해 함께 노력해 왔다.

불교가 한반도의 다른 종교문화와 교섭할 때에 조화와 공존의 관계를 모색했다는 점도 한국불교의 특징이다. 그 대표적 사례로 독성각, 산신각, 칠성각의 삼신각三神閣을 거론할 수 있다. 이는 한반도에 등장한 여러 신앙적 대상을 대결 구도로 받아들이지 않고, 불교 안의 문화로서 포용한 사례라고 할 수 있다.

이처럼 불교에서 다른 종교문화와 교섭할 때 대결보다는 조화와 공존의 관계를 추구한 것도 주목할 만한 점이다. 이러한 태도는 다른 종교와의 공존이 필요한 현대에서는 더욱더 요청되는 덕목이라 할 수 있다.

3) 일본불교의 특징과 역사적 의의

불교가 일본에 전해진 것은 5세기 초라고 한다. 일본불교가 자신의 색깔을 잘 드러낸 것은 헤이안시대로, 이때 사이쵸最澄스님의 천태종과 구카이空海스님의 진언종이 성립되었다. 그다음 가마쿠라시대에 여러 실천불교 맥락의 종파가 성립되었다. 이후 에도시대에 일본불교는 그 세력을 유지해 나갔다.

구카이스님의 진언종眞言宗과 사이초스님의 천태종의 공통분모는 밀교라고 할 수 있는데, 이러한 밀교 문화에 일본불교의 특징적 모습이 있다. 진언종은 밀교이고, 일본의 천태종은 천태사상에 밀교를 융합한 것이어서 '천태밀교'라고 부른다. 동아시아불교에서 오늘날까지 전통의 밀교가 제대로 남아 있는 곳이 일본불교이다. 밀교는 인도에서 실천불교로서 제시된 것이기 때문에 일본불교는 그만큼 실천 지향성을 갖는다고 평가할 수 있다.

가마쿠라시대에는 여러 실천불교를 지향하는 불교종파가 등장하였다. 각각의 불교종파에서 깨달음을 얻는 방법을 제시하고 있는데, 이처럼 깨달음을 얻는 방법에 의거해서 종파불교가 전개되었다는 점에 일본불교의 특징이 있다. 가마쿠라시대의 실천불교는 정토종 계열, 선종 계열, 일연종日蓮宗이다. 정토종 계열에서는 정토종淨土宗, 정토진종淨土眞宗, 시종時宗이 생겨났고, 선종 계열에서는 임제종臨濟宗, 조동종曹洞宗이 등장하였다. 이러한 일본의 여러 종파불교는 깨달음을 추구하는 방법을 강조하고 있다. 이 점은 한국불교에서 회통불교 또는 화쟁불교를 강조한 것과 대조된다.

또한 일본에서 불교가 뿌리를 내리면서 일본불교만의 독특한 신불습합神佛習合이 등장하였다. '신불습합'은 일본의 전통적인 신기神祇신앙과 불교가 복잡한 형태로 결합하고 그 결과 독특한 신앙의 모습이 생긴 것이다. 이것이 10세기에 접어들면서 본지수적本地垂迹의 단계로 전환되었다. 이는 중심적 위치에 있는 불보살佛菩薩이 중생을 구제하기 위해서 임시로 전통적 신神의 모습으로 나타났다는 것이다. 그래서 '본지수적'은 불보살을 우위에 두면서도 불보살과 전통적 신神이 다르지 않음을 말해 준다.

이 '신불습합'에 영향을 받아서 수험도修驗道, 슈겐도가 등장하였다. 수험도는 불교와 산악山岳신앙이 결합한 신앙형태로, 산악을 걷는 것을 수행으로 삼는다. 수행자가 산山에 들어가면 그 수행자는 이미 보통 사람이 아니고 비로자나불이며, 그 수행자가 들어간 산도 단순한 산이 아니고 자연의 만다라이다.

근대시기에 들어서 메이지 유신 때에 일본불교는 탄압을 겪었는데, 그 시기는 1870년에서 1872년까지이다. 중국과 한국불교와 비교할 때, 상대적으로 탄압받은 시기는 매우 짧고 탄압받은 강도도 훨씬 약하다고 할 수 있다. 이러한 불교탄압 사건으로 인해 불교계가 각성하였고, 그 결과 일본은 서구의 불교문헌학을 수용해서 현대 불교학의 토대를 세우는 데 결정적 역할을 하였다.

2. 천태사상

1) 『법화경』의 성립과 특징

『법화경』은 경전의 왕이라고 말해질 정도로 불교 경전 중에서 널리 읽히고 있는 경전이고, 독송하기에 아름다운 경전이며, 더 나아가 『법화경』 안에서는 간직하고 독송하는 공덕에 대해 많이 말하고 있다.

『법화경』의 성립에 대해서 일본학계에서 가장 인정받고 있는 학설은 타무라 요시로오田村芳朗의 주장이다. 그는 『법화경』 2장에서 9장까지를 제1류, 10장에서 21장 「촉루품」과 1장인 서장을 제2류, 제22장부터 제27장까지를 제3류로 구분하였다. 그렇지만 이러한 주장에 대해 좀 더 세밀하게 검토할 필요가 있다.

이 『법화경』의 텍스트에는 다음의 종류가 있다. 첫째 산스크리트본으로 이는 발견된 지방에 따라 네팔계, 카쉬미르계, 중앙아시아계로 구분된다. 둘째 축법호스님이 한역한 정법화경正法華經 10권286년, 셋째 구마라집스님의 묘법연화경妙法蓮花經 8권406년, 넷째 사나굴다闍那堀多스님이 한역한 첨품묘법연화경添品妙法蓮花經 7권601년 등이 있고, 다섯째 티베트역본이다.

이 가운데에서 한역 경전으로 가장 널리 읽히는 경전은 구마라집이 번역한 『묘법연화경』이고, 여기서는 이 『묘법연화경』(이하 『법화경』)에 의거해서 논의를 전개하겠다.

삼승三乘의 가르침은 일승一乘으로 돌아간다.

부처님의 가르침은 여러 종류 삼승의 가르침가 있지만, 궁극에는 근본적 가르침인 일승一乘으로 돌아간다. 부처님의 가르침에 여러 종류가 있는 것은, 중생의 능력과 소질을 의미하는 근기根機가 여러 종류이므로, 거기에 맞추어서 부처님이 가르침을 펼치다 보니 그러한 결과가 생긴 것뿐이다. 결국 모든 가르침의 목적은 중생을 부처가 되게 하는 데 있고, 이것이 일승의 가르침이다.

앞에서 살펴본 대로, 『법화경』의 핵심적 내용은 삼승의 가르침이 궁극에는 일승으로 돌아간다는 것이다. 이 내용을 『법화경』에서는 비유로 다시 표현하고 있다. 그 내용은 모두 4개의 품品, 곧 「비유품」, 「신해품」, 「약초유품」, 「화성유품」에 나타난다.

첫째, 「비유품」에서는 '불타는 집 화택火宅'의 비유를 제시한다. '불타는 집'에서 어린아이들이 놀이에 빠져서 위험한 줄 모르고 있으므로 아버지가 이들을 구해 내기 위해 방편을 제시한 것이다. 여기서 '아버지'는 부처님을 비유한 것이고, '어린아이들'은 중생을, 방편으로 제시한 '양의 수레', '사슴의 수레', '소의 수레'는 삼승의 가르침을, '큰 흰 소의 수레'는 일승의 가르침을 비유한다.

둘째, 「신해품」에서는 '궁핍한 자식'의 비유를 말한다. 이는 장자가 아들을 잃어버렸는데, 그 아들을 다시 찾는 과정을 밝힌 것이다. 아들은 처음에는 하인에서, 그다음 재산관리인으로, 그다음에는 아들로 인정받는 단계를 거친다. 여기서 '장자'는 부처님을, '아들'은 중생을 비유한 것이다.

셋째, 「약초유품」에서는 '한 가지 비에 모든 초목이 다 적셔진다.'는 비유를 제시한다. '비'는 부처님의 가르침을 비유한 것이고, '여러 가지 초목'은 부처님의 가르침을 듣는 중생을 비유한 것이다.

넷째, 「화성유품」에서는 '임시로 성을 만들어 피곤한 중생을 쉬게 한다'는 비유를 말한다. 이 비유는 길잡이가 많은 사람을 이끌고 가다가 중간에 방편으로 성을 만들어서 쉬고 갈 수 있도록 했다는 내용이다. 여기서 '길잡이'는 부처님을, 이 길잡이가 방편의 힘으로 만든 '성'은 소승의 가르침을, '많은 사람'은 중생을 비유한다.

구원실성久遠實成의 부처님

『법화경』에서는 부처님은 오래전부터 이미 성불한 존재, 곧 '영원한 붓다'라고 밝히고 있다. 이 내용을 『법화경』에서는 다음과 같이 말한다.

> 부처님이 말하기를 "너희들은 여래의 비밀한 신통의 힘을 살펴 들어라. 모든 하늘세계 사람과 인간세계의 사람과 아수라가 말하기를 '지금의 석가모니 부처님은 석씨釋氏의 궁전에서 나와 가야성으로 가서, 그 가야성에서 멀지 않은 곳에 있는 도량에 앉아 위없는 깨달음을 얻었다'라고 한다. 그러나 선남자야! 나는 실제로 부처가 된 지 헤아릴 수 없고, 끝없는 세월이 흘렀다."라고 하였다.
> – 『묘법연화경』 제5권 「여래수량품」

상불경보살

상불경보살常不輕菩薩은 『법화경』의 이상적 인간상이다. 상불경보살은 만나는 모든 사람을 다 공경한다. 그 이유는 이 모든 사람이 다 부처가 될 것이기 때문이다. 상불경보살은 모든 사람을 공경한다는 이유로 인해서 여러 사람에게 핍박을 받는다. 그러나 상불경보살은 이러한 핍박에도 아랑곳하지 않고 꿋꿋하게 모든 중생을 공경한다. 모든 중생에 대해 공경하는 사람이 『법화경』에서 말하는 이상적 인간상이다.

수기사상

수기授記는 미래에 부처가 될 것이라고 인정하는 것이다. 『법화경』에서 '수기'의 대상은 점점 확장된다. 제3 「비유품」에서는 사리불에 대한 수기가 있고, 제6 「수기품」에서는 대가섭大迦葉, 수보리須菩提, 대가전연大迦戰延, 대목건련大目犍連, 곧 4명의 성문聲聞에 대한 수기가 있다. 제9 「수학무학인기품」에서는 아난阿難, 라후라羅候羅를 비롯한 2천 명의 성문에게 수기를 준다.

제10 「법사품」에서는 총괄적인 수기를 제시한다. 그것은 『법화경』의 한 게송과 한 구절만이라도 듣고 한 생각만이라도 즐거워했다면 미래에 부처가 될 것이라는 '수기'를 준다는 것이다. 이와 관련된 『법화경』의 내용은 다음과 같다.

> 부처님께서 약왕藥王에게 말하기를 "또한 여래가 열반에 드신 후에, 어떤 사람이 『묘법연화경』의 한 게송과 구절만이라도 듣고서 한 생각만이라도 즐거워했다면, 나는 이 사

람에게 위없는 큰 깨달음을 얻을 것이라는 수기授記를 주 겠다."라고 하였다. 만약 어떤 사람이 이 『묘법연화경』의 한 구절만이라도 간직하고 독송하며, 다른 사람을 위해 해설 하고 종이에 쓰며, 이 『묘법연화경』이 있는 곳을 부처님이 계신 것처럼 공경하고, 이 『묘법연화경』을 여러 가지 물건 으로 공양하고 합장하고 공경한다면, 이 사람은 이미 십만 의 부처님을 공양하고 모든 부처님이 계신 곳에서 큰 원을 성취한 인물이다. 그런데도 이 사람은 중생을 불쌍히 여겨 이 인간 세상에 태어난 줄 알아야 한다.

- 『묘법연화경』 제4권 「법사품」

그리고 제12 「제바달다품」에서는 악인의 상징 제바달다提婆達多에게도 수기를 준다.

2) 천태교학의 성립과 전개

(1) 천태 지의대사의 생애와 저술

천태 지의天台 智顗, 538~597대사는 18세에 출가하였고, 23세에 대소산으로 가서 남악 혜사南岳 慧思, 515~577스님에게 법화삼매法華三昧를 배웠다. 지의대사는 혜사스님에게 법화삼매를 배운 지 14일이 지났을 때 『법화경』의 「약왕보살품」의 구절에 이르러 몸과 마음이 활연히 고요해져서 마침내 선정에 들었다고 한다. 이를 대소산에서 깨달음을 얻었다는 의미에서 '대소개오大蘇開悟'라고 부른다. 이런 체험을 하고서 스승 혜사스님을 대신해서 『반야경』을 강의하기도 하였다.

지의대사는 31세를 즈음해서 진나라 금릉으로 갔다. 그는 금릉에서 7년 동안 머물렀는데 주로 와관사에서 활동하였다. 38세575에 천태산에 들어가서 11년 동안 도道를 닦았다. 그러다가 48세585에 진나라 황실의 간청에 의해서 다시 금릉으로 내려온다. 이때부터 약 10년 동안 '천태삼대부天台三大部'라고 불리는『법화문구』,『법화현의』,『마하지관』을 강의하였다. 이 시기에 지의대사의 사상은 성숙하였다. 589년 52세에 진나라가 수나라에게 망하자 그는 여산으로 몸을 피하였다. 뒷날 양제가 되는 진왕 양광이 지의대사에게 귀의하였고, 58세595에 지의대사는 천태산에 다시 들어갔다. 이때가 지의대사의 만년시대라고 할 수 있다. 이 시기에 대사는 양광에게『유마경소』를 세 차례 바쳤는데, 그것이『유마경현소維摩經玄疏』6권과『유마경문소維摩經文疏』28권(뒤의 3권은 제자 관정 스님이 추가한 것임)이다. 이 저술은 지의대사의 만년시대의 사상을 아는 데 중요한 문헌이라 할 수 있다.

(2) 천태의 교판론

천태의 교판론은 5시8교이다. '5시'는 부처님이 설한 가르침을 5시기로 구분한 것으로, 화엄시華嚴時, 녹원시鹿苑時, 방등시方等時, 반야시般若時, 법화열반시法華涅槃時를 말한다. 첫째, '화엄시'는 부처님이 도를 이루고 나서 21일 동안『화엄경』을 가르친 시기이다. 둘째, '녹원시'는 부처님이『화엄경』을 설하고 나서, 12년 동안 소승의 가르침인 4가지『아함경』을 가르친 시기이다. 셋째, '방등시'는 녹원시에서『아함경』을 설한 다음에 8년 동안『유마경』,『사익경』,『승만경』 등의 대승경전을 가르친 시기이다. 넷째, '반야시'는 방등시에서 대승경전을 설하고 난 다음에 22년 동안 반야부般若部의 경전을 가르친 시기이다. 다섯째, '법화열반시'는 부처님이 최후 8년 동안 『법화경』을 가르치고, 열반에 들어가기 직전에 하루 낮과 밤 동안 『열반경』을 가르친 시기이다. 이 내용은 오랫동안 역사적 사실로 받아들여졌던 부분이지만, 이제는 역사의 뒤안길로 사라질 운명에 처해 있다.

'8교'는 화법사교化法四敎와 화의사교化儀四敎로 구분된다. '화법사교'는 중생의 소질과 능력에 따라 부처님이 가르친 내용을 4가지로 구분한 것으로, 곧 삼장교三藏敎, 통교通敎, 별교別敎, 원교圓敎이다. 이것은 불교 안에서도 내용에 질적인 차이가 있다는 것이다. 첫째 '삼장교'는 소승의 가르침으로, 주로 삼승三乘의 사람을 위해서, 정확히 말하자면 주로 소승의 사람을 위한 것이고 대승의 보살도 조금 포함된다. 이러한 사람을 위해서 『아함경』 등을 가르친 것이다. 둘째, '통교'는 대승의 가르침으로, '통通'은 공통이라는 의미이다. 그래서 3승에게 공통적으로 가르친 대승의 가르침을 '통교'라고 하는 것이다. 셋째, '별교'는 보살을 위한 가르침으로, 별교의 '별別'은 구분된다는 의미이다. 이는 2승二乘과는 함께하지 않는 대승만의 가르침이다. 넷째, '원교'는 부처님의 깨달음을 있는 그대로 전달한 것으로, 원교의 '원圓'은 치우치지 않고 모든 것이 서로 조화되고 융합되어 있다는 의미이다.

'화의사교'는 부처님이 중생에게 설법하고, 중생이 그것을 받아들이는 방식에 따라 4가지로 구분한 것인데, 그것은 돈교頓敎, 점교漸敎, 부정교不定敎, 비밀교秘密敎이다. 첫째, '돈교'는 처음부터 부처님이 자신의 깨달음을 있는 그대로 전하는 것으로, 『화엄경』이 여기에 속한다. 둘째, '점교'는 내용이 쉬운 것에서 어려운 것으로 점점 그 수준을 높여 가는 가르침으로, 앞의 5시 중에서 녹원시, 방등시, 반야시, 법화열반시가 여기에 속한다. 셋째, '부정교'는 부처님은 일음一音으로 가르침을 전하지만, 중생은 근기에 따라 달리 받아들이는 것이다. 이는 같은 가르침을 듣고서도 개인이 처한 상황과 능력에 따라 이해하는 방식과 정도가 다름을 말한다. 넷째, '비밀교'는 부처님이 어떤 사람에게는 돈교를 말해 주고 다른 사람에게는 점교를 전해 주지만, 당사자들은 그러한 사실을 알지 못한 채 가르침을 받아들이는 것이다.

(3) 천태삼대부

앞에서 지의대사에게 중요한 3종의 저술인 천태삼대부를 거론하였는데, 여기에서 그 내용을 좀 더 자세히 알아보겠다.

『법화문구』는 구마라집스님이 번역한 『법화경』의 주석서이다. 주석의 방법은 경전의 문장에 대해서 4가지 관점에서 해석하는 것이었다. 첫째, 인연석因緣釋은 진리를 구하는 중생의 활동과 그에 상응하는 부처의 활동이라는 관점에서 경전을 해석한 것이다. 둘째, 약교석約敎釋은 지의대사가 경전을 보는 안목, 곧 화법4교化法四敎와 5미五味, 즉 유乳, 낙酪, 생소生酥, 숙소熟酥, 제호醍醐의 5단계로 가르침을 분류하여 경전을 해석하는 것이다. 셋째, 본적석本迹釋은 경전을 본本과 적迹의 관점으로 해석하는 것이다. 적迹은 부처의 측면에서는 중생을 교화하는 것이고, 중생의 측면에서는 깨달음을 이루어 가는 것이다. 본本은 부처의 근본을 밝히는 부분이다. 넷째, 관심석觀心釋은 실천적 맥락에서 경전을 해석하는 것이다. 앞의 3가지가 이론적 해석이라면, '관심석'은 그것을 보완하여 실천적인 부분을 강조한다.

『법화현의』의 원래 제목은 '묘법연화경현의'로, 묘법연화경의 제목을 풀이하여 『법화경』의 의미를 드러내고자 하였다. 이 저술은 5중현의 五重玄義로 구성되어 있다. 첫째, 석명 釋名은 경전의 이름에 대한 풀이이다. 둘째, 현체 顯體는 경전의 근본 의미를 드러내는 부분으로, 존재의 바른 모습인 제법실상 諸法實相을 밝힌다. 셋째, 명종 明宗은 경전의 종지 宗旨를 밝히는 대목으로, 이는 일승의 인과 因果를 설명한다. 넷째, 논용 論用은 경전에 간직되어 있는 공덕을 논하는 부분으로, 그 내용은 의심을 제거하고 신심 信心을 내게 하려는 것이다. 다섯째, 교판 敎判은 지의대사의 관점으로 각 경전의 위상을 논한다.

『마하지관 摩訶止觀』은 모두 10장으로 구성되어 있고, 1장에는 이 저술의 개요가 5단락으로 설명되어 있다. 이것을 5단락의 '개요'와 10장의 '체제'라는 의미의 '오략십광 五略十廣'이라고 한다. 이 저술은 전체적으로 보자면 실천행에 대한 설명으로 구성되어 있지만, 그 속에는 원숙한 교학의 관점이 들어 있다. 이론과 실천의 관점이 잘 조화된 저술이라고 할 수 있다.

3) 천태의 실상론

천태의 실상론 實相論은 보통 '일념삼천설'과 '삼제원융 일심삼관'으로 구분된다. 이 두 가지를 순서대로 살펴보겠다.

(1) 일념삼천설

일념삼천설一念三千說은 한 생각에 3천 가지 가능성이 간직되어 있다는 말이다. 3천의 숫자는 10법계十法界가 10법계를 갖추고, 일법계가 10여시十如是를 갖추니, 백법계百法界·천여시千如是가 되고, 여기에 3종류의 국토삼종국토三種國土를 곱하면 삼천이 된다. 이러한 내용을 『마하지관』에서는 다음과 같이 말한다.

> 일심이 10법계를 갖추고, 일법계도 10법계를 갖춘다. 그러면 백법계가 된다. 그리고 일법계가 30종류의 세간을 갖추니, 백법계는 3천 종류의 세간을 갖춘다. 이 3천 종류의 세간이 일념심에 있다. 따라서 마음이 존재하지 않는다면 그만이겠으나(3천 종류의 세간을 갖추지 않겠지만), 조금이라도 마음이 존재한다면, 3천 종류의 세간을 갖춘다.
>
> -『마하지관』 제5권 상

10법계는 지옥地獄, 아귀餓鬼: 전생에 악업을 짓고 탐욕을 부린 자가 아귀로 태어나 배고픔과 목마름에 괴로워함, 축생畜生, 아수라阿修羅: 인도 고대에서는 싸움을 일삼는 악신으로 생각했음, 인간人間, 하늘, 성문聲聞, 연각緣覺, 보살菩薩, 불佛이다. 앞의 여섯 가지는 6도六道라고 하는데 윤회하는 세계이다. 성문, 연각, 보살은 대승불교의 삼승이다. 지의대사는 여기다 '불계'를 더 보태서 10계를 만들었다. 이는 불교사상에 근거해서 가치를 매긴 것이다.

이 10법계가 다시 10법계를 머금는다. 인간계도 10법계가 존재하고 지옥계도 10법계가 존재하고 불계佛界도 10법계가 존재한다. 지옥계가 아무리 좋지 않다고 해도 그 속에는 불계가 존재하고, 불계가 아무리 좋다고 해도 그 속에 지옥계가 존재한다. 이는 아무리 훌륭한 사람이라도 선심善心과 악심惡心이 존재하고, 아무리 악한 사람이라도 선심과 악심이 존재한다는 말이다. 그렇다고 해서 완전히 바뀐다는 것은 아니다. 가능성으로는 무엇이든지 될 수 있지만, 현실적으로는 한계가 있다. 예컨대 인간계의 사람이 지옥계에도 떨어지고 불계에 올라갈 수도 있지만, 현실 속에서는 인간계에 있다.

또한 일계가 10여시를 갖추고 있다. 10여시는 구마라집스님역의 『법화경』에 나오는 용어이다. 10여시는 여시상如是相, 여시성如是性, 여시체如是體, 여시력如是力, 여시작如是作, 여시인如是因, 여시연如是緣, 여시과如是果, 여시보如是報, 여시본말구경등如是本末究竟等이다. 상相은 외면의 형상을 말하고, 성性은 내면의 본성, 체體는 내면의 근본바탕, 역力은 잠재적인 힘과 작용, 작作은 드러난 힘과 작용, 인因은 직접적인 원인, 연緣은 간접적인 원인, 과果는 직접적인 원인의 결과, 보報는 간접적인 원인의 결과, 여시본말구경등如是本末究竟等은 형상에서 결과까지 관통하는 평등의 원리이다.

10여시에서 상相은 외면의 형상을 의미하고, 성性과 체體는 내면의 성품을 의미한다. 성性만으로는 내면의 주체적 측면이 드러나지 않는다고 보았기 때문에 '체體'라는 개념을 강조한 것이다. 역力과 작作은 잠재적인 힘·작용과 드러난 힘·작용을 말한다. 예컨대 어떤 학생이 공부에 잠재력은 있는데 성적은 오르지 않았다면, 이는 역力은 있는데, 작作이 드러나지 않은 것이고, 잠재력 있는 학생이 기대하는 대로 성적이 올라갔다면 이는 잠재력을 의미하는 역力이 현재적인 힘과 작용으로 드러난 것이다.

인因과 연緣의 개념을 예를 들어 설명하자면, 대학에 입학하는 데 직접적인 도움을 준 요인은 인因에 해당하고, 비록 직접적 도움은 아니지만 대학에 입학하는 데 방해하지 않는 것들은 모두 연緣에 속한다. 그리고 인因의 결과가 과果이고, 연緣의 결과가 보報이다. 이상 설명한 9가지 개념을 관통하는 원리가 바로 '여시본말구경등'이다. 이 여시본말구경등에 의해서 9가지 개념이 함께 존재할 수 있다. 그 존재하는 방식은 공空·가假·중中이다.

3세간三世間은 『대지도론』에 나오는 개념으로, 오음세간五陰世間, 중생세간衆生世間, 국토세간國土世間을 말한다. '오음세간'은 세계를 구성하는 요소인 물질, '중생세간'은 거기에 안주하는 인간과 생물, '국토세간'은 그 인간과 생물이 살고 있는 환경을 가리킨다. 곧 3세간은 세계를 '생명'과 '물질'과 '환경'으로 구분한 것이다.

앞에서 소개한 일념삼천설은 한 마음에 3천 가지 가능성이 간직되어 있다는 말이고, 여기서 3천이라는 숫자는 모든 것을 상징한다. 그래서 일념삼천설은 한 마음에 모든 가능성이 간직되어 있다는 말이기도 하다. 이는 사람은 부처가 될 가능성도 있지만 동시에 지옥에 떨어질 가능성도 있음을 의미한다.

이 일념삼천설을 일상생활에서 잘 활용한다면, 다른 사람에 대해 관용의 마음을 베풀 수 있고 동시에 자신에는 엄격해질 수 있다. 비록 엄청난 죄를 저질렀다고 해도, "죄가 미운 것이지 사람이 미운 것이 아니다."라는 말이 있듯이, 그 사람이 반성하고 뉘우친다면 그 사람을 용서하고 받아들일 수 있다. 사람은 그때그때 변하는 존재, 곧 무한한 가능성을 가진 존재이기 때문이다. 나아가 자신에게는 엄격해질 수 있다. 자신이 과거에 좋은 일을 하였다고 해도 현재에 안주하면 언젠가는 좋지 않은 결과를 낼 수 있음을 직시한다면, 과거에 안주할 수 없을 것이다. 인간은 끊임없이 변하는 존재라는 것을 인정한다면, 조금도 정체하는 삶을 살 수 없게 된다. 정체하는 순간 녹슬기 때문이다.

(2) 일심삼관·삼제원융

일심삼관一心三觀은 삼제원융三諦圓融으로 공空·가假·중中을 말한다. 모든 존재하는 것이 공空이라고 관觀하는 것은 공제空諦이고, 가제假諦는 공제空諦에 의해 일단 부정된 것을 가假로서 긍정하는 것이다. 그런데 '가제'는 현실을 전면적으로 긍정할 우려가 있다. 따라서 '가제'도 다시 부정되어야 한다. 그리하여 중제中諦가 등장한다.

물론 '공제'에만 가假와 중中이 포함되는 것이 아니다. '가제' 가운데 공空과 중中이 포함되며, '중제' 가운데 공空과 가假가 포함된다. 이것이 '삼제원융일심삼관'의 경지이다. 이 가운데 공空 속에 가假·중中이 포함된다는 것이 삼제원융일심삼관의 기본골격이다. 『마하지관』에서는 삼제원융일심삼관에 대해 다음과 같이 말한다.

> 일법一法이 일체법一切法이면, 인연소생법因緣所生法과 시위가명是爲假名에 해당하니 가관假觀이다. 일체법一切法이 일법一法이면, 아설즉시공我說即是空에 해당하니 공관空觀이다. 비일비일체非一非一切는 중도관中道觀이다. 하나가 공空이면, 전체가 공空이어서, 가假와 중中도 모두 공空이다. 이는 총공관總空觀이다. 하나가 가假이면, 전체가 가假이니, 공空과 중中이 모두 가假이다. 이는 총가관總假觀이다. 하

나가 중中이면, 전체가 중中이어서, 공空과 가假가 모두 중
中이다. 이는 총중관總中觀이다. 이것이 『중론』에서 말한 불
가사의한 일심삼관이다. - 『마하지관』 제5권 상

4) 천태종의 수행

원돈지관圓頓止觀은 천태종에서 제시하는 지관이다. 이 원돈지관
은 가장 완벽한 지관이다. 원돈지관의 입장에서 바라보면 모두가 중
도中道이고 진실이다. 완전한 깨달음을 철저히 그리고 가장 빠르게
얻게 되면, 이 세상 어느 물건도 진리를 말하지 않는 것이 없다. 어느
한 물건과 한 향기라 할지라도 어느 한쪽에 치우치지 않는 중도의
입장에서 바라볼 수 있고, 사소한 사건에서도 진리를 읽을 수 있다.
그래서 모든 것을 중도의 입장에서 바라본다면, 무명無明이 그대로
보리菩提이며, 생사生死 그대로 열반涅槃이다. 이는 모든 것이 진리의
나타남을 뜻한다.

원돈지관은 25방편, 사종삼매, 십경십승관법으로 이루어져 있다.
25방편은 원돈지관에 들어가기 전에 준비과정으로, 그 내용은 부정
적인 마음은 버리고 수행에 도움이 되는 덕목은 적극적으로 개발하
라는 것으로 요약할 수 있다. 사종삼매는 삼매를 외적인 형식에 따
라 4가지로 구분한 것이고, 십경십승관법은 원돈지관의 수행방법이
다. 여기서는 사종삼매와 십경십승관법을 중심으로 설명하겠다.

(1) 사종삼매

사종삼매는 삼매를 외적인 형식에 따라 분류한 4가지로, 상좌삼

매常坐三昧, 상행삼매常行三昧, 반행반좌삼매半行半坐三昧, 비행비좌삼매非行非坐三昧를 말한다.

① 상좌삼매는 항상 앉아 있는 것으로, 가고 머물고 눕는 동작을 하지 않는 것이다. 수행하는 기한은 90일을 단위로 하고, 결가부좌로 앉아서 목덜미와 허리를 단정하고 바르게 한다. 오래 앉아서 피로하거나 몸이 아프거나 매우 졸리거나 하여 제대로 집중할 수 없을 때에는 부처님의 이름을 부른다.

② 상행삼매는 염불수행법을 그 내용으로 한다. 이는 90일 동안 몸은 항상 움직이고, 입으로는 아미타불의 이름을 부르고, 마음으로는 아미타불을 항상 염念하고 휴식하지 않는 것이다.

③ 반행반좌삼매는 방등삼매와 법화삼매로 구분된다. 방등삼매方等三昧는 밀교적 요소를 포함하는 수행법이다. 방등삼매를 닦기 위해서는 신명神明에게 증명을 구해야 한다. 그다음에는 수련할 도량을 잘 꾸민다. 구체적으로 말하자면 향기로운 진흙으로 땅과 집의 안팎을 칠하고, 만다라를 의미하는 원단圓壇을 설치해서 채색하고 그림을 그리며, 다섯 가지 색깔의 깃발을 걸고, 해안향을 태우며 초에 불을 붙이고, 높은 좌석을 펴서 24존상尊像을 청한다. 그리고 음식을 마련하고 옷과 신발을 새것으로 바꾸며, 만약 옷과 신발이 헌 것이라면 깨끗이 씻어야 한다. 몸도 하루에 3번 목욕해야 한다. 삼매를 닦는 첫날에는 스님을 모시고 공양을 올려야 하고, 또 한 번은 율律에 밝은 스승을 모셔 와서 계戒와 다라니를 받고 이 스승에게 죄를 고백해야 한다.

법화삼매는 모든 근기根機의 사람에게 이익을 주기 위해서 제시된 수행법이지만, 그중에서도 새로 배우는 보살을 위한 방편의 가르침이다. 법화삼매는 21일 동안 일심으로 정진하는 것으로, 그 방법은 10가지로 이루어져 있다. 첫째 도량을 장엄하고 청정하게 하고, 둘째 몸을 청정하게 하고, 셋째 3보三寶를 공양하고, 넷째 『법화경』에 나오는 모든 부처님, 보살, 하늘사람, 용, 8부 중생에게 의지할 것을 청하고, 다섯째 부처님을 찬탄하고, 여섯째 모든 부처님을 공경하고 예배한다. 일곱째 안眼·이耳·비鼻·설舌·신身·의意의 감각기관인 6근 六根의 하나하나에 대해서 각각 참회하고, 다른 사람의 착한 행동에 기뻐하고 수희隨喜, 회향하고, 서원을 세운다. 여덟째 도량을 돌면서 3보와 보살을 염하고, 아홉째 『법화경』을 독송하고, 열째 좌선해서 실상實相을 관찰한다. 이 열 번째 내용은 공관空觀으로 승화된다.

④ 비행비좌삼매는 어떠한 형식에도 구애받지 않고 하는 수행이다. 그래서 이 수행법은 움직이고 앉는 동작과 그 밖의 모든 행위에 적용된다. 비행비좌삼매에는 4가지가 있는데, 그것은 선善, 악惡, 무기無記의 마음을 관조하는 것과 모든 경전에서 소개된 수행법이다. 선, 악, 무기의 마음을 관조한다는 것은 선, 악, 무기의 마음을 4운四運으로 관찰하여 그것이 실체가 없는 공空임을 깨닫는 것이다. 4운은 마음을 시간의 4가지 측면에서 바라본 것, 곧 과거·현재·현재진행·미래이다. 이처럼 마음을 4가지 측면에서 관조하면, 마음은 실체가 없지만 작용하고 있음을 알 수 있다.

(2) 십경십승관법

십경십승관법十境十乘觀法은 원돈지관의 수행법을 구체적으로 서술한 것이다. '십경'이란 지관의 대상이 되는 10가지 대상을 말하고, '십승관법'은 지관을 닦는 사람이 행하는 10가지 방법이다.

십경

　지의대사가 지관의 대상으로 10가지를 제시한 것은 지관을 닦다가 여러 가지 문제를 만났을 때를 대비하기 위해서이다.
　첫째, 음계입경陰界入境은 일상에서 접하는 대상세계이다. '음'은 5음五陰이고, '계'는 18계十八界이며 '입'은 12입十二入이다. 이는 초기불교에서 세계를 말한다.
　둘째, 번뇌경煩惱境으로, 수행을 하다가 번뇌가 발생할 때는 번뇌를 지관의 대상으로 삼는다.
　셋째, 병환경病患境은 병환이 생기는 경우로, 이때는 병환이 지관의 대상이 된다.
　넷째, 업상경業相境은 자신이 지은 업으로 인해서 여러 가지 경계가 나타나면 이때는 그것을 지관의 대상으로 삼는 것이다.
　다섯째, 마사경魔事境은 도를 장애하는 경계로, 수행자가 마魔의 유혹을 만나면 이제는 마의 유혹이 지관의 대상이 된다.
　여섯째, 선정경禪定境은 선정에 들어갔지만 그것에 집착을 하게 되면 이 또한 병폐가 되므로, 이때는 선정의 경계가 지관의 대상이 된다.
　일곱째, 제견경諸見境은 수행자가 선정에 들어가서 어떤 경지를 보게 되지만 여기에 집착하면 이것도 문제가 되므로, 이번에는 자신의 견해를 지관의 대상으로 삼는 것이다.
　여덟째, 증상만경增上慢境은 얻지 못한 것을 얻었다고 수행자가 잘못 생각하는 경우로, 이 증상만이 지관의 대상이 된다.
　아홉째, 이승경二乘境은 수행자가 이승의 경지를 체득했지만 거기에 집착하면 이것도 수행에 방해가 되는 것이므로, 이번에는 이승의 경지를 지관의 대상으로 삼는 것이다.

열째, 보살경菩薩境은 수행자가 보살의 경지에 이르렀다고 해도 자비로 인해서 잘못된 유혹에 빠질 수 있으므로, 이때에는 보살의 경지가 지관의 대상이 된다.

십승관법

첫째, 생각을 넘어선 경계를 관조함관부사의경觀不思議境은 앞에 소개한 '일념삼천설'과 '일심삼관삼제원융'을 내용으로 한다.

둘째, 진정한 보리심을 일으킴발진정보리심發眞正菩提心에서는 앞에서 말한 '생각을 넘어선 경계'를 바르게 인식하지 못하였을 때에는 바른 보리심을 일으킬 필요가 있다고 한다. 그 내용은 4홍서원四弘誓願으로 요약된다. 이는 모든 중생을 구하고, 모든 번뇌를 끊고, 모든 가르침을 배우며, 완전한 깨달음을 얻겠다는 것이다.

셋째, 지관으로 마음을 편하게 함선교안심善巧安心은 지관으로 진리의 본성인 법성에 안주하는 것이다. 이는 원願을 세우고 지관수행에 힘쓰는 것이다. 이 내용은 총론과 각론으로 구분할 수 있고, 각론 부분에서 128가지 안심安心방법을 제시하고 있다.

넷째, 전도된 생각을 깨뜨림파법편破法遍은 중생이 전도顚倒된 경우가 많고 전도되지 않은 경우는 적으므로 중생의 전도된 생각을 깨뜨려야 한다는 것이다. 물론 앞에서 지관을 통해서 마음을 편하게 하였다면 선정과 지혜가 열리어서 다시 깨뜨릴 것이 없겠지만, 아직 법성과 상응하지 못했다면 전도된 생각을 깨뜨려야 한다.

다섯째, 막히고 통한 부분을 인식함식통색識通塞은 자신의 수행에 대해 점검하는 것이다. 앞에서 전도된 생각을 철저하게 깨뜨렸다면 깨달음의 세계에 들어가겠지만, 그렇지 않다면 그 이유를 살펴볼 필요가 있다. 다시 말해 자신의 마음상태를 분명히 돌아보아야 한다는 것이다.

여섯째, 37도품으로 조정함_{도품조적道品調適}은 37도품으로 번뇌를 다스리는 것이다. 37도품은 초기불교와 부파불교에서 사용하는 수행법이므로 이는 소승의 수행법이라고 할 수 있다. 그러므로 여기서는 대승의 방법으로 깨달음을 얻으면 좋겠지만 그렇지 못하다면 소승의 방법도 무방하다는 생각이 숨겨져 있다.

일곱째, 보조적인 수행법으로 다스림_{조도대치助道對治}은 37도품으로 깨달음을 얻지 못했다면 그 밖의 여러 보조적인 수행법을 활용해서 깨달음을 얻자는 것이다.

여덟째, 자신의 수행단계를 밝힘_{명차위明次位}은 자신이 어느 정도 수행경지에 이르렀는지 아는 것이다. 앞에서 대승과 소승의 여러 수행방법을 모두 사용했는데도 큰 진전이 없었다면, 자신이 어느 부분에서 막혀 있는지 검토할 필요가 있다. 그래서 자신이 증득한 것과 그렇지 못한 것을 분명히 알아서 증득하지 못한 것을 얻기 위해서 더욱 노력해야 한다.

아홉째, 자신의 수준에 맞게 수행함_{능안인能安忍}은 자신이 얻은 경지에 따라 수행 내용이 달라지는 것이다. 위의 8가지 단계를 통해서 수행자가 지혜를 얻었다고 해도 사람에 따라 각각 그 내용이 다를 수 있다. 아직도 지혜가 부족한 사람이라면 세상에 나서지 말고 더욱 수행에 힘써야 하고, 지혜가 밝고 분명한 사람이라면 이제 세상에 나서서 여러 사람을 이끌어야 한다. 이는 자신의 경지에 대해서는 수행자 자신이 가장 잘 알 것이므로 분명하게 자신의 경지를 판단하고 거기에 맞게 수행하라는 것이다.

열째, 진리에 대한 애착을 버림 무법애無法愛은 부처님의 가르침에 대해서도 애착이 없음을 말한다. 위의 9가지 관법을 잘 닦았으면 깨달음의 세계에 들어갈 수 있을 것이다. 그러나 그렇지 못한 사람이 있다면 그것은 가르침에 집착하기 때문이다. 이 경우에는 부처님의 가르침조차 넘어서야 한다. 물론 부처님의 가르침은 수행자에게 지침이 되는 것이지만, 깨달음의 세계에서는 이 또한 넘어서야 할 대상인 것이다.

5) 한국과 일본의 천태사상

(1) 대각국사 의천스님

의천義天, 1055~1101스님은 처음으로 한반도에 천태종을 세운 인물이다. 스님은 문종의 넷째 아들로 태어나 11세 때 화엄종 승려인 경덕국사景德國師 난원爛圓스님에게 출가하여 화엄종의 영통사에서 공부하였다. 그는 31세 때 중국의 송나라에 건너가 여러 사람과 교류하였고, 32세 때 고려에 돌아왔다. 43세 때 국청사의 주지가 되었고, 47세 때 입적했다.

의천스님의 저술을 살펴보면, 『대각국사문집大覺國師文集』이 일부가 손상된 채 남아 있다. 목록으로 『신편제종교장총록新編諸宗敎藏總錄』이 있고, 편집한 저술로 『원종문류圓宗文類』와 『석원사림釋苑詞林』이 그의 문집에 일부 남아 있다.

스님은 천태종을 세웠지만, 그의 문집을 살펴보면 징관澄觀, ?~839

과 종밀宗密, 780~841스님의 화엄사상, 원효元曉, 617~686대사의 사상에 영향을 받았다. 그 내용을 구체적으로 살펴보면 다음과 같다.

첫째, 그는 징관스님의 사상에 영향을 받아서 성종性宗에 속하는 『대승기신론』과 상종相宗에 속하는 『유식론』을 모두 공부해야 한다고 말한다.

둘째, 종밀스님의 『원각경소圓覺經疏』에 근거해서 선교일치禪敎一致를 제시한다. 의천스님이 선禪과 교敎를 일치시키는 방식은 언어에 대한 태도에 달려 있다. 법法, 곧 진리는 말이 없는 것이지만, 말을 벗어나 있는 것도 아니다. 말을 벗어나면 전도되어 미혹하고, 말에 집착해도 진리에 미혹한다. 여기서 말을 벗어난다는 것은 선종의 병폐를 겨냥한 것이고, 말에 집착한다는 것은 교종의 병폐를 지적한 것이다. 그러므로 말에 집착하지 않으면서 말을 정확히 사용하는 것이 의천스님의 목표이고, 이 목표가 이루어지면 '선'과 '교'를 일치시킬 수 있다. 그리고 스님은 이것을 해낸 사람으로 종밀스님을 거론한다.

셋째, 그는 원효대사의 행적과 사상을 높이 평가한다. 그 내용을 소개하면 다음과 같다.

> 우리 해동보살(원효대사)만이 성性과 상相을 융섭해서 밝히고, 과거와 지금을 은밀히 통괄하여, 백가百家의 다른 논쟁의 단서를 화해시켜, 한 시대의 지극히 공정한 논의를 전개하였고, 하물며 신통은 헤아릴 수 없고, 묘한 용用은 생각하기 어려우며, 중생진塵과 함께하지만 그 내면의 진실을 더럽히지 않고, 내면의 지혜의 광명과 화합하지만 근본과 달라진 것이 아니다. 그리하여 이름이 인도와 중국에 떨치고

> 자비의 교화는 저승과 이승에까지 퍼졌으니, 그 행적을 칭
> 찬하려고 해도 생각하여 의논하기조차 진실로 어렵구나.
> - 『대각국사문집』16권, 「제분황사효성문祭芬皇寺曉聖文」

(2) 원묘국사 요세스님의 백련사결사

요세了世, 1163~1245스님은 12세1174에 강양江陽의 천락사天樂寺에서 균정均定스님을 스승으로 모시고 출가하여 천태교관天台教觀을 배우기 시작하였다. 23세1185 때 승선僧選에 합격하였지만, 천태종의 가르침을 공부하는 데 더욱 힘을 쏟았다. 그러다가 보조국사 지눌知訥, 1158~1210스님의 권유를 받아서 정혜결사수선사결사에 참여한다. 그리고 나서 49세1211에 백련사의 터를 세우고, 54세1216에 낙성식을 하였다. 660세1228에 백련사 결사를 이끌어 갈 재목인 천인天因과 천책天頙이 유생儒生의 신분에서 요세스님의 제자가 되었다.

그가 백련사결사를 주장한 이유는 범부에 대한 인식이 지눌스님과 달랐기 때문이다. 지눌스님의 정혜결사는 알고 이해하는 힘이 있는 사람을 상대로 한 것이라면, 요세스님의 백련사결사는 죄와 업장業障이 두터워 자기의 힘으로는 도저히 성불할 수 없는 사람, 곧 중생을 상대로 한 것이다.

스님은 자기 자신은 매일 선정을 닦고 경전과 논서를 가르치고, 그 밖에 『법화경』을 독송하고, 준제진언을 천 번 외우고, 아미타불을 만 번 불렀다. 더구나 학인들을 위해서 천태삼대부, 곧 『법화문구』, 『법화현의』, 『마하지관』의 내용을 요약한 절요서節要書를 만들 만큼, 불교의 학식도 뛰어났다. 하지만 그가 백련사결사를 열면서 제시한

수행법은 자신이 하고 있는 것이 아니라, 모든 사람에게 적합할 수 있는 것이다. 요세스님은 법화삼매法華三昧와 정토에 태어나기 위한 수행법을 구체적으로 제시하였다.

첫째, 법화삼매는 모든 능력의 사람근기에게 이익을 주기 위해서 제시된 수행법이다. 스님은 자기 자신은 엄격히 수행하였지만, 백련사결사에 참여하는 사람을 위해서 법화삼매라는 방편문方便門을 열었다.

둘째, 그는 결사에 참여한 사람을 위해서 정토에 태어날 수 있는 수행법을 제시하였다. 그의 정토관은 유심정토唯心淨土, 곧 마음이 청정해지면 이 세계가 그대로 정토라는 것이고, 이것의 근거를 중국 천태사상가 사명 지례四明 知禮, 960~1028스님의 사상에서 구했다.

(3) 일본 천태종의 사이초스님과 엔닌스님

사이초最澄, 767~822스님은 14세780 때에 오미국 국분사國分寺의 대국사大國師인 교효行表, 722~797스님을 스승으로 해서 출가했고, 19세785 때에 도다이사東大寺에서 계율을 받았다. 그리고 나서 그 해에 히에이잔比叡山으로 돌연 잠적한다. 스님은 38세804 때에 당나라로 단기 유학을 갔다. 이것을 환학생還學生이라고 하고, 장기로 유학 가는 것은 유학생留學生이라고 한다.

그는 중국에서 천태종의 6조 담연湛然, 711~782스님의 제자인 도수道邃스님과 행만行滿 스님에게 천태사상을 공부한다. 선禪은 선종의 하나인 우두종牛頭宗의 소연翛然 스님에게 공부하였다. 그가 중국에서 밀교를 공부한 스승은 여러 명인데, 그 가운데 체계적인 내용을 전해 준 스승은 순효順曉스님이다.

스님은 50세816 때 관동지방으로 몸을 옮겼다. 만년에 그는 두 가지 논쟁에 힘을 기울였다. 첫째, 아이즈會津에 사는 법상종의 도쿠이치德一스님과의 논쟁이다. 이 논쟁은 50세경816부터 시작해서 55세821 때까지 계속되었다. 둘째, 대승계단大乘戒壇의 성립을 요구하는 운동과 논쟁이다. 사이초스님 이전에 성립된 일본의 계율제도는 인도 부파불교의 하나인 법장부法藏部의『사분율』에 기초한 것이었다. 그런데 사이초스님은 대승의 계율인『범망경』에 근거해야 하고, 그 계율을 수여하는 계단은 히에이잔에 설치되어야 한다고 주장한다. 그는 대승계단의 설립에 힘을 기울였는데, 이것을 인정받은 것은 그가 입적한 지 7일이 지나고 나서였다. 사이초스님의 저술로『현계론顯戒論』,『조권실경照權實鏡』,『수호국계장守護國界章』,『결권실론決權實論』,『법화수론法華秀論』등이 있다.

스님은 천태와 밀교의 일치를 주장했다. 이것을 원밀일치圓密一致라고 한다. 또한 그는 현교顯敎와 밀교의 두 교판현밀이교판顯密二敎判을 구분하였는데, 이는 현교는 '방편의 가르침'에 속하고, 천태와 밀교는 '실제의 가르침'이라는 것이다.

엔닌圓仁, 794~864스님은 사이초스님의 제자이다. 엔닌스님은 838년에 당나라로 유학을 갔다. 그로부터 10년 정도 머물고 849년에 일본으로 귀국하였다. 그가 당나라에서 공부할 때 회창會昌의 폐불廢佛사태를 만나서 환속을 당하기도 하였다. 스님은 천태사상과 밀교사상을 공부하고 아울러 산스크리트도 공부하였다. 그리고 오대산에서 전해지고 있던 법조류法照類의 염불을 전하기도 하였다. 그는 밀교경전에 관한 주석서로『금강정경소金剛頂經疏』851년와『소실지갈라경약소蘇悉地羯羅經略疏』885년를 저술하였다. 또 널리 알려진 그의 저술로 『입당구법순례행기 入唐求法巡禮行記』가 있는데, 이는 엔닌스님이 당에서 유학했던 일을 기록한 책이다.

　엔닌스님은 이론의 측면에서는 법화의 원교와 밀교는 동일하지만, 실천의 측면에서는 차이가 있다고 주장한다. 이를 이동사별理同事別이라고 한다.

3. 화엄사상

1) 화엄사상이란?

화엄사상이란 한역 『대방광불화엄경 大方廣佛華嚴經』(이하 『화엄경』)을 대표로 하는 화엄부 경전에 대한 동아시아 대승불교의 이해와 이를 바탕으로 한 수행 체계를 가리킨다. 『화엄경』에 대한 입장은 동아시아 내에서도 학파나 종파에 따라서 각양각색으로 나뉜다. 그 가운데 『화엄경』의 주류 해석과 실천 체계로는 이른바 '화엄종 華嚴宗'을 손꼽을 수 있다. 물론 이 외에도 다양한 화엄사상이 부침을 거듭해 왔지만 여기에서는 화엄종의 관점에서 화엄사상을 살펴보기로 한다.

2) 불교와 화엄사상의 목표·방법·내용

불교의 궁극적인 목표는 모든 번뇌의 불을 꺼서 일체의 속박과 그로 인한 고통으로부터 벗어나는 것, 즉 이고득락 離苦得樂으로서 열반이다. 이를 성취하기 위해 불교가 택한 방법은 '나'를 바로 보는 것, 곧 '나'에 대한 여실지견 如實知見이다. 왜냐하면 '나'가 겪는 모든 고통은 '나'를 올바로 알지 못하고 그 잘못 파악된 '나'에 끊임없이 집착하는 데서 일어나기 때문이다. 그렇다면 온전히 관찰된 '나'의 실제 내용은 무엇인가? 그것은 바로 무아無我인 연기緣起이다. 그러므로 '나'란 실체가 없이무아 무수한 조건의 관계 맺음에 의해서 일어난 것연기임을 직시한다면 고통을 느끼는 '나'는 있을 수 없다는 것이 바로 불교의 목표와 방법과 내용이다.

이러한 석가모니 부처님의 목표와 방법과 내용에 대해서 그 이후에 전개되는 다양한 해석과 이를 실생활에서 깨닫기 위한 저마다의 실천 체계가 불교 내 모든 학파·부파·종파의 존재 이유이다. 따라서 화엄종도 결국 이고득락목표과 '나'에 대한 여실지견방법과 무아·연기내용에 관한 독자적인 이해와 실천임을 염두에 둔다면, 가없는 화엄의 바다를 항해하는 데 길을 잃지 않도록 하는 나침반이 되어 줄 것이다.

3) '나'는 여래출현

화엄종 또한 이고득락을 위해 무아·연기로서 '나'를 이해한다. 화엄종은 이러한 '나'를 『화엄경』을 중심으로 더욱 구체적으로 논의하고 그 사상을 발전시킨다. 이 화엄사상을 이해하기 위해서는 화엄종의 생성과 전개 전 과정에 걸쳐서 깊은 영향을 미친 여래장사상을 염두에 두어야 한다.

여래장사상을 간략히 정리하면, 일체 중생은 여래의 성품여래성如來性, 불성佛性을 본성으로 하여 그 마음이 본래 여래의 마음과 다르지 않지만 비롯됨이 없는 때로부터 자신의 본성이 아닌, 불청객과 같은 번뇌객진번뇌客塵煩惱에 뒤덮여 고통에서 벗어난 여래로 살아가지 못하고 있다. 그러므로 고통에서 벗어나기 위해 지금, 여기에서 내가 해야 할 일은 나를 얽어매고 있는 번뇌와 고통이 모두 내 본래 자성이 아니라 불청객과 같이 공함을 깨달아 내 본래 모습을 되찾는 것이다.

이러한 여래장사상의 한계를 지적하면서 등장한 화엄종의 '나'에 대한 이해가 '여래출현如來出現' 또는 '여래성기如來性起'로, 이 말은 『화엄경』의 「보왕여래성기품寶王如來性起品」과 이의 다른 번역인 「여래출현품如來出現品」에서 유래한다. 일체 현상사법事法이 그대로 여래출현이라는 여래출현설은 일체 현상이 본래 어떤 이법理法이나 본성으로부터 비롯되었기에 장애가 없는 것이 아니라, 출현한 현상이 바로 여래이고 일어난 현상이 곧 여래성이어서, 현상과 현상이 어떤 원리를 상정하지 않고서 그 자체로 걸림 없는 중중무진한 덕을 발휘한다는 것이다.

이 두 입장은 모두 '나'의 참모습, '나'의 마음을 청정한 여래의 마음으로 파악하지만 지금, 여기의 '나'를 번뇌에 속박되어 있는 가능태로서의 여래여래장如來藏로 보는지, 아니면 조금의 모자람도 없는 현실태로서의 여래여래출현如來出現로 보는지에 결정적인 차이가 있다. 다만 화엄종이라는 현상 또한 연기법으로서, 고정된 단일 체계가 아니라 그 안에 다양한 스펙트럼이 존재하기 때문에, 화엄종 내에서도 여래장에서 여래출현에 이르는 입장이 모두 발견된다. 그럼에도 불구하고 화엄종의 가장 큰 특징은 여래출현에서 찾을 수 있을 것이다.

화엄종의 교학 기반을 마련한 지엄智儼, 602~668스님은 일체 현상의 연기를 법계연기法界緣起로 풀이하면서 이를 청정한 부문의 연기와 물든 부문의 연기로 나누고 청정한 부문의 연기 중 닦음을 여읜 실상의 측면이 『화엄경』 중 「보왕여래성기품」에 해당한다고 풀이한다(『대방광불화엄경수현분제통지방궤』, 이하 『수현기』). 그는 또한 이를 더욱 발전시켜 '성기性起'를 주요 개념으로 설명한다. 성기는 법계연기의 궁극 또는 경계로서 본래 구경이므로 닦아 지음을 여읜 상태이다. 즉 '나'를 번뇌에 뒤덮인 여래장으로서 닦음을 통해 본래 불성을 되찾아야 하는 존재로 보는 것이 아니라, '나'의 실상이 본래 닦음을 여읜 여래성기, 여래출현임을 강조한다(『화엄경내장문등잡공목』). 물론 이는 '나'뿐만 아니라 법계의 모든 현상도 마찬가지여서 온 법계가 중중무진重重無盡으로 상즉상입相卽相入하는 한량없는 덕을 지닌 여래출현의 세계가 바로 지금, 여기 '나'가 살고 있는 세계임을 역설한다.

지엄스님의 제자로 해동화엄의 초조로 불리는 의상義相, 625~702 스님은 이러한 입장을 더욱 분명하게 설한다. 의상스님은 『화엄경』의 주불主佛인 십불十佛을 설명하며 "내 오척五尺 되는 몸이 곧 바른 깨달음으로서 법계의 모든 법이 내 오척 되는 몸에 나타난다."라고 하여, 지금 여기의 '나'를 비롯한 법계의 모든 현상, 모든 존재가 곧 바른 깨달음을 성취한 여래의 출현임을 강조한다(『법계도기총수록』).

이처럼 '나'를 여래출현으로 파악하는 화엄종의 입장은 융삼세간불融三世間佛설에서도 드러난다. 화엄종은 법계를 불보살과 같은 깨달은 존재의 지정각세간智正覺世間과 깨닫지 못한 존재의 중생세간衆生世間과 이 세간이 의지하는 기세간器世間의 삼세간으로 나누면서도 이 삼세간이 실제로는 서로 구분될 수 없는, 굳이 말하자면 부처님의 경계가 중생의 경계이고 시간과 공간 등의 경계인 융삼세간불 그 자체임을 주장한다. 이는 의상스님이 지은 『일승법계도一乘法界

圖」의 「반시槃詩」를 통해서도 알 수 있다. 「반시」는 지정각세간을 가리키는 붉은 줄도인圖印과 중생세간을 의미하는 검은 글자법성게法性偈와 기세간을 상징하는 흰색의 종이로 이루어지는데, 붉은 줄과 검은 글자와 흰 종이가 만나는 한 점은 사실 붉은 줄도 아니고 검은 글자도 흰 종이도 아니지만 동시에 붉은 줄이면서 검은 글자이고 흰 종이인 것처럼, '나'는 그대로 여래출현이면서 이는 곧 시공간이라는 것이 융삼세간불의 뜻이다.

4) 법계연기를 통한 '나'의 이해

지금, 여기에 실존하는 '나'의 참모습인 여래출현의 세계를 화엄종은 어떻게 설명하는가? 화엄종 내에도 이에 대한 다양한 설명 방식이 있지만 대표적으로 법계연기설을 들 수 있다. 법계연기설은 화엄종 이전에도 있었지만 화엄종은 이를 여래출현여래성기설과 짝지어서 이 세계, 법계를 설명하는 틀로 활용하였다. 화엄종의 주요 스님들은 저마다의 법계연기설을 세웠지만 그중 가장 널리 알려진 것은 징관澄觀, 738~839과 종밀宗密, 780~841스님의 4종 법계연기설이다.

> 법계란 (징관스님의) 『신경소新經疏』에서 온통 오직 하나의 참된 법계일진법계一眞法界일 뿐이라고 한다. 즉 모든 현상을 다 갖춘 (이 법계는) 곧 한마음일심一心이다. 그런데 (이 한) 마음이 모든 현상을 융섭하여 곧 네 종류의 법계를 이룬다. 첫째는 사법계로 '계'는 구분분分의 뜻이다. (모든 현상이) 낱낱이 달라서 (각자의) 영역이 있기 때문이다. 둘째는 이법계

로 '계'는 성품성性의 뜻이다. 다함 없는 현상이 동일한 성품이기 때문이다. 셋째는 이사무애법계로 성품과 구분의 뜻을 갖추어 성품과 구분에 걸림이 없기 때문이다. 넷째는 사사무애법계로 (각자의) 영역을 지닌 일체의 현상이 낱낱이 성품처럼 융통하여 중중무진하기 때문이다.

- 『주화엄법계관문』

'법계'란 이 세상의 모든 현상이다. 화엄종에서는 이 모든 현상이 하나의 참된 법계이자 곧 한마음일 뿐이며, 이 한마음은 결국 여래의 마음 여래성기구덕심如來性起具德心이라고 한다. 4종 법계설은 이러한 법계를 관찰 또는 설명하기 위하여 현상 사事과 이법 이理을 임시로 구별한 후 이를 다시 사사무애법계로 통합하여 여래성기, 여래출현의 실상을 드러낸 것이다.

첫째, 사법계事法界는 이 세계를 차별 있는 세계로 보는 것이다. 낱낱 사물은 저마다의 인연에 따라서 일어난 것이므로 각각 자신의 영역과 한계를 지니고 서로 구별된다. 즉 차별의 세계이다. 지금 독자가 들고 있는 이 책과 저자가 보고 있는 모니터는 서로 구별되는 차별의 세계로서 사법계이다.

둘째, 이법계理法界는 이 세계의 다양한 현상이 실제로는 동일한 성품, 원리, 진리라고 파악하는 것이다. 이때의 동일한 성품은 궁극적 이법으로서 한마음이며 진여로도, 공空으로도 부를 수 있다. 즉 평등의 세계이다. 서로 다른 것처럼 보이는 이 책과 모니터가 한마음에서 연기된 여래출현으로 모두 공하다는 측면에서는 평등의 세계이다.

셋째, 이사무애법계理事無礙法界는 차별의 세계와 평등의 세계가 서로 다른 세계가 아니라 걸림 없는 상호 관계상즉상입 속에 있다고 본다. 즉 다양한 현상과 하나의 이법은 온전히 무분별한 세계이다. 여기에는 화엄종 내에도 두 가지 이해방식이 있다. 하나는 이법과 현상의 층위를 설정한 상태에서 그 둘의 걸림 없음을 주장하는 입장이다. 이것은 예로부터 『대승기신론』의 물과 파도의 비유, 『금사자장』金師子章의 금과 금으로 된 사자상의 비유를 통해 설명되었다. 이것은 화엄종 내의 대표적 여래장적 이해방식이라고 할 수 있다.

다른 하나는 이법과 현상 사이에 어떠한 층위의 차이 없이 저절로 그 둘이 걸림 없다는 입장이다. 물과 파도의 비유에서 물이 본체인 이법이고 파도가 그것의 현현인 현상이므로 걸림 없다는 주장을 화엄종의 일승설이 아니라 삼승의 설이라고 비판하는 부류이다. 이 둘의 입장 차이는 사사무애법계에도 이어지며 이는 화엄종 내부에 여래장적 이해와 여래성기적 이해가 공존하는 데서 비롯된 입장 차이라고 할 수 있다. 여래성기적 이해방식에 대해서 이 책과 이 모니터를 예로 든다면, 그 둘의 본성이 한마음 또는 여래성 또는 공空과 더불어 조금의 장애가 없어서 이 책에서, 이 모니터에서 그 본성인 여래성을 따로 찾는 것이 아니라 이 책이, 이 모니터가 그대로 여래성인 것이다.

넷째, 사사무애법계事事無碍法界는 차별의 세계로 보이는 현상과 현상이 서로 걸림 없는 상호 관계 속에 있다고 보는 것이다. 즉 이 세계의 모든 현상이 무분별한 세계로 그 자체가 참된 온전한 세계이며 여래출현일 뿐이다. 이것이 화엄종이 바라보는 이 세계의 참모습이다.

여기에도 두 가지 입장이 있다. 하나는 앞의 여래장적 이해 방식에 연결된 것으로 무수한 현상과 그 현상의 본체인 이법이 걸림 없기에, 즉 이사무애이므로 무수한 현상들도 서로 걸림 없는 관계에 있다는 것이다. 즉 동쪽에서 불어오는 파도와 서쪽에서 불어오는 파도, 금목걸이와 금귀걸이가 서로 걸림 없는 상호관계에 있는데, 파도는 모두 물을 본체로 하고 있기 때문이고, 금목걸이와 금귀걸이는 둘 다 금으로부터 나온 것이기 때문이다. 여래출현으로 풀이하면 이는 모든 현상을 이법인 여래의 출현으로 보는 것이다.

다른 하나는 물이기 때문에, 금이기 때문에 파도와 금장신구가 걸림 없다는 것은 삼승설로 일승의 화엄종 설이 아니라는 입장이다. 동쪽의 파도가 아니면 서쪽의 파도가 없고 금목걸이가 자성의 금목걸이가 아니기 때문에 금목걸이가 바로 금귀걸이여서 서로 걸림 없기에 여기에 어떠한 이법이나 본체를 상정할 필요가 없다는 것이다. 여래출현으로 말하면 현상으로 나타난 출현이 곧바로 여래로서, 출현 외의 어떤 원리나 이법으로서의 여래에 근거하지 않는다.

독자 여러분의 책과 저자의 모니터는 그 자체로 걸림이 없어서 독자가 책을 읽어야 저자의 모니터에 글씨가 나타나며 저자의 모니터가 곧 독자의 책과 조금도 다를 바 없다는 세계관이다. 다만 여기에서 무엇이 화엄종의 '다를 바'이고 '없다'는 것인가는 유념해야 할 것이다. 화엄종의 입장에서 책과 모니터와 독자 여러분과 저자, 나아가 법계의 모든 현상은 모든 개념을 떠나서 분별이 없으며 무분별無分別 시공간 등 어떠한 것에도 고정되어 있지 않아 머무르지 않기 부주不住 때문에 다를 바 없고 걸림이 없는 것이지, 어떤 원리나 자성에 근거하여 두 현상이 같다거나 걸림이 없다고 하는 것은 아니다.

5) '나'의 관찰 방법

무아·연기인 '나'를 여래출현과 법계연기로 파악하는 것이 화엄종의 입장이다. 여래출현과 법계연기의 관계 또한 화엄종 내에 여러 설이 있지만, 이 둘을 '나'의 본래 모습과 그 본래 모습을 깨닫는 방편으로 이해하기도 한다. 즉 '나'의 참모습인 여래출현을 법계연기의 네 가지 방식으로 번갈아 살펴서 깨닫는 것이다. 비유하자면 '나'의 목적지_{여래출현}에 가기 위해서 네 가지 버전의 지도_{법계연기}를 보고 나아가는 것이다. 물론 그 '나'가 가고자 하는 목적지가 다름 아닌 '나'가 지금 여기에 서 있는 곳이라는 점이 여래출현의 본래 의도이며, 이것이 바로 의상스님이 "가고 가야 본래 그 자리, 이르고 이르러야 떠난 그 자리_{행행본처行行本處 지지발처至至發處}"라고 한 뜻으로 볼 수 있다(『법계도기총수록』).

지도만 있다고 저절로 목적지에 도착하는 것이 아닌 것처럼 법계연기가 저절로 여래출현이 되지 않기에 이 뜻을 관찰하는 구체적인 방편이 필요하다. 십현연기설과 육상설은 법계연기를 통해서 여래출현을 살피는 대표적인 관법이다.

(1) 십현연기설

걸림 없는 상호 관계_{상즉상입}의 사사무애 법계연기를 관찰하는 방식에 대한 구체적 설명이 십현연기설_{十玄緣起說}이다. 십현연기는 십현문_{十玄門}이라고도 하며 열 가지의 현묘한 연기에 대한 설명이라는 뜻이다. 십현연기설은 지엄스님에게서 처음 보이며 이후 화엄교가들이 법계연기를 관찰하고 설명하는 방편으로 널리 활용되었다.

지엄스님의 십현연기설을 그의 제자 법장스님이 이어받아 그의 저술 『화엄경탐현기 華嚴經探玄記』에서 약간 수정한 것을 신십현新十玄이라 하고, 그 이전의 것을 고십현古十玄이라고 한다. 신십현은 ① 동시구족상응문同時具足相應門, ② 광협자재무애문廣狹自在無礙門, ③ 일다상용부동문一多相容不同門, ④ 제법상즉자재문諸法相卽自在門, ⑤ 은밀현료구성문隱密顯了俱成門, ⑥ 미세상용안립문微細相容安立門, ⑦ 인다라망경계문因陀羅網境界門, ⑧ 탁사현법생해문託事顯法生解門, ⑨ 십세격법이성문十世隔法異成門, ⑩ 주반원명구덕문主伴圓明具德門을 말한다.

열 가지 문은 법계를 대상으로 관찰한 것이다. 따라서 법계의 어떠한 현상에도 적용 가능하며 이 열 가지 문은 동일한 연기로서 서로 장애가 없어서 한 문이 나머지 아홉 문을 갖추고 있다. 그러므로 열 가지 문은 단지 측면이 다를 뿐 서로 걸림 없는 상호관계 속에 있다. 여기에서는 법장스님의 십신현 가운데 첫 문인 동시구족상응문同時具足相應門을 중심으로 간략히 십현연기의 내용을 살펴보겠지만, 그 뜻으로 말하자면 동시구족상응문의 설명이 다른 모든 문에 대한 설명을 포괄한다고 할 수 있다.

동시구족상응문

법계의 어떤 하나의 현상은 과연 무엇이고 다른 현상들과 어떤 관계를 맺고 있을까? 어떤 현상도 열 가지 보법普法이 이전과 이후, 처음과 끝 등의 어떠한 다름이나 단계 없이동시同時 갖추어져 상응해야 비로소 이루어진다. 달리 말하면 우리가 보고 느끼는 모든 현상은 다열 가지 보법이 차별 없이 갖추어져 상응하고 있다는 것이다.

열 가지 보법이란 가르침과 뜻의敎義, 이법과 현상이사理事, 대상과 지혜경지境智, 수행과 계위행위行位, 원인과 결과인과因果, 의보와 정보의정依正, 체와 작용체용體用, 사람과 법인법人法, 거스름과 수순함역순逆順, 여래의 응대와 중생의 감화응감應感로 법계의 모든 개념, 구분을 포섭하기에 두루하는 법보법으로 불린다.

열 가지 보법으로 대표되는 법계의 모든 현상, 개념, 구분이 동시에 구족되어 상응해야만 비로소 하나의 연기법이 이루어지며, 여기에는 어떠한 차별도 없다. 이는 다른 모든 연기법에서도 마찬가지이다. 왜냐하면 이 연기법을 포함한 모든 연기법, 즉 법계는 부처님의 삼매이자 『화엄경』의 대표 삼매인 해인삼매海印三昧 중에 몰록 밝게 나타난 여래법이기 때문이다. 즉 법계의 모든 법이 여래출현임을 다시금 강조하고 있다(『화엄일승교의분제장』).

지금 독자가 보고 있는 이 책을 독자는 무엇이라고 생각하는가? 일반적으로는 하나의 고정된 대상, 즉 책으로만 볼 것이다. 하지만 여래출현의 관점인 동시구족상응문에서 바라본다면, 이 책은 단순히 하나의 책으로 고정되지 않는다. 이 책은 법계 그 자체이다. 이 책 기세간器世間이 있지 않으면 '나중생세간衆生世間'도 없고 부처님지정각세간智正覺世間도 없으며 법계의 모든 것이 없다. 이 책은 고정된 자성을 지니고 있는 자성법이 아니기 때문에 이 책은 '나'이기도 하고 부처님이기도 하다. 이런 측면에서 이 책은 여래출현이자 중생출현이며 기세간출현인 것이다.

따라서 독자가 들고 있는 이 책은 필자가 보고 있는 모니터로서 가르침이면서 뜻이고 현상이면서 이법이며, …… 원인이면서 결과

이고, 중생의 감화이자 여래의 응대이다. 이와 같이 연기법을 관찰할 때, 이 세계 어떠한 법도 하나로서 홀로 일어나지_{孤起} 않으며 이 세계 모든 법과 서로 걸림 없는 상호 관계_{상즉상입} 속에서 일어나며_{법계연기} 일어난 그 법이 바로 여래중생기세간출현이다.

(2) 육상설

육상설_{六相說} 또한 십현연기설과 마찬가지로 사사무애 법계연기의 측면에서 연기법의 실상을 관찰하여 여래출현을 깨닫고자 하는 관법이다. 육상설의 발전사를 간략히 정리하면 다음과 같다.

육상설은 『십지경』에 보살행의 방편으로서 그 명목이 보이고, 세친보살이 『십지경론』에서 이를 10구로 구성되어 있는 경전 문구 해석의 한 방법으로 이론화하였다. 『십지경론』이 동아시아에 전래되어 이를 바탕으로 형성된 지론종에 의해서 육상설은 다양한 변화를 거친 후, 화엄종의 지엄스님 이래 의상스님과 법장스님의 창조적 변용을 통하여 법계연기를 관찰하여 여래출현을 깨닫는 주요한 방편으로 자리 잡았다.

이처럼 육상설은 전개 과정에 따라서 '육종상_{六種相}', '육상연기_{六相緣起}', '육상원융_{六相圓融}' 등의 다양한 이름으로 불렸으며, 그 내용도 조금씩 달라졌다. 여기에서는 그 가운데 초기 육상연기설 또는 육상원융설을 확립한 의상스님과 법장스님의 설을 중심으로 간략히 살펴보겠다.

먼저 육상설은 세친보살이 10구로 된 경문의 해석 방법으로 제시한 것이므로 그 대상이 본래는 경전의 문구에 한정되었으나, 지론종을 거쳐 화엄종에 이르게 되면 법계의 모든 현상으로 확장된다. 따라서 세친보살에게는 육종상이었지만, 화엄종에 이르게 되면 육상연기 또는 육상원융이 되며, 모든 연緣으로 생겨난 법이 육상으로 이루어지지 않음이 없게 된다.

세친보살과는 달리 화엄종사들은 법계의 모든 연기법에 육상연기설을 적용하였다. 의상스님은 『일승법계도』의 「반시」에서 붉은 줄로 된 도인圖印에 대해 다음과 같이 육상연기설을 풀이한다.

> 총상이란 근본의 인근본인根本印이다. 별상이란 나머지 굴곡들로서 별상이 근본인을 의지하며 그 근본인을 만족시키기 때문이다. 동상이란 근본인이기 때문으로, 이른바 굴곡은 다르지만 한 가지 근본인이기 때문이다. 이상이란 늘어나는 모습이기 때문으로, 이른바 첫 번째, 두 번째 등 굴곡들이 달라서 수가 늘어나기 때문이다. 성상이란 간략히 설하기 때문으로, 이른바 근본인을 이루기 때문이다. 괴상이란 널리 설하기 때문으로, 이른바 번다하게 도는 굴곡들이 각각 스스로 달라서 본래 (근본인을) 짓지 않기 때문이다.
>
> -『일승법계도』

후대에 화엄종의 육상원융설을 대표하는 설로 자리 잡게 되는 법장스님의 설명을 아울러 소개하면 아래와 같다.

> 총상이란 하나가 많은 덕을 포함하기 때문이다. 별상이란 많은 덕이 하나가 아니기 때문이다. 별상이 총상을 의지하며 그 총상을 만족시키기 때문이다. 동상이란 많은 뜻이 서

로 어긋나지 아니하여 하나인 총을 함께 이루기 때문이다.
이상이란 많은 뜻이 서로 바라보아 각각 다르기 때문이다.
성상이란 이 모든 뜻을 말미암아 연기가 이루어지기 때문
이다. 괴상이란 모든 뜻이 각각 자기 자리에 머물러 움직이
지 않기 때문이다. -『화엄일승교의분제장』

이 두 인용문 모두 세친보살의 육상설을 변용한 것이나, 연기법에 육상설을 적용하고 있다는 점에서는 동일하다. 이 육상연기설은 법계의 연기법을 총상總相과 별상別相, 동상同相과 이상異相, 성상成相과 괴상壞相이라는 여섯 항목으로 나누어 파악하고, 그 여섯 항목의 서로 걸림 없는 상호 원융 관계를 관찰하는 것이다. 관찰 대상이 된 하나의 연기법이 바로 법계 전체이며 다른 모든 현상과 서로 원융한 관계에 있음을 여실히 깨달음으로써, 사사무애 법계연기를 통하여 여래출현의 세계, 즉 법성의 집法性家法性家으로 들어가게 된다.

법장스님은 육상설을 법계의 구체적인 현상인 집에 적용하여 집의 관찰을 통해서 사사무애 법계연기와 여래출현의 세계로 인도한다. 여기서 한 가지 유의할 점은 그가 집에 육상설을 적용할 때 이것은 실제로 그렇지 않지만 비유로 설명한 것이 아니라, 실제로 육상설이 적용되는 예를 든 것이라는 점이다. 이는 법계의 모든 연기법에 육상연기설이 적용 가능 내지는 적용되어야 한다는 입장을 생각하면 당연하다고 할 수 있다.

이제 한 채의 집을 육상으로 관찰하면 집은 총상이고 별상은 서까래, 기와 등의 모든 연이 총상인 집과 다르면서 집을 이룬다. 여기서 온전한 집이 이루어져 있을 때, 서까래가 곧 집이니 서까래만으

로 집을 이룬다. 그렇다면 기와 등 서까래 이외의 것이 없이 서까래만으로 집을 이루는가? 온전한 집이 이루어져 있을 때에만 서까래이고 이때에는 서까래만으로 집을 이룬다. 집이 이루어지지 않으면 서까래는 없고 기다란 나무토막일 뿐이다. 또한 서까래가 없으면 집이 이루어지지 않으므로 따라서 기와도 문도 모두 있을 수 없다. 그러므로 서까래이면 곧 집이다. 이와 마찬가지로 기와이면 곧 집이고 문이면 곧 집이다. 따라서 총상과 별상이 원융하다.

동상은 서까래, 기와, 문 등의 연緣이 한가지로 집을 이루는 동일한 연인 것이고, 이상은 한가지로 집을 이루는 동일한 연이지만 서까래는 기와와 다르고 문과 다른 것이다. 서까래와 기와 등이 서로 다르기 때문에, 즉 이상이기 때문에 한가지로 집을 이루는 동일한 연, 즉 동상이 된다. 만약 서까래 등이 모두 기와와 똑같다면 집을 이룰 수 없기 때문이다. 동시에 서까래와 기와 등이 집을 이루는 동일한 연인 까닭에 서까래와 기와 등이 서로 다르게 된다. 그러므로 동상과 이상이 원융하다.

여기에서 동상은 모든 연이 화합하여 집을 이루는 것이고, 총상은 오직 전체의 집만을 보고 말한 것이다. 또한 서까래가 총상을 바라보면 별상이고 기와를 바라보면 이상이 된다. 성상은 서까래 등의 모든 연이 각자의 자리에서 움직이지 않으면서 집을 이루는 것이고, 괴상은 모든 연이 집을 이루면서도 각자의 자리에서 움직이지 않는 것이다. 서까래 등이 움직이지 않는데 어떻게 집을 이룰 수 있을까? 오히려 서까래는 서까래의 자리에서 움직이지 않아야만 집이 이루어진다. 서까래가 문의 자리로 움직인다면 집은 이루어질 수 없기 때문이다. 그러므로 성상은 짓지 않으면서 지음을 밝힌다고 할 수 있다. 반면에 서까래 등의 모든 연이 자신의 자리에 머물 뿐인 괴상은 집을 짓되 짓지 않음을 밝힌다. 따라서 짓지 않음의 지음이 곧 짓되 짓지 않음이기 때문에 성상과 괴상이 원융하다.

성상이 서까래는 서까래인 것만으로 집을 지어 다른 연을 상대하지 않는다면, 동상은 서까래와 기와 등이 모두 동일한 연으로 집을 짓기에 서로 상대함의 뜻이 있다. 또한 이상은 동상과 마찬가지로 연 사이에 서로 바라보는 뜻이 있어서 서로를 알지만, 괴상은 자기 자리에서 움직이지 않고 다른 연을 상대하지 않기에 서로 알지 못한다.

여기에서는 육상원융 중 총별, 동이, 성괴 간의 원융만을 소개하였지만, 어느 항목 간에도 원융이 가능하다. 그것이 법계의 모든 연기법의 참모습이며, 육상원융설의 취지이다. 이러한 취지에 따라서 지금 독자가 보고 있는 이 책을 육상원융의 입장에서 살펴보자. 이 책을 총상으로 본다면 무엇이 별상 등이 되며, 또한 이 책이 별상이라면 무엇이 총상 등이 될까? 이 세계의 모든 현상은 총상이면서 별상이며 동상이면서 이상이고 성상이면서 괴상이다. 따라서 독자의 책을 별상으로 보면 법계의 총상과 원융하므로 독자의 책이 곧 법계이다. 또 독자의 책과 필자의 모니터는 온 법계를 이루는 동일한 연이면서 동시에 책과 모니터는 서로 다르다. 다르기에 법계가 이루어진다. 그렇다고 책이 변하여 법계를 이루는 것은 아니다. 책이 책으로 있어야만 온 법계가 온전히 이루어진다. 그렇지만 책은 책일 뿐 모니터를 알지는 못한다.

이렇게 사사무애로 관찰된 법계의 모든 현상, 존재는 바로 여래출현이다. 독자의 책도, 필자의 모니터도, 독자와 필자도 여래출현임을 육상원융을 통해서 관찰하는 것이다.

6) 지금, 여기에서 불행佛行할 뿐

'나'로 대표되는 법계의 모든 현상이 여래출현이라면 지금, 여기의 '나'는 무엇을 해야 하는가? 의상스님의 말처럼 '예로부터 부처님구래불舊來佛'이라면 부처가 되기 위한 수행은 필요 없는 것인가? 화엄종의 여래출현 관점에서 수행이란 부처가 되기 위한 것이라기보다는 부처의 행, 즉 불행佛行을 펼치는 것이다.

'나'가 여래출현임을 믿는다면, 스스로 부처임을 자각한다면 곧 무상정등정각심無上正等正覺心을 일으킨다. 초발심하는 것이다. 『화엄경』에서는 "초발심하는 때에 곧 무상정등정각을 이룬다초발심시변성정각初發心時便成正覺."라고 하며, 의상스님 또한 이를 『법성게法性偈』에서 인용하고 있다. '나'가 여래출현임을 믿는 것이 바로 정각正覺, 즉 '나'가 부처임을 올바로 깨닫는 것으로 이 외에 다른 어떤 것도 없다. 따라서 그 이후의 십주十住·십행十行·십회향十廻向·십지十地 등의 모든 지위와 행위는 깨달음을 완성해 가는 인행因行의 보살도가 아니라, 정각 후에 여러 측면으로 펼쳐지는 과행果行의 일승보살도一乘菩薩道이자 불행이다.

그러므로 지금, 여기의 '나'가 해야 할 것은 '나'가 번뇌에 뒤덮인 중생임을 깨닫고 이로부터 벗어나기 위해서 발심하고 수행하여 성불하는 것이 아니다. 이것은 화엄종 여래출현의 입장이 아니다. 여래출현이라면 지금, 여기의 '나'는 바로 '나'가 부처임을 믿고 불행을 펼치는 것이다. 그러나 나아가 말하자면 '나'가 부처임을 믿고 불행을 펼친다는 것도 중생과 부처를 잊고 단지 불행이라 불릴 수 있는 길, 일승보살도에 들어서게 하기 위한 방편일 뿐이다.

『화엄경』 전 편에 걸쳐서 설해지는 것이 모두 일승보살도인 불행에 해당되겠지만 굳이 하나를 꼽자면 예로부터 서원誓願을 중시하였다. 그 가운데 널리 언급되는 서원으로 「정행품淨行品」의 140원願, 「십회향품十廻向品」 전체, 「십지품」 초지初地의 10종 대원大願, 「보왕여래성기품」의 성기원性起願 그리고 『화엄경』의 모든 서원을 총괄한다는 「입법계품」 말미에 등장하는 보현보살의 10종 대원, 즉 보현행원普賢行願이 있다. 따라서 보현행원은 부처 되기 위한 서원이 아니라 일승보살도인 불행으로서의 서원이다. 그렇기에 의상스님도 『화엄경』의 십불十佛 중 두 번째, 원불願佛을 풀이하면서 "「정행품」 140원·십회향원·초지원初地願 및 성기원 등이 모두 원불"이라고 하여, 이러한 서원이 불행임을 분명히 하고 있다.

이처럼 '나'가 여래출현임을 믿고 발심하여 불행인 일승보살도를 걷는, 예로부터 부처구래불舊來佛인 일승행자에게 고통과 번뇌는 예로부터 끊어진 것구래단舊來斷이다. 물론 이때의 예로부터구래舊來는 현재와 미래의 삼세가 한 때삼세일제三世一際인 예로부터이다.

지금, 여기의 '나'가 바로 펼쳐야 할 불행의 예로서 보현보살의 10종 대원인 보현행원을 아래에 소개한다.

① 예경제불원禮敬諸佛願: 모든 부처님을 예배하고 공경한다.
② 칭찬여래원稱讚如來願: 부처님을 찬탄한다.
③ 광수공양원廣修供養願: 널리 공양한다.
④ 참회업장원懺悔業障願: 업장을 참회한다.
⑤ 수희공덕원隨喜功德願: 남이 짓는 공덕을 기뻐한다.

⑥ 청전법륜원請轉法輪願: 설법하여 주시기를 청한다.
⑦ 청불주세원請佛住世願: 부처님께 이 세상에 계시기를 청한다.
⑧ 상수불학원常隨佛學願: 항상 부처님을 따라 배운다.
⑨ 항순중생원恒順衆生願: 항상 중생을 수순한다.
⑩ 보개회향원普皆廻向願: 지은바 모든 공덕을 널리 회향한다.

7) 『화엄경』의 이해

개요

『화엄경』, 즉 『대방광불화엄경』은 대승경전 중 이른바 화엄부 경전에 속하면서 이를 대표하는 경전이다. 『화엄경』이 성립되기 전에 이미 유통되고 있던 화엄부 경전, 예를 들면 「십지품十地品」, 「여래출현품如來出現品」, 「입법계품入法界品」 등에 해당하는 단독 경전들을 어떤 의도에 따라서 체계적으로 배치하고 일부는 새로 저술하여 집성·편찬한 것이 『화엄경』이다. 이를 다른 화엄부 단독 경전들과 구분하기 위하여 '화엄대경'이라고도 부른다. 이 경 전체는 산스크리트본이 아직 발견되지 않았지만 「십지품」과 「입법계품」에 해당하는 단독 경전 Daśabhūmika-sūtra, Gaṇḍavyūha-sūtra과 일부 단편의 산스크리트본이 남아 있다. 이 경의 산스크리트본 제목은 단편을 통해서 "불화엄"이라는 이름의 대방광경 Buddhāvataṃsaka-nāma-mahāvaipulya-sūtra"임이 알려져 있다.

『화엄경』의 편찬 전반에 대해서는 아직 분명히 밝혀지지 않았다. 다만 ① 현존 인도 자료에서 『화엄경』의 유통 흔적을 찾을 수 없고, ② 한역의 원본을 당시 우전국 于闐國, Khotan; 지금의 화전和田에서 가

져왔으며, ③ 한역본에 인도에는 없고 중앙아시아에만 있던 음가音
價가 보이고, ④ 한역본에 중국의 지명이 등장한다는 등의 근거를 토
대로 대략 250년~350년 사이에 우전국에서 처음으로 편찬되었을
것으로 추정하지만 이에 대한 반론도 있다.

인도 내 유통과 주석

화엄대경의 경우 현존 인도 자료에서는 인도 내 유통 흔적을 찾을
수 없다. 그러나 『십지경』이나 다른 화엄부 단독 경전들은 다음의 근
거를 통해 인도에서 널리 유통되었음을 알 수 있다. 첫째는 인도의
여러 대승불교 논사들이 화엄부 단독 경전에 대해서 주석서를 저술
했기 때문이다. 예를 들면 용수보살은 『십지경』에 대해 『십주비바사
론十住毘婆沙論』이라는 주석서를 지었으며 이 중 일부가 한역으로 현
존한다.

한편 기록에 의하면 용수보살이 화엄대경을 용궁에서 가져와 이
에 대해서 10만 게송으로 된 주석서인 『대부사의론大不思議論』을 지
었다고 하지만 현존하지 않아 그 진위를 파악할 수 없다. 또한 세
친보살도 『십지경론十地經論, *Daśabhūmivyākhyāna』을 지어 『십지
경』을 풀이하였다. 둘째는 다수의 인도 대승불교 문헌에 화엄부 단
독 경전들이 인용되기 때문이다. 예를 들면 무착보살의 『섭대승
론』攝大乘論, 세친보살의 『유식이십론唯識二十論, imśatikā-vijñapti-
mātratā-siddh』, 『구경일승보성론究竟一乘寶性論, Ratnagotra- vibhāgo
Mahāyānottaratantra-śāstra』 등 일일이 열거할 수 없을 정도이다. 이를
통해 화엄부 단독 경전들이 인도 대승불교에서 매우 중요한 위치를
차지하고 있었음을 알 수 있다.

번역본

『화엄경』의 번역본은 한역 2종과 티베트어역 1종이 현존한다. 한역의 경우, 중국 동진東晉시대 불타발타라佛馱跋陀羅, *Buddhabhadra, 각현覺賢, 359~429스님이 418년~420년에 번역하고 421년에 교정을 완료하여 역출한『대방광불화엄경』이 있다. 이를 '진본晉本', 또는 '구경舊經'이라고도 하며, 번역 당시에는 50권이었던 것으로 보이지만 후에 60권본이 주로 유통되어 '60권본『화엄경』', 또는 '육십화엄'이라고도 부른다. 또한 대주大周시대 실차난타實叉難陀, *Sikṣānanda, 학희學喜, 652~710스님이 695년~699년에 역출한『대방광불화엄경』이 있다. 이를 '주본周本' 또는 '신경新經'이라고도 하며, 80권본으로 구성되어 '80권본『화엄경』', 또는 '팔십화엄'이라고도 이른다.

한편 티베트어역 화엄대경은 지나미트라Jinamitra, 수렌드라보디 Surendrabodhi, 예 셰 데Ye shes sde 등이 8세기 후반~9세기 초반에 번역한『'불장엄'이라는 대방광경 Sangs rgyas phal po che shes bya ba shin tu rgyas pa chen po'i mdo』이라는 제목으로 현존한다.

8) 화엄종

(1) 화엄종의 성립

동아시아에서 불타발타라스님에 의해『화엄경』이 역출421되고『십지경론』등의 관련 경론들이 연이어 한역되자, 이에 관한 다양한 해석·실천 체계가 성립되었다. 그중 화엄종 성립에는『십지경론』에 바탕을 둔 이른바 지론종의 영향을 빼놓을 수 없다. 세친보살의 유식사상이 『십지경론』과 『섭대승론』 등에 의해서 전해지면서 유심唯心사상에 대한 논의가 심화되는 가운데 『대승기신론』 등의 논서에 의해서 여래장사상이 유입되면서 지론종은 점차 여래장사상을 기반으로 자신들의 마음 이해를 체계화시켜 나간다.

지엄스님

후대에 화엄종 초조로도 불리는 두순杜順, 557~640스님에게 출가한 지엄스님智儼, 602~668은 지론종 남도파에서 그 당시 성행하던 다양한 조류의 불교를 접하고는 마침내 『화엄경』을 소의처로 삼아서 평생 나아가기로 결심한다. 이는 당시 현장법사 등에 의해 일어난 이른바 신유식과 지론종의 여래장사상 등을 섭렵한 지엄스님이 자신의 마음 이해로 유식은 물론 여래장사상에도 만족하지 않고 그와는 다른, 여래성기, 여래출현으로 불리는 마음 이해를 핵심으로 화엄종을 성립시켰다는 것을 보여 준다. 지엄스님이 후대에 화엄종으로 불리게 되는 방향으로 나아가게 된 것은 유심사상, 즉 법계를 지어내는 이 마음을 어떻게 이해할 것인가에 대한 입장 때문이었다. 그는 이 답을 여래장사상에서 찾지 않고 여래성기라는 새로운 길을 만들어 나간 것이다.

지엄스님의 주요 저술은 60권본 『화엄경』에 대해 27세에 지은 주석서인 『대방광불화엄경수현분제통지방궤大方廣佛華嚴經搜玄分齊通智方軌』, 60권본 『화엄경』에서 144개 주제를 뽑아서 설명한 62세 이후 가장 만년의 저술인 『화엄경내장문등잡공목華嚴經內章門等雜孔目』, 화엄교학의 주요 주제 53가지를 문답 형식으로 풀이한 58세 이후 저술인 『화엄오십요문답華嚴五十要問』 등이 현존한다.

의상스님

　지엄스님의 제자인 의상義相, 義湘, 義想, 625~702스님과 법장스님은 지엄스님이 기초를 마련한 화엄종을 대성시켜, 당시 불교교학의 최고봉으로 자리매김하였다. 의상스님은 지엄스님의 여래성기, 여래출현을 더욱 고도화시키고 이를 '예로부터 부처님구래불'이나 '내 오척 되는 몸오오척신폼五尺身' 등의 독자적인 개념과 용어를 통해 펼쳐 나감으로써 지엄스님에 의해 촉발된 여래장과의 결별을 더욱 확실하게 매듭지었다고 할 수 있다.

　또한 유학을 마치고 신라로 돌아온 이후에는 수많은 제자들을 제접하여 해동화엄海東華嚴의 초조라고 불리게 된다. 이후 그의 맥을 이은 의상계 화엄은 한국화엄의 주류로서 한국불교의 주축을 이루어 오늘에 이르게 된다. 의상스님은 저술보다는 제자들의 교화와 실천수행에 더욱 힘썼던 것으로 평가된다. 그럼에도 8종의 저술이 알려져 있고 그 가운데 『화엄경』의 핵심을 담은 7언 30구의 「법성게」를 네모난 도인에 배치한 「반시」와 이에 대한 풀이로 구성된 『일승법계도』(현존)가 특히 중시되었다. 또한 법장스님의 저술로 알려진 『화엄경문답華嚴經問答』은 의상스님의 『화엄경』 강의를 그의 제자 지통智通이 기록한 것임이 최근에 밝혀졌다.

법장스님

　의상스님의 사제師弟인 법장法藏, 643~712스님은 중국 화엄종의 대성자大成者라고 불릴 정도로 화엄종의 체계를 완성한 인물이며, 동시에 대주의 무측천武則天, 또는 측천무후則天武后에게 존숭을 받는 등 정치적으로도 뛰어난 활약을 보였다. 특히 약 30부 100여 권의 저술을 남겼을 정도로 다작의 교학가였으며, 80권본『화엄경』의 번역장에 참여하기도 하였다.

법장스님의 화엄사상은 후대 중국과 한국 그리고 일본에서 정통 화엄사상으로 자리매김될 정도로 중시되었다. 그 가운데『화엄일승교의분제장華嚴一乘教義分齊章』은『화엄오교장華嚴五教章』이라고도 하며 비교적 초기 저술로, 화엄학 연구의 입문서이자 필독서로 흔히 '입교개종立教開宗의 서書'라고 불린다.『화엄경탐현기』는 지엄스님의『수현기』와 더불어 60권본『화엄경』에 대한 대표적인 주석서이다. 이 외에도『화엄경전기華嚴經傳記』,『화엄경지귀華嚴經旨歸』그리고『대승기신론의기大乘起信論義記』등이 후대에 널리 읽혔다.

그의 제자로는 정법사 혜원靜法寺 慧苑, 673?~743?스님과 문초文超스님 등이 있으며, 특히 혜원스님은 스승 법장스님이 말년에 저술하던 80권본『화엄경』에 대한 주석서를 이어서『속화엄경약소간정기續華嚴經略疏刊定記』를 완성하였다.

(2) 화엄종의 전개

징관스님

지엄, 의상, 법장스님에 의해서 화엄종이 성립된 후, 이를 이어받아 더욱 화려한 꽃을 피워 당시 불교계를 장엄한 이는 징관澄觀, 738~839스님이다. 당나라 일곱 황제의 사범으로 존숭받을 만큼 당시 불교계의 대표 인사였으며, 400여 권을 저술했다고 전해질 만큼 많은 저술을 남겼다. 그 가운데 현존하는 대표 저서를 소개하면 아래와 같다.

① 『대방광불화엄경소大方廣佛華嚴經疏』: 80권본 『화엄경』에 대한 주석서

② 『대방광불화엄경수소연의초大方廣佛華嚴經隨疏演義鈔』: 『대방광불화엄경소』에 대한 징관 자신의 해설서

③ 『정원신역화엄경소貞元新譯華嚴經疏』: 『화엄경』「입법계품」을 당唐 정원貞元 연간에 40권으로 새로 한역하여 40권본 『화엄경』 또는 『정원경貞元經』으로도 불리는 『대방광불화엄경』「입부사의해탈경계보현행원품」에 대한 주석서

종밀스님

징관스님의 제자인 종밀宗密, 780~841스님은 선사禪師로 출발하여 후에 징관스님의 『대방광불화엄경소』를 읽고 깨달음을 얻은 후, 징관스님의 제자가 되어 자신의 교학을 완성시킨다. 또한 종밀스님은 『대방광원각수다라요의경大方廣圓覺修多羅了義經』에도 깊은 관심을 보여 이른바 『원각경대소』, 『원각경대소초』, 『원각경약소』, 『원각경약소초』 등 총 4종의 주석서(현존)를 저술하고, 또한 당시 분위기에서 교와 선의 일치에도 힘써 『선원제전집禪源諸詮集』(일실)과 이를 요약한 『선원제전집도서禪源諸詮集都序』(현존)를 지었다.

종밀스님 이후의 화엄종

당 무종武宗의 회창폐불會昌廢佛, 840~845 이후 화엄종을 포함한 교학 전체가 쇠퇴하게 된다. 이때 화엄종의 맥을 이은 이로 종밀스님의 제자인 전오傳奧스님 등이 있었고 송대宋代에 자선子璿, 965~1038스님과 정원淨源, 1011~1088스님에 의해 화엄종을 부흥시키

려는 움직임이 일어난다. 이 두 스님을 송대 이수二水라고 일컫는다. 정원스님은 두순-지엄-법장-징관-종밀로 이어지는 화엄종의 맥을 화엄 오조설五祖說로 정립하였고 이는 지금도 널리 회자되고 있다.

송대 4가四家로 알려진 도정道亭·관복觀復·사회師會·희적希迪 등은 주로 법장스님의 『화엄오교장』에 대한 주석을 남겨 송대 『화엄오교장』 연구를 활성화시켰으며, 이후에도 시대를 이어 가며 화엄교학의 연구는 계속되었다.

화엄종 이외의 화엄사상

화엄종 이외에도 동아시아에는 『화엄경』에 대한 다양한 해석 체계, 즉 화엄사상이 등장하였고 또 역사 속으로 사라졌다. 이 가운데 화엄종과 더불어 후대에 큰 영향을 미친 것으로는 대표적으로 80권본 『화엄경』에 대한 주석서인 『신화엄경론新華嚴經論』을 저술한 이통현李通玄, 635?~730?의 화엄사상을 들 수 있다. 이통현은 재가 거사로서 중국의 전통사상, 예를 들어 『주역周易』과 노장사상을 적극적으로 활용하여 『화엄경』을 해석하려고 했으며, 특히 화엄종의 해석 체계와는 매우 다른 체계를 세움으로써 자신의 독자적인 논리를 구축했다. 이러한 그의 화엄사상은 중국과 한국, 특히 고려시대 지눌知訥, 1158~1210스님에게 수용되면서 후대에도 계속 큰 영향력을 행사하였다.

(3) 한국 화엄사상의 흐름

한국 화엄사상의 흐름은 의상스님과 그 가르침을 중심으로 전승되어 온 이른바 의상계 화엄이 주축이 되었다고 할 수 있다. 이는 한국불교 문헌 중에서 거의 유일하게 의상스님의 저서인 『일승법계도』만 신라, 고려, 조선시대에 걸쳐 주석서가 지어지며, 『일승법계도』의 「법성게」가 저술 이후 오늘에 이르기까지 전국 사찰에서 계속 봉송되고 있는 사실로부터 충분히 가늠할 수 있다. 물론 자장慈藏, 590~658, 원효元曉, 617~686, 표원表員, 8세기, 의천義天, 1055~1101, 확심廓心, 12~13세기스님 등 의상계 화엄과는 다른 사상적 관점을 가지고 화엄사상과 깊이 관련된 스님들의 역할도 한국 화엄사상을 총괄하는 관점에서 간과할 수 없다. 그러나 이 글에서는 한국 화엄사상의 주축을 담당해 온 의상계 화엄의 인물들을 간략히 살펴보는 것으로 한국 화엄사상의 정리를 대신하고자 한다.

의상스님은 제자 교화를 중시하였다. 이는 의상스님에게 '십성제자十聖弟子, 4영四英, 당에 올라 깊은 (이치를) 본 이등당도오자登堂覩奧者 등의 훌륭한 제자가 있다'는 기록에서 엿볼 수 있다. 의상스님이 『일승법계도』를 저술한 후, 이 책은 바로 제자들 또는 그 법손法孫들에 의해서 주석서가 만들어졌다.

고려시대 초기에 당시 남악南岳과 북악北岳으로 분열된 화엄사상을 의상계 화엄승인 균여均如, 923~973스님이 회통시켜, 다시금 의상계 화엄이 당시 불교계의 주류로 자리 잡게 된다. 특히 균여스님은 지엄, 의상, 법장스님의 화엄 관련 주요 저술에 대해서 많은 주석서를 짓거나 강의록을 남겼는데, 이는 동아시아 전체 화엄사에서도 거의 유일한 사례이다.

또한 균여스님 이후 14세기 이전에 의상계 화엄의 스님으로 추정되는 누군가에 의해서, 『일승법계도』에 대해 신라시대에 이루어진 주석서 3종과 그 이해를 돕기 위해 다양한 관련 저술을 인용하여 수록한 『법계도기총수록法界圖記叢髓錄』이 편찬되어, 고려재조대장경高麗再彫大藏經 보유편에 실리게 되며 현존한다. 이를 통해서 그 당시에도 여전히 의상스님과 의상계 화엄이 중요시되어 관련 저술이 편찬되고 유통되었음을 알 수 있다.

 조선시대에는 선승인 설잠雪岑, 김시습金時習, 1435~1493스님이 『일승법계도』의 『법성게』를 선과 화엄을 회통하여 풀이한 『화엄일승법계도주華嚴一乘法界圖註』를 지었고, 18세기 중후반에는 유문有門스님이 『대방광불화엄경의상법사법성게과주大方廣佛華嚴經義湘法師法性偈科註』를 저술하여 의상계 화엄을 주축으로 한 한국 화엄사상의 흐름을 이어 갔다.

4. 정토사상

1) 정토신앙의 성립과 전개

(1) 정토신앙의 역사적 전개

정토신앙의 성립 배경

정토신앙의 성립은 초기 대승불교시대로 보고 있다. 대승불교의 발생은 역사적인 부처님인 석가모니불에서 초역사적인 부처님인 다불다보살 多佛多菩薩을 탄생시켰으며, 이러한 배경에는 신심 信心과 원력 願力이라는 신앙적인 뿌리가 담겨 있다. 그리고 초역사적인 부처님은 새로운 불타관 佛陀觀과 불신관 佛身觀을 낳게 되었다. 그 배경은 여래장연기설 如來藏緣起說로, 누구나 부처님의 성품을 지니고 있으며 어디든지 불국토가 될 수 있다는 내용이다.

정토사상의 연원은 초기불교에서부터 살펴볼 수 있다. 부처님은 복전사상 福田思想과 생천사상 生天思想에 대해 많은 설법을 하였다. 대승불교에 들어서 복전사상은 자비사상 慈悲思想으로, 생천사상은 왕생사상 往生思想으로 변화되었다

이 밖에 정토사상의 성립 배경에 여러 학설이 있다. 먼저 유럽학자의 설이다. 정토신앙의 발생지라고 할 수 있는 고대의 카시미르지역과 간다라지역은 이란의 지배하에 있었다. 정토불교의 아미타불

은 일명 무량광불無量光佛로서 광명의 부처님이라는 의미로, 이란의 태양신인 오르마쯔신에서 유래되었다고 본다.

그다음은 인도 배경설이다. 인도의 베다경전에 나오는 야마Yama천은 더없이 행복한 곳으로 안온불사의 세계라고 한다. 이 야마천은 본래 태양신으로 무량의 광명을 뜻하고 있다는 데서 아미타불의 기원을 찾는다.

아미타Amita가 아그니Agni, 즉 불의 신火神에서 나왔다는 데 근거한다는 어원설도 있다. 이 설은 아그니가 변하여 아미타가 되었다고 한다.

발생지와 성립시기

정토사상의 성립 장소는 서북인도인 카시미르, 간다라지역으로 여겨진다. 왜냐하면 중국에서 정토계 경전을 번역한 지루가참, 축법호, 구마라집, 각현 등의 대부분 인물들이 서북인도 출신이기 때문이다. 성립 연대는 기원전 1세기경 초기 대승불교의 성립시기로 보고 있다. 세계 최고의 아미타불상은 2세기경의 것으로, 인도 마투라지방델리에서 동남방으로 140키로미터 정도의 거리에서 발견된 아미타불상이다. 이 불상이 현재 마투라 박물관에 보존되어 있다.

이주형에 의하면, 마투라의 고빈드나가르Govindnagar에서 후비슈카Huviṣka 26년152년에 새겨진 입상 대좌의 명문이 발견되었는데, 여기에는 대상隊商 나가락쉬타Nāgarakṣita가 "모든 붓다를 위해 세존 아미타불의 상을 세운다. 이 선근善根을 통해 일체 중생이 무상無上의 붓다의 지혜를 얻기를 바라며"라고 기원한 글이 씌어 있었다고 한다. 더불어 그 시기는 『무량수경』이 중국에서 한역본이 처음 소개되던 무렵인 것으로, 초기 아미타 신앙과 관련성을 생각해 볼 수 있다고 한다.

(2) 정토의 의미

'정토淨土'는 오염되지 않은 청정한 국토를 말한다. 산스크리트로는 수카바띠Sukhāvati라고 하는데 직역하면 낙유樂有이고 의역으로는 안락安樂, 극락極樂이다. 『무량수경』에서는 안락安樂, 여래안락지행如來安樂之行(T12, 267b)이라 하고, 『관무량수경』과 『아미타경』에서는 극락極樂이라 하며, 그 외는 무량청정토無量淸淨土, 무량수국無量壽國이라고 한다. 정토는 정신적인 면과 물질적인 면으로 구분할 수 있다. 정신적으로는 번뇌에 오염되지 않음을 뜻하며, 물질적으로는 썩고, 더러우며, 파괴되고, 변화에 오염되지 않음을 의미한다. 다시 말해서 정토란 물질적으로나 정신적으로 모두 오염되지 않는 곳을 일컫는다.

정토교학에서는 정신적인 면인 정보正報보다는 물질적인 면인 의보依報를 더욱 강조하고 있다. 물질적인 면이 풍요롭고, 청정하며, 바르고, 싱그럽지 못하면 마음도 청정하기 어렵다는 것이다. 이러한 정토의 세계에는 훌륭한 지도자인 부처님과 훌륭한 성인聖人인 보살이 있다.

정토와 관련하여 한 가지 더 알아 두어야 할 것은 흔히 사용하는 불토佛土라는 말이다. 이는 부처님이 계시는 세계로 부처님의 나라라는 뜻이다. 이 부처님 나라는 두 가지 측면에서 살펴볼 수 있다. 첫째는 깨달음을 얻은 부처님이 상주해 계시는 청정한 세계로, 중생들은 그 부처님 세계로 가기를 바란다. 그 불토로 가는 것은 부처님이 중심이 되어 우리들이 그곳으로 간다는 의미에서 상생上生 혹은 왕생往生이라고 한다.

둘째는 부처님께서 중생을 제도하기 위하여 출현하시는 곳도 부처님이 계시므로 비록 미혹한 세계의 예토穢土이지만 불토라고 할 수 있다. 석가모니 부처님이 중생을 제도하기 위해 사바세계로 몸을 나투셨으므로 그 당시의 국토가 불토이고, 앞으로 미륵부처님이 하생下生하여 오실 것이므로 그때의 국토를 불토라고 할 수 있다. 이 경우에는 부처님께서 중생의 곁으로 오시므로 어디까지나 중생이 중심이 되기에 부처님의 하생이라고 한다. 이렇게 불토란 정토와 예토를 구분하지 않고 부처님이 머무는 세계를 말한다.

용법상으로 정토의 개념을 한자로 구분하는 방법도 있다. 먼저 '정淨'을 동사로 해석하여 '토土'를 청정하게 한다는 의미다. 여기에는 국토를 청정하게 가꾸는 현재와 미래에 대한 우리들의 원력이 작용한다. 여기서 주어는 우리들 자신이 되고, 동사는 청정히 한다는 정淨이 되며, 목적어는 국토土이고, 시제는 현재와 미래에 해당한다. 바로 나의 노력과 원력으로 사바세계를 정토화하는 것이다. 따라서 타력적인 신앙보다 자력적인 수행이 중요시되며 이는 육바라밀행을 통해 이루어진다. 불국토의 건설이나 정토세계의 구현이 그런 경우이다. 이러한 정토는 불자들이 바라는 이상세계의 구현이며, 반드시 성취하여야 할 목표이기도 하다. 이러한 정토를 유심정토唯心淨土로 보기도 하며, 차방정토此方淨土라고도 한다.

'정淨'을 형용사로 볼 때 정토는 청정한 국토의 의미를 담고 있다. 이미 건설된 청정한 국토라는 뜻이다. 이미 건설된 세계는 예토 혹은 예국과는 상반된 말로 시제는 과거완료형이다. 이러한 정토는 만들어진 상태의 결과를 중시한다. 이미 부처님의 본원력과 수행에 의해 건설된 세계로 수많은 시간 동안 노력하여 만들어진 보토報土인 것이다. 중생들은 그곳에 가기를 원한다. 그 첫 번째 조건이 믿음이다. 믿음에 의해 타력他力으로 정토에 태어나게 된다. 이곳에 가면 중생들은 빠른 시일 내에 성불이 보장된다. 그 이유는 위대한 지도자인 불보살이 상주해 있어 그분들의 법문을 듣고 바로 깨달음을 얻을 수 있기 때문이다. 이러한 정토를 타방정토他方淨土라고 한다.

(3) 제불정토의 여러 가지 유형

타방정토他方淨土

어느 특정한 방향에 제불의 정토가 존재한다고 보는 것이 타방정토설이다. 동방의 경우에는 아촉불의 묘희妙喜세계 또는 약사유리광불의 세계가 있고, 남방에는 보상불의 환희세계, 서방에는 아미타불의 극락세계, 북방에는 미묘성불의 연화장엄세계가 있다. 이 외에도 『화엄경』의 주불인 비로자나불의 연화장세계, 『범망경』 노사나불의 연화태장세계, 『대승밀엄경』 대일여래의 밀엄密嚴정토 등이 있다.

현세의 영험정토靈驗淨土

영험정토는 영장靈場정토라고도 하는데 흔히 영험도량이라고도 한다. 불보살의 생신生身이 상주해 있다고 하는 이곳은 영지靈地라고도 불린다. 사람들은 이를 현세의 정토로 여기고 있다. 이러한 신앙은 남방불교에도 전해지고 있다. 북방인 중국, 한국, 일본에서도 널리 유행하여 성지로 알려져서 많은 순례자들이 참배한다.

대표적인 영험정토로는 관세음보살의 성지인 보타낙가산Potalaka 이다. 중국 절강성의 보타산은 관음도량, 오대산은 문수도량, 아미산은 보현도량, 구화산은 지장도량으로 중국불교의 4대성지로 손꼽히고 있다. 이러한 신앙은 우리나라에서도 성행하고 있는데, 관음도량으로 낙산사, 보리암, 보문사가 있다. 오대산은 문수신앙으로 유명하다. 5대 보궁도 부처님 진신이 상주하는 곳으로 알려져 있다. 또 인도의 영축산은 석가모니불의 상주처로 믿어져 오고 있다. 일본에는 오래된 순례지로 야마가다겐 쇼나이山形縣 庄內 33관음 순례지를 비롯한 80여 곳과 홍법대사의 시코쿠四國의 88순례지 등이 있다.

유심정토唯心淨土

인간의 청정한 마음가짐에 따라 현세를 정토로 보는 것이 유심정토설이다. 이에 대한 경론의 근거로 『유마경』『불국품』(T14, 538)에서 부처님께서는 보적보살에게 다음과 같이 말씀하시는 대목이 있다.

> 올곧은 마음직심直心이 보살의 정토요, 깊은 마음심심深心이 보살의 정토이며, 보리심, 보시, 지계, 인욕, 정진, 선정, 지혜, 사무량심, 방편, 37조도품, 회향심, 팔난八難, 자계自戒, 십선十善이 보살의 정토이니 그 마음이 맑아짐에 따라서 모든 마음의 공덕이 깨끗해진다. 그러므로 보적아, 만약 보살이 정토를 얻고자 한다면 마땅히 그 마음을 맑게 해야 한다. 그의 마음이 맑음에 따라서 불국토도 곧 맑아지기 때문이다
> 심청정心淸淨 국토청정國土淸淨.
> - 『유마경』

천태종, 화엄종, 선종, 정토종에서도 이와 같은 유심정토를 말한다. 요컨대 마음이 정토이며, 자성이 미타유심정토唯心淨土 자성미타自性彌陀라고 하는 것이다.『육조단경』에서도『유마경』의 설을 인용하여 "어리석어 자성을 깨닫지 못한 사람은 몸이 정토임을 알지 못한다범우불료자성凡愚不了自性 불식신중정토不識身中淨土."라고 한다.『관무량수경』에서는 제8 상상관像想觀에서 다음과 같이 말한다.

> 이러한 관을 다 성취하였으면, 다음에는 부처님을 생각하여라. 어찌하여 그러한가 하면, 제불여래는 법계신法界身이므로 일체중생의 마음속에 들어 있느니라제불여래諸佛如來 시법계신是法界身 입일체중생심상중入一切衆生心想中. 그러므로 그대들이 마음으로 부처를 생각할 때 그 마음이 바로 32상과 80수형호이니라. 그래서 마음이 부처를 지으면, 마음이 곧 부처이니라시심작불是心作佛 시심시불是心是佛.
> -『관무량수경』

여기서 마음이 부처를 지으면 마음이 곧 부처라고 하여 선종에서 말하는 즉심즉불卽心卽佛, 심즉시불心卽是佛설의 근거를 제공하고 있다. 또 제9 진신관眞身觀과『반주삼매경』에서도 그러한 개념을 말하고 있다. 당나라 이통현李通玄은『신화엄경론』에서 10종 정토를 말하면서 제9 유심정토에 대해서『유마경』을 인용하였다.

유심정토 수행방법

중국에서 선정쌍수禪淨雙修의 염불선念佛禪을 체계적으로 정리한 사람은 영명 연수永明 延壽, 904~975스님이다. 그는 『정토성현록淨土聖賢錄』에 의거하여 『참선염불사료간게 參禪念佛四料揀揭』를 주창하였는데, 유선유정토有禪有淨土를 이상적인 수행방법으로 제시하고 있다. 이러한 것이 선종에서는 염불공안 수행법으로 행해져 왔다. 염불공안법에 대한 초기 자료로는 지철智撤, 1310~?스님의 『선종결의집』禪宗決疑集에서 보인다. 거기에는 '유참구염불자有參究念佛者'라는 문구가 나온다. 즉 염불공안을 참구하는 자는 비록 공안은 다르지만 의단을 참구하는 방법에서 모두 같다고 한다. 운서 주굉雲棲 株宏,1535~1615스님의 『선관책진禪關策進』에는 더욱 명확하게 정리되어 있다. 이는 간화선의 화두참구법과 다름이 없다. 즉 "나무아미타불이라고 염불하는 주인공은 누구인가?" 혹은 "염불하는 자는 누구인가?" "저염불적시수這念佛的是誰"를 참구하는 것이다. 이러한 염불공안법의 사상적인 원천은 유심정토, 자성미타설에 기인하고 있다.

고려 4대 광종대의 지종智宗 이후 보조 지눌선사가 『정혜결사문』을 지으면서 영명 연수스님의 『만선동귀집』의 많은 부분을 재인용한 것으로 볼 때, 그도 염불선의 영향을 받았다고 볼 수 있다. 그는 타력적인 정토염불보다 유심정토를 강조하였다. 후에는 태고 보우, 나옹 혜근, 조선의 함허 득통, 지은, 허응 보우, 청허 휴정, 사명, 초의, 연담 유일, 용성 진종스님 등 오늘날까지 이러한 전통이 계승되어 오고 있다. 유심정토의 선정쌍수의 염불선은 한국불교에서 선정일치禪淨一致라는 말로 표현되고 있다. 오늘날 한국불교에서도 선수행을 하면서 때로는 염불기도나 염불수행을 하는 경우가 허다하다. 특별히 선이나 염불만을 고집하지 않고 병행하고 있는 것이다.

2) 정토계 경전과 정토교학의 주요 사상

(1) 정토계 경전

『**무량수경** 無量壽經』

정토계 경전으로 『무량수경』, 『관무량수경』, 『아미타경』을 정토삼부경淨土三部經이라 한다. 『무량수경』은 상·하 두 권으로 이루어져 있으므로, 양권兩卷, 쌍권雙卷 혹은 대경大經이라고도 한다. 12회 번역이 있었으나 남아 있는 현존본은 5종이다. 이중 강승개康僧鎧역의 『무량수경』이 널리 알려져 있으며 산스크리트본과 티베트본도 현존한다. 이 경전은 정토삼부경 중 정토사상을 가장 잘 정리하고 있으며, 극락정토와 아미타불의 이론을 구체적으로 제공하므로 정토교학적인 측면에서 대단히 중요한 위치를 차지한다.

상권에서는 국왕이 출가하여 법장비구가 되고 이어 법장보살로서 이타적 보살행을 실천하여 극락정토를 건설하면서 아미타불이 되기까지의 과정과 그 보살행의 핵심인 48대원을 설명하고 있으며, 아미타불이 계시는 극락정토의 위치를 서방에 두고 거리는 10만억 불국토를 지나간 곳에 있음을 밝히고 있다. 그리고 그 나라 중생들의 생활상과 국토의 장엄인 의보장엄과 아미타불의 정보장엄에 대해서도 자세히 말한다.

하권에서는 범부와 보살의 왕생에 대하여 설하고 있다. 왕생의 계위를 삼배구품三輩九品으로 나누고 있으며, 정토의 안락에 대해서는 보살들의 공양과 법문의 공덕 및 자리이타의 공덕을 설하고 있다. 그러면서 정토왕생을 간절히 발하는 흔구정토欣求淨土와 예토 세상에 대한 결별로서 염리예토厭離穢土의 실상을 밝히기 위하여 세간과 오탁악세의 고통을 구체적으로 설하고 있다. 이어서 부처님의 지혜를 5가지로 나누어 오지五智를 설하면서 이를 의심하는 의혹중생은 척박한 곳에 태어난다 변지태생邊地胎生고 하여 아미타불과 정토에 대한 확고한 믿음을 강조한다.

『관무량수경觀無量壽經』

이 경은 정토삼부경 중 정토수행을 강조한 경전이다. 2회 번역본이 있으나 강량야사畺良耶舍본만이 전해지고 있다. 산스크리트본과 티베트본은 없으며, 위그르본이 단편적으로 남아 있다. 특히 16관법을 중심으로 관법수행을 설하므로 중국선이 형성되는 과정과 천태교학에도 많은 영향을 끼쳤다.

이 경을 설하게 된 배경은 왕사성의 비극에서 시작된다. 왕사성의 빔바사라왕과 위제희부인 사이에 태어난 아사세태자가 제바달다의 꼬임에 빠져 부왕을 감금하고 어머니를 죽이려고 하는 절체절명의 상황에서 부처님께서 위제희부인을 위하여 설한 경이다. 왕비는 옥에 갇혀 죽음만이 엄습하는 가운데 부처님의 말씀을 듣기를 간절히 원하였는데, 이를 아신 부처님께서 아난존자와 목련존자를 데리고 감옥을 방문하여 옥중 설법을 한다.

부처님은 위제희부인을 위하여 13가지 관법을 설하시고, 산란한 마음을 지닌 미래중생을 위하여 삼배구품三輩九品의 3가지를 합하여 총 16관법을 설하였다. 이를 듣고 기사굴에 돌아온 아난존자가 낮에 있었던 내용을 그대로 다시 설하였으므로 일경이회경一經二會經이라고 한다.

『아미타경 阿彌陀經』

『아미타경』은 소경 小經이라고 하며 정토신앙에 대하여 설하고 있다. 3회 번역본이 있으나 현재 구마라집본이 유통되고 있다. 산스크리트본과 티베트본도 있다. 『아미타경』에서는 정토 세계의 방향과 모습을 구체적으로 설한다. 이를 지방입상 指方立相이라 한다. 정토세계는 여기에서 서방으로 10만억 불국토를 지나간 곳에 있다면서 방향, 거리를 분명하게 보여 주며, 의보장엄과 정보장엄으로 정토의 구체적인 모습을 설하고 있는 것이다. 특히 서방정토의 이름을 극락이라고 하는 이유와 아미타불의 명호에 대하여 설명한다. 그리고 왕생의 방법으로는 칠일칠야 七日七夜의 일심불란 一心不亂한 염불방법을 말하며, 임종염불을 중시한다.

그래도 중생들이 이를 믿지 않기 때문에 육방 六方의 38불 佛을 등장시켜 증명하고 있다. 그럼에도 불구하고 오탁악세의 말법시대의 중생들은 믿기 어려운 법이라고 하면서 믿음의 중요성을 한 번 더 강조한다. 따라서 이 경은 말법시대의 중생으로서는 정토의 세계에 대하여 믿음을 내는 것만으로도 대단한 일임을 보여준다. 염불공덕의 현세이익으로는 제불이 호념하기에 제불호념경 諸佛護念經이라고도 한다.

『반주삼매경 般舟三昧經』

『반주삼매경』은 정토계 경전 중 가장 먼저 번역되었다. 4회의 번역본이 있으나 179년 지루가참 支婁迦懺본이 유통되고 있다. 재가신자이며, 장자거사인 발타화보살을 중심으로 설한 경전이다. 따라서 재가자의 정토신앙과 수행방법을 중시하고 있으며, 이를 출가자들도 함께 행하였다. 이에 대해 1980년대 폴 해리슨의 이설도 있지만, 법문의 대상이 발타화라는 재가자임을 염두에 둘 필요가 있다. 특히 이 경은 여산 혜원廬山 彗遠, 334~416스님이 염불결사인 백련결사白蓮結社를 행할 때 소의경전으로 삼았다. 따라서 이 경은 사부대중이 함께한 염불신앙 공동체인 염불결사의 중심이 되는 경전이다.

그 핵심적인 내용은 부처님을 친견하는 견불見佛사상이며, 염불수행이다. 염불을 통하여 현재 제불실재전립삼매現在諸佛悉在前立三昧법을 설하고 있는 것이다. 그래서 이 경을 우리말로『부처님을 친견하는 삼매경』이라고 한다. 반주삼매般舟三昧란 바로 부처님을 친견하는 견불삼매見佛三昧에 드는 법을 말한다. 부처님을 친견한다는 것은 참선에서 말하는 견성見性과 다름없다. 제3 사사품四事品에서 부처님을 친견하는 구체적인 방법으로 3개월 동안 눕거나 앉지 않고 경행經行하면서 염불하는 법인 상행삼매常行三昧법과 앉아서 염불하는 상좌삼매常坐三昧법 등에 대하여 설하고 있다. 그러나 반야공사상般若空思想을 근본으로 하고 있기 때문에 부처님을 친견하더라도 신비주의에 빠질 염려는 없다.

기타 정토를 거론하는 경전으로『화엄경』,『법화경』,『수구다라니경』,『존승다라니경』,『약사여래본원경』,『아미타고음성왕다라니경』등이 있다.『정토교개론』에 의하면, 대소승불교 경전의 총수가 940여 부인데 이 중 아미타불과 극락정토에 관해서 설하는 경전이 270여 부이므로 전체의 30% 이상을 차지하고 있다.

정토계 논서도 다양하다. 용수보살은『십주비바사론』「이행품」에서 중생의 자그마한 공덕으로는 도저히 극락세계에 왕생할 수 없으나, 한 가지 그곳으로 갈 수 있는 법은 부처님의 본원에 의해서만 가능하다고 한다. 이는 작은 모래알이라도 물속에 넣으면 가라앉지만 큰 바위라도 큰 배에 실으면 떠서 저 언덕에 갈 수 있는 것과 같다고 해서 칭명불퇴설稱名不退說이라 한다.

세친보살은 『왕생론』에서 극락세계에 들어가는 오념문五念門의 예배문禮拜門, 찬탄문讚嘆門, 작원문作願門, 관찰문觀察門, 회향문回向門의 5가지 왕생행을 설하고 있다. 마명보살은 『대승기신론』에서 염불 인연으로 원에 따라 타방불토에 태어나 늘 부처님을 보고 영원히 나쁜 길을 벗어날 수 있다고 설하고 있다. 일본에서는 삼경일론三經一論이라고 하여 『무량수경』, 『관무량수경』, 『아미타경』과 『왕생론』을 말하지만, 『반주삼매경』을 합하여 사경일론四經一論이라고 하는 것이 보다 타당하다고 여겨진다.

(2) 극락정토와 아미타불
극락정토 장엄

불교는 연기론을 기본으로 하고 있다. 정토 장엄莊嚴 역시 연기론을 기반으로 이루어진 세계를 말한다. 정토교에서 말하는 연기론이란 아미타불의 본원력에 의해 건립된 극락정토의 장엄의 세계이기 때문이다. 여기에는 법장보살의 성불과 48대원이 큰 원인으로 작용하여 구원의 부처님 아미타불과 아름답고 미묘한 극락정토의 장엄으로 결과를 드러낸다. 이를 정보장엄正報莊嚴과 의보장엄依報莊嚴으로 구분한다.

정보장엄은 극락세계 아미타불과 성중聖衆에 대한 장엄을 의미한다. 그것은 법장보살이 성불하여 극락정토를 건립하는데 10겁 전에 210억 국토를 다니면서 5겁 동안 사유와 청정한 수행, 48대원으로 이루어진 세계이다. 결국 법장보살은 48대원을 성취하여 아미타불로 성불하였다.

아미타불 장엄은 두 가지로 표현된다. 바로 아미타바Amitābha, 無量光로서 한량없는 지혜광명의 부처님이고, 아미타유스Amitāyus, 無量壽로서 한량없는 생명의 실상인 부처님이다. 광명의 부처님으로는 12광불이라고 하는 별명이 있다. 한편 『관무량수경』 제9 진신관에서는 아미타불의 광명은 하나하나의 털구멍마다 무량한 빛이 나고, 그것이 후광을 이루고 있다고 한다. 이 광명 속에는 무수한 화신불이 출현하며, 광명이 비치어 중생들의 간절한 소원을 섭취하고 있다. 다시 말하면 이 광명을 통해서 중생들의 마음가짐과 정보를 낱낱이 파악하고 볼 수 있으며, 이를 가지고 의사소통을 한다. 이렇게 아미타불은 광명을 통하여 염불하는 중생들을 버리지 않고 거두어 주신다염불중생念佛衆生 섭취불사攝取不捨. 이는 정토교의 대표적인 가르침이다. 오늘날 모든 정보는 빛을 통해서 전달되는 것과도 같은 시스템이라고 할 수 있을 것이다.

의보장엄은 극락세계의 대지와 환경, 생활 상태 등의 물질적인 장엄을 의미한다. 극락極樂이라는 표현이 그 안락한 상태를 잘 보여준다. 보배나무, 아름다운 연못, 극락조와 미묘한 음악, 팔공덕수八功德水 등으로 장엄되어 있는 오직 즐거움만 있는 곳이 극락이다. 이러한 극락세계가 어디에 있는지 구체적으로 밝혀 주는 것을 지방입상정토指方立相淨土라 한다. 이와 관련하여 『무량수경』에서는 다음과 같이 말한다.

법장보살은 이미 성불하여 서방西方에 계시는데, 그 세계는

> 여기서부터 십만억찰+萬億刹을 지나간 곳에 있으며, 그 부처님 세계의 이름은 안락安樂이라고 한다.

첫째 법장보살이 성불하였고, 둘째 시기는 현재이며, 셋째 방향은 서방이고, 넷째 거리는 십만억찰+萬億刹을 지난 곳이며, 다섯째 나라 이름은 안락安樂이다. 첫째 주불인 법장보살이 성불하여 무량광불, 무량수불인 아미타불로 되었다. 둘째 시기는 석가모니불이 설법할 때이고, 우리가 『무량수경』을 읽는 현재이다. 셋째 방향은 서방이다. 『관무량수경』의 제1 일상관日想觀에서는 해가 서쪽으로 지는 쪽을 말하고, 『아미타경』에서는 기원정사에서 서쪽이라고 한다. 이에 대해서는 천문학적인 관점과 불교적인 우주관을 중심으로 하는 신앙적인 관점을 혼동해서는 안 된다. 굳이 말한다면 태양계를 중심으로 보아야 할 것이다. 넷째 거리는 십만억 국토를 지난 곳이라고 한다. 일본 수학자의 계산으로는 10의 17승이라고 하는데 10경 광년의 거리이다. 즉 십만억 개의 천체를 지나간 먼 곳이지만, 부처님의 본원력에 의하면 손가락 튀기는 사이탄지간彈旨間에 갈 수 있다고 한다. 다섯째 그 나라 이름은 안락安樂이라고 하는데 이를 극락極樂, 안양安養이라고 하고, 산스크리트로는 수카바띠 Sukhāvati라고 한다. 『아미타경』에서는 "10만억 불토를 지나서 극락이라고 하는 세계가 있으니 거기에는 아미타불이 계시며 지금도 법을 설하신다."라고 한다.

정토삼부경에서는 정보장엄보다 의보장엄에 대해 많은 부분을 설하고 있다. 즉 물질적인 절대풍요의 세계를 강조하고 있다. 불교인들은 이를 유심론적으로 해석하면서 모든 것을 마음에 있다고 한다.

그러나 천문학자들은 여기에 관심이 많다. 이시우는 '오히려 천문학자들은 불교의 우주관에 대해서 많은 관심을 가지고 있지만, 불교인들 중에 서방정토 극락세계를 믿지 않고 마음의 극락만을 강조하고 있는 것은 문제'라고 하였다. 중생들이 아미타불을 믿고 부르며 그 나라에 가서 나기를 원해야 극락왕생할 수 있다. 아무리 좋은 곳이 있다고 하더라도, 본인이 이를 믿지 않고 가려고 하지 않으면 가서 볼 수 없다. 부처님의 말씀을 믿고 정토에 가서 태어나기를 간절히 원해야 하는 것이다.

본원에 대한 믿음

법장보살이 48대원을 세울 때 "만약 내가 부처가 될 적에 그 원이 이루어지지 않으면, 저는 차라리 부처가 되지 않겠습니다설아득불設我得佛 불취정각不取正覺."라고 원력을 세웠다. 결국 법장보살은 아미타불이 되었으므로 48대원이 모두 성취되었다. 이러한 아미타불의 원력으로 인한 중생구제의 힘을 본원력本願力이라고 한다.

이 중에서도 제18 십념왕생원十念往生願과 제19 임종현전원臨終現前願, 제20 회향개생원回向皆生願을 중요시하여 본원 중의 본원이라고 한다. 제18 십념왕생원은 "① 지극한 마음으로지심至心 ② 믿기를 좋아하여신요信樂 ③ 나의 나라에 태어나고자 하여 십념 정도를 하였음욕생아국欲生我國 내지십념乃至十念에도 불구하고 태어나지 못하는 사람이 있다면 저는 차라리 부처가 되지 않겠습니다."라는 원이다. 이에 대해 '지심', '신요', '욕생아국'을 삼심三心이라고 하여 염불의 가장 중요한 마음가짐으로 보고 있다. 지심이란 지극한 마음, 성실한 마음, 정성을 다하는 마음이다. 신요는 믿기를 좋아하여, 좋아하는 마음으로 믿는 것이다. 욕생아국이란 회향발원심廻向發願心으로, 모든 염불공덕을 중생들에게 회향하여 함께 왕생하기를 바라는 마음이다. 이와 같은 마음으로 십념 정도를 하면 반드시 극락왕생한다고 하였다. 이 십념은 임종 시의 십념이다. 즉 임종 시에 열 번 아미타불을 부르면 반드시 극락왕생한다는 믿음이다.

제19 임종현전원은 염불하는 사람의 임종 시에 아미타불이 권속들을 거느리고 임종행자를 맞이하러 온다는 믿음이다. 제20 회향개생원은 모든 염불의 공덕을 중생들에게 회향하여 극락왕생하도록 한다는 믿음이다.

(3) 정토수행과 염불
염불의 의미

염불은 부처님불佛을 생각염念하는 신행방법이다. 염불의 의미는 '부처님을 기억한다, 상기한다'는 뜻이다. 산스크리트로 염은 스므리티smṛti라고 한다. 『현우경』에 의하면, 석가모니 부처님은 화천華天이라는 사람이 "나무불南無佛"이라고 하자 출가를 허락하여 "선래 비구"라고 하였다. 초기에는 이 '나무불'로부터 염불念佛, 염법念法, 염승念僧의 삼념三念으로 전개되었으며, 점차 염시念施, 염계念戒, 염천念天의 육념六念으로 확대되고, 나아가 염휴식念休息, 염안반念安般, 염신念身, 염사念死의 십념十念으로 더 확대되었다.

부처님께 귀의하고, 존경, 사모하는 의미의 '나무불'에서 염불로 부처님의 명호를 부르는 구두의례로 된 것이 칭명염불이다. 불자들은 위해를 당하거나 마음의 공포를 갖거나 또는 감격스러울 때가 있을 경우, 저절로 부처님의 명호를 부르게 되었다. 이것이 부처님 입

멸 후에는 추모, 억념憶念으로 변화하게 되었다,

『대반열반경』(T12, 458)에서는 코살라국에서 도적의 무리가 실명을 하였는데 '나무불'이라고 하여 눈이 밝아졌다고 하거나,『택집법연경』(T1, 209c)에서는 무역을 하는 상인들이 바다에서 풍랑을 만났을 때 '나무불타'라고 해서 바다가 고요해졌다는 설이 주술적인 칭명기원설이다.『법화경』에서는 "만약 사람이 산란한 마음으로 탑묘 안에 들어가서 한 번이라도 '나무불'이라고 부르면 모두 불도를 성취한다."라고 하는 수행적인 칭명기원설도 있다.

염불의 종류

염불법은 부처님의 명호를 소리 내어 부르는 칭명염불稱名念佛과 마음으로 부처님을 관하는 관념염불觀念念佛로 나누어진다. 또한 관념염불에는 부처님의 모습이나 불상 또는 상호를 관하는 관상염불觀像念佛과 부처님의 공덕이나 모습을 마음속으로 관하는 관상염불觀想念佛 및 제법실상의 법신을 관하는 실상염불實相念佛이 있다.

이 외에도 염불심을 내는 최초의 과정에서 다른 사람이 염불하는 소리를 듣고 발심하는 문명염불聞名念佛, 제불을 염하는 통염불通念佛, 특정한 부처님만 염하는 별염불別念佛, 부처님의 본원을 믿고 염하는 본원염불本願念佛, 다른 수행은 하지 않고 오로지 칭명에 의해 정토에 왕생하고자 하는 전수염불專修念佛, 칭명을 자신의 힘에 의해서 스스로 한다는 자력염불自力念佛, 부처님으로부터 부여받은 신심의 필연적인 힘에 의해서 자신은 오로지 부처님의 뜻에 따라서 칭명할 뿐이라고 하는 절대타력의 타력염불他力念佛, 칭명염불과 관념염불을 병행하는 이사쌍수염불理事雙修念佛, 일상생활 속에서 평소에도 항상하는 심상염불尋常念佛, 특별한 시기와 장소를 정해서 하는 별시염불別時念佛, 임종 시에 부처님을 맞이하기來迎 위해 본인과 가족 및 불자들이 함께하는 임종염불臨終念佛, 조용한 마음으로 응시하면서 하는 정심염불定心念佛, 일상생활의 어지러운 마음으로 하는 산심염불散心念佛, 예불 때 하는 일과염불日課念佛, 매일 때와 장소를 가리지 않고 하는 장시염불長時念佛, 큰소리로 하는 고성염불高聲念佛, 작은 소리로 하는 미성염불微聲念佛, 중국 당나라시대 법조法照스님이 정리한 오음의 곡조에 맞추어서 하는 오회염불五會念佛, 염불의 소리를 길게 끌어서 범패와 같이 하는 인성염불引聲念佛, 춤을 추면서 하는 용염불踊念佛, 염불에 노래 곡조를 붙여서 하는 가염불歌念佛, 일본에서 행해지고 있는 7일 동안에 백만 편을 하는 백만편염불百萬遍念佛, 중국이나 일본에서 많이 하는 염불로 염주로 염불의 숫자를 세면서 하는 수량염불數量念佛, 우리나라에서 백 일, 천 일, 만 일 등으로 일수를 정해서 하는 날짜 중심의 일수염불日數念佛과 인례가 선창을 하고 대중은 후렴으로 따라 하는 장엄염불莊嚴念佛 등이 있다. 염불의 소리를 길게 하는 훗소리염불과, 나무아미타불을 아주 길게 하는 짓소리염불도 있다. 이 외에도 여러 가지 염불방법이 있다.

염불수행

관념염불법은 『관무량수경』의 16관법이나 세친보살의 『정토론』에서 말하는 29종 정토장엄에 대한 관법 등에서 널리 사용되었다. 이뿐만 아니라 부처님의 32상호나 80수형호를 관하는 불신관법佛身觀法이나 극락세계의 의보장엄依報莊嚴과 불보살의 정보장엄正報莊嚴을 관하는 법도 있다. 오조 홍인五祖 弘忍대사는 『수심요론修心要論』

에서 다음과 같이 말한다.

> 만약 처음으로 좌선을 배우고자 하는 자는 『관무량수경』에 의지하여라. 단정히 앉아 몸을 바르게 하고 눈을 감고 입을 다물며, 마음을 눈앞으로 평시平視하여 뜻에 따라 멀고 가깝게 일일상一日想을 짓고 진심을 지켜라. 염념이 머물지 않으면, 바로 호흡을 잘 조절하라. 숨이 차서 잠깐이라도 거칠거나 미약하여 사람으로 하여금 병을 성하게 하지 말라. 만약 밤중에 좌선할 때에 일체 선악의 경계를 보거나 혹은 청황적백 등의 여러 가지 삼매를 보거나 혹은 몸에서 대광명이 나오거나, 혹은 여래의 신상을 보거나 혹은 여러 가지 변화를 보더라도 오직 마음을 잘 가다듬어 섭심攝心 집착하지 말라. 모두 공한 것이니 망상을 본 것이니라.

『수심요론』(T48, 378a-b)에 나오는 『관무량수경』의 16관법은 초기 선불교에 많은 영향을 미쳤다. 초보자는 『관무량수경』의 16관법을 순서대로 하면 좋다. ① 일상관日想觀은 붉은 저녁 해가 서쪽 바다 위에서 지는 정황을 눈앞에서 상상하면서 몸과 마음을 평정하게 다스리는 방법이다. ② 수상관水想觀은 청정한 물을 생각하고, 다음에 물이 얼어 투명한 얼음이 되며 황금 유리의 대지를 관한다. ③ 보지관寶地觀은 유리와 황금대지 위의 누각과 길 등을 관한다. ④ 보수관寶樹觀은 정토에 있는 칠보의 나무와 수목으로부터 나오는 광명을 관한다. ⑤ 보지관寶池觀은 팔공덕수가 충만한 칠보의 못을 관하고, 물이 흘러나와 못을 이루고 연꽃이 피며, 흐르는 물소리는 고, 공, 무상, 무아의 법을 설하고 있음을 관한다. ⑥ 보수관寶樹觀은 정토의 칠보누각에 천인들이 음악을 연주하는데 이는 모두 삼보를 염하고 있음을 관한다. ⑦ 화좌관華座觀은 부처님의 보배연화대를 관한다. ⑧ 상상관像想觀은 연화좌대 위에 아미타불과 관음세지의 좌우보처가 앉아 있는 모습을 생각하면서 32상 80수형호를 관하며 '마음이 부처를 지으면, 마음이 부처시심작불是心作佛 시심시불是心是佛'라고 여긴다. ⑨ 진신관眞身觀은 아미타불의 몸과 광명을 관하는 것으로 광명이 두루 비추어 염불하는 중생을 버리지 않는 것까지도 마음의 눈으로 본다. 이렇게 보면 모든 부처님을 보는 염불삼매에 들 수 있다. ⑩ 관음관觀音觀은 아미타불의 좌보처로 관세음보살의 광명 속에 화신불을 관하고, 보배관에는 화신불이 있음을 관한다. ⑪ 세지관勢至觀은 아미타불의 우보처로 대세지보살의 광명을 관하고, 보배관에는 보배병이 있음을 관한다. ⑫ 보관普觀은 자신이 극락세계의 연꽃 속에 태어난 모습을 관한다. ⑬ 잡상관雜想觀은 극락정토의 수많은 부처님을 관한다. ⑭ 상배관上輩觀은 극락세계의 상품상생, 상품중생, 상품하생에 태어나는 방법을 말하고 이를 관한다. ⑮ 중배관中輩觀은 극락세계의 중품상생, 중품중생, 중품하생에 태어나는 방법에 대하여 설하고, 이를 관한다. ⑯ 하배관下輩觀은 극락세계의 하품상생, 하품중생, 하품하생에 태어나는 방법에 대하여 설하고, 이를 관한다. 일상관에서 하배관까지를 관하는 것을 순관順觀이라고 하고, 하배관에서 일상관까지 거슬러 관하는 것을 역관逆觀이라고 한다.

홍인대사 당시에는 『관무량수경』이 크게 유행하여 16관법에 의한 수행이 널리 행하여졌다고 한다. 특히 선불교에서 주장하는 즉심즉불卽心卽佛이나 시심시불是心是佛에 대한 근거는 정토계 경전인 『관무량수경』이나 『반주삼매경』에서 설하고 있는 '시심작불 시심시불'의 내용이다. 이와 같이 본다면, 선불교의 사상적 원천이 된 것은 바로 정토계 경전이라고 할 수 있다. 염불의 방법이나 좌선의 방법이 동일하기 때문에 서로 융합하여 염불선念佛禪이 일찍부터 유행하였다. 이러한 초기의 염불선법은 거의 대부분 관념염불적인 색채가 농후하다.

3) 동아시아 정토사상과 염불수행

(1) 중국의 염불수행

여산 혜원스님의 반주삼매 염불결사

중국의 정토불교에 대해서 일본의 호넨法然스님은 3가지로 분류하였다. 여산 혜원스님의 결사염불류, 도작·선도의 칭명염불류, 자민삼장의 선정겸수염불류가 그것이다.

염불결사念佛結社는 중국 여산 혜원스님의 백련결사白蓮結社에 기원한다. 당시의 시대적인 상황은 난세로 대단히 복잡하였고, 교단의 반성과 자숙이 필요했다. 혜원스님은 신뢰를 회복하고 불법이 바로 서기 위해서는 철저한 계율의 엄수와 실천수행불교의 필요성을 절감하였다. 이를 실천에 옮기기 위해 그는 69세 402에 유유민劉遺民 등 123인과 더불어 동림사東林寺 반야대의 아미타불상 앞에서 염불결사를 결성하여 염불을 실천할 것을 서원하였다. 유유민이 지은 결사문에서는 삼세인과응보와 무상관에 대하여 언급하고 있다. 혜원스님은 『광홍명집』 권30 『염불삼매시집』 서문(T52, 351b)에서 실천 수행에 대하여 구체적으로 밝히고 있다.

> 무릇 삼매란 의도사思를 오로지하고 생각상想을 고요하게 함이다. 의도를 오로지함이란 뜻을 하나로 하여 분별하지 않음이며, 생각을 고요하게 함이란 기氣는 텅 비우고 정신 은 맑게 함이다. 기를 비우면 지혜는 고요하여 그것을 비추고, 정신이 맑아지면 어떠한 깊고 미세한 도리에도 투철하지 않음이 없느니라.

단순한 칭명염불이 아니라 염불이야말로 선정삼매禪定三昧와 같으며, 아미타불에 마음을 전념專念할 것을 주장하는 내용이다. 또한 그는 많은 삼매 중 염불삼매에 대하여 "수승한 공덕을 가지고 있으면서도 실행하기 쉬운 것으로 염불이 제일공고이진功高易進 염불위선念佛爲先"이라고 하였다. 그가 주장하는 염불은 염불삼매에 들어서 부처님을 친견하는 견불삼매見佛三昧이다. 바로 『반주삼매경』을 중심으로 한 것이다.

관념적인 법신불의 불신관이 아닌 현실적으로 우리들의 육안으로 부처님을 친견한다고 하는 것은 대단히 매력적이다. 신통이나 도안道眼이 아닌 누구나 염불하여 부처님을 친견할 수 있으므로, 이러한 염불법은 전문 수행자가 아닌 일반 재가자들에게 큰 호소력을 지니게 되었음은 분명하다. 뿐만 아니라 당시 승단의 지계의 문란으로 사회로부터 지탄받던 불교계에 염불결사는 새로운 계율 부흥운동의 촉매제가 될 수도 있었을 것이다. 특히 한곳에 머물면서 실천한 염불수행은 혜원스님이 여산에 들어가 30여 년을 산문 밖 출입을 삼갔다는 행적과도 일맥상통한다.

담란스님의 칭명이행도稱名易行道

담란曇鸞, 476~542스님은 중국 오대산에서 출가하였다. 초기에는 사론四論을 공부해 중론사상과 불성론佛性論에 기반해 정토사상을 전개하려고 노력하였다.『열반경』연구에 전념하다가 병에 걸려 장수 신선술을 배우기 위해 도은거陶隱居를 찾아가서『선경』10권을 받아 낙양으로 돌아오던 중 세친보살의『왕생론』을 번역한 보리류지스님를 만나『관무량수경』을 받는 것이 계기가 되어 정토교에 귀의하였다. 그가 정토교에 귀의한 것은 50세경으로, 67세 석벽 현중사石壁 玄中寺에서 입적할 때까지 염불과 정토교의 선양에 주력하였다. 저서로는『왕생론주』2권,『약론안락정토의』1권,『찬아미타불게』1권 등이 있다.

담란스님은 신불인연信佛因緣으로 정토에 왕생하는 길인 이행도易行道를 천명하였다. 그것은 부처님을 믿는 인연으로 본원력에 의해 정토에 들어서서 불퇴전不退轉의 지위에 오르는 길로, 마치 배 위에 올라서 물 위를 가는 것처럼 쉬운 길이라 했다. 이와 관련하여 그는 아미타불의 명호, 염불, 칭명, 십념 등 정토사상의 중요 개념을 최초로 정립하였다. 먼저 명호와 관련하여 왕생인往生因 중 하나로서 아미타불의 명호를 듣는 것만으로도 극락왕생을 할 수 있다고 하는 문명왕생聞名往生을 주창하였다. 그다음 염불의 대상을 아미타불 한 부처님에 대한 귀의로 한정하였으며, 염불하는 마음의 상태를 아미타불에 전념專念하는 일심불란一心不亂한 염불로 전념과 후념이 잡념 없이 오롯이 상속되어야 한다는 십념 상속을 강조하였다.

요컨대 담란스님은 아미타불 한 부처님만을 순일한 마음으로 칭명하여 정토에 왕생하는 칭명 이행도易行道의 길을 연 칭명염불의 시조라 할 수 있다.

도작스님의 수량염불數量念佛

도작道綽, 562~645스님은 산서성 대원大原 사람으로 14세에 출가하여 『열반경』을 연구하였다. 그는 정토에 귀의하기 전에는 반야 공사상과 불성사상 및 선수행을 하였으나 석벽 현중사에서 담란의 비문을 읽고 감동을 받아 정토업을 닦았으며, 『관무량수경』을 2백 번이나 강의할 정도였다. 그는 서방 극락세계를 신성시하였다. 서방으로는 침과 콧물, 대소변도 보지 않고, 하루에 7만 번씩 서쪽을 향해 염불하였다고 한다. 염불의 회수를 헤아리기 위해 콩을 사용하였는데 모두 80석이었다. 후에 그는 『목환자경』의 가르침을 따라서 처음으로 108염주, 1천 염주 등의 염주를 제작했다. 그는 염불의 숫자를 중시하는 수량염불의 창시자라고 할 수 있다.

도작스님은 30여 년간 석벽 현중사에서 주석하다가 84세에 입적하였다. 저술로는 『안락집安樂集』 2권이 있다. 그의 제자인 가재迦才, 620년경 생존는 『정토론』에서 『아미타경』에서 설한 7일 동안의 일심불란一心不亂을 백만편염불百萬遍念佛로 구체화하였다. 그의 염불을 정리하면 다음과 같다.

첫째는 참회염불이다. 『관무량수경』에서는 한 번 염불할 때마다 80억 겁의 죄가 소멸된다고 한다. 명호를 부르는 가운데 참회행이 포함되어 있으므로 참회 염불이다. 참회라는 것은 본인 스스로 범부이고, 죄악인임을 자각했을 때 나오는 행이다. 따라서 염불이 참회이고 참회가 바로 염불임을 말하여 참회와 염불을 둘로 보지 않고 있다.

둘째는 칭명염불이다. 그는 담란의 정토사상을 이어 난행亂行이 아닌 이행易行으로 매일 칭명염불 7만 편을 실천하였으며, 칭명염불로 많은 사람들이 정토염불에 쉽게 접근할 수 있도록 하였다. 그러나 관상염불도 배제하지 않았다.

셋째는 칭명염불의 숫자를 중시하였다. 그가 개발한 염주는 오늘날 세계 불교인뿐만 아니라 천주교, 이슬람교까지 영향을 미치고 있다. 그는 수량염불의 시조라고 할 수 있다.

선도스님의 칭명염불稱名念佛

선도善導, 613~681스님은 안휘성安徽省 사주四洲에서 태어나 어릴 때 출가한 후, 『법화경』 등 여러 경전을 열람하던 중 『관무량수경』을 얻게 되어 16관법 수행에 전념하였다. 그는 도작을 친견한 후 본격적으로 정토업을 닦았으며 수도인 장안에 들어가 정토의 가르침을 민중에게 널리 교화하였고, 광명사에서 정토법문을 하였다. 또한 『아미타경』을 수만 권 서사하고, 극락정토 변상도 그리기를 삼백 포, 경전 독송은 십만 내지 삼십만 번, 하루에 만오천 내지 십만 번의 염불을 했다고 한다. 69세에 입적하였으나 『관경소觀經疏』 4권, 『법사찬法事讚』 2권, 『관념법문觀念法門』 1권, 『왕생예찬往生禮讚』 1권, 『반주찬般舟讚』 1권 등을 지었으며 칭명염불을 완성하여 교학적으로 체계화하였다.

선도스님은 『왕생예찬』에서 범부가 정토에 왕생할 수 있는 것은 아미타불의 본원력에 의해서지만, 그러나 무조건 본원력의 가피를 입을 수 있는 것은 아니고, 예배, 찬탄, 권청, 참회, 수희, 회향, 발원의 일곱 가지 왕생행을 닦아야 한다고 하였다.

그의 『관념법문』에서 18원문을 "만약 내가 성불하면 시방의 중생이 나의 나라에 태어나기를 원하여 내 이름을 부르기를 열 번에 이른다면 나의 원력에 실으리라 칭아명자稱我名字 하지십성下至十聲 승아원력承我願力."라고 해석하였다. 내지십념乃至十念을 하지십성下至十聲으로 보고 염念을 성聲으로 해석하여 '내 이름을 부르기를 열 번 하면 반드시 왕생을 하리라'고 하였던 것이다. 이렇게 그는 염불을 염성念聲으로 칭명염불을 확실하게 보여 줌으로써 말법시대 하근기 중생들의 정토왕생은 아미타불의 본원력이 작용하는 칭명염불밖에 없다고 강조했다. 그 결과 일반 대중들이 단순하고 편안하게 칭명염불로 정토수행에 참여하게 되었다. 그의 칭명염불은 일본의 호넨法然스님에게 영향을 주어 일본 정토종 개창에 기여한다.

자민삼장법사의 선정쌍수 염불선念佛禪

당나라 자민 삼장慈愍 三藏, 680~748법사는 의정 삼장義淨 三藏법사의 인도 구법 순례에 영향을 받고 22세에 장안을 출발하여 18년 동안 인도 성지 등을 순례하고 돌아왔다. 그는 『정토자비집淨土慈悲集』 3권을 출간하여 여산 혜원류나 도작, 선도류와 다른 정토교학을 전개하였다. 그러나 일찍이 자료가 희귀해져서 널리 알려지지 못하였다. 송나라 원조元照, 1007~1116율사가 이를 개판하여 널리 유포하려고 하였지만, 선종의 모함으로 금서령이 내려졌고 판본은 소각되어 송나라에서는 자취를 감추고 말았다. 다행히도 대각국사 의천스님은 그의 『정토자비집』 3권 중 상권을 입수하여 고려에 유포하였으나, 우리나라에서도 자취를 감추었다가 700년 만인 1900년 초에 오노 겐묘小野玄妙가 대구 동화사에서 그 일부를 발견하여, 신수대장경

85권에 편입됨으로써 그의 염불선에 대한 귀한 자료가 세상에 알려졌다.

자민스님은 당시의 선의 풍조를 비판하고 선과 염불을 일치시키는 선정쌍수禪淨雙修의 염불선念佛禪을 주창하였다. 다시 말해서 그는 염불을 비롯해 간경, 예불 등의 만행을 닦아 서방정토에 왕생하기를 바랐으며, 모든 만행 또한 선정의 길임을 강조했다. 그의 염불선은 영명 연수永明 延壽스님에게 영향을 주어 선정쌍수 수행이 중국에서 개화하기에 이르렀다.

(2) 한국의 염불수행

한국의 정토교는 크게 나누면 황룡사를 중심으로 하는 정영사 혜원淨影寺 慧遠스님의 지론계地論系 정토교와 현장·규기스님의 유식계 정토교이다. 특히 신라 정토교의 특색으로 48대원에 처음으로 원명願名을 붙였으며, 이 중에서도 제18원, 제19원, 제20원을 중시하고 있다. 또 십념을 중시했고, 『관무량수경』 중심의 중국 정토교에 비하여 신라에서는 『무량수경』과 『아미타경』을 중시하고 있다.

신라인으로 정토교를 처음 배운 사람은 원광圓光스님이다. 그는 정영사 혜원스님의 정토교를 황룡사에서 자장慈藏스님에게 전했다. 이 계통으로는 원효·법위法位·의상·의적義寂·현일玄一스님 등이 있으며, 유식계 정토교가로는 원측·태현·경흥憬興·둔륜스님 등으로 분류하나 엄밀한 의미에서는 구분하기 힘들다. 고려 광종光宗 대에 지종智宗스님 등이 영명 연수스님의 법안종法眼宗을 들여와 선정쌍수禪淨雙修가 널리 퍼졌고, 보조국사는 유심정토唯心淨土를 중시하였다. 여말선초부터는 순수 정토보다 염불선念佛禪을 병행하는 수행이 유행하였다.

원효대사의 염불 대중화

원효元曉, 617~686대사는 100여 부의 저술을 남겼는데 이 중 10% 이상이 정토관계 주석서이다. 그는 『무량수경종요無量壽經宗要』에서 왕생의 정인正因은 발보리심發菩提心이며, 간접적인 조인助因은 염불이라 했다. 발보리심은 믿음 없이는 불가능하다. 그에게서 발보리심이란 정토와 아미타불의 본원력에 대해 믿음을 내는 것이다. 특히 부처님의 네 가지 지혜사지四智는 부처님과 부처님만이 알 수 있는 일이므로, 이는 중생들이 알기 어렵다고 하면서 중생들은 믿어야 한다고 했다. 즉 우러러 믿을 뿐이고앙신仰信, 오로지 엎드려서 믿을 뿐이며일향복신一向伏信, 마땅히 믿어야 한다응신應信. 이렇게 우러러 믿는 사람은 네 가지 의혹을 가진 범부라 할지라도 정토에 왕생한다고 하였다.

또한 저자에 대한 논란이 있지만 『유심안락도遊心安樂道』(T47, 90c)에서 "법장비구의 48대원은 가장 먼저 일체 범부를 위한 것이고, 다음으로 삼승 성인三乘 聖人을 위한 것이다. 따라서 알라, 정토종의 본의는 본래 범부를 위한 것이고, 겸하여 성인도 위한 것이다정토종의淨土宗意 본위범부본爲凡夫 겸위성인야兼爲聖人也."라고 했는데, 이를 보고 일본의 호넨스님은 정토종 종명을 지었다. 뿐만 아니라 원효대사는 『아미타경소』에서 말하는 '일 일 내지 칠 일 동안의 일심불란의 염불'을 날짜를 중심으로 해석하여 일수염불日數念佛을 최초로 주창하여 오늘날에 이르고 있다. 나아가 그는 전국 방방곡곡을 다니면서 무애무無碍舞와 무애가無碍歌를 부르면서 '나무아미타불'을 부르게 하여 아미타신앙을 대중화시킨 실천가이기도 하다. 이 역시 구제하기 어려운 범부의 구원에 그의 마음이 가 있었기 때문이다.

경흥스님의 정토교학 체계화

경흥憬興, 7~8세기경 스님은 백제계통 출신으로 신문왕 대에 왕사를 지냈다. 그의 많은 저술 중 『무량수경연의술문찬無量壽經連義述文贊』 3권이 현존하고 있다. 여기에서는 『무량수경』의 많은 번역서를 인용하고 있으므로 산실된 경전의 내용을 추정할 수 있는 자료로 가치가 높다. 그는 중국의 각종 정토주석서를 비교하면서 지론계와 유식계의 정토교학을 초월한 이론을 정립하였다. 주목할 만한 것은 『무량수경』의 십념과 『관무량수경』의 십념을 모두 칭명염불로 해석하고 있다는 점이다. 이는 통일신라 후에는 칭명염불이 성행하였음을 보여 준다.

만일염불결사의 특징

우리나라 정토신앙의 특색 중 하나가 만일염불결사이다. 염불결사는 중국 여산 혜원스님에서부터 시작되었다. 『삼국유사』 『욱면비염불서승조』에 의하면 우리나라 염불결사는 750년경 경덕왕 대에 강주康州, 진주 지역에서 처음으로 시작되었다고 한다. 그 후 전국적으로 확산되었고 최근세뿐만 아니라 현재도 만일염불결사가 행해지고 있다. 그중 대표적인 것이 건봉사의 만일염불결사이다. 일수염불은 한국정토신행에 나타난 가장 독특한 형태로, 신앙결사체의 모습을 간직하고 있다.

(3) 일본의 염불수행

호넨스님의 정토종 개창

호넨法然, 1133~1212스님은 15세에 천태종 히에이산比叡山 엔라쿠지延曆寺에서 출가 후 천태학을 공부하여 '지혜 제일의 호넨'이라고 칭송받기도 하였으나, 여기에 만족하지 않고 43세 때 선도스님이 『관경소觀經疏』에서 설한 칭명염불로서 본원염불本願念佛의 가르침을 증득하여 정토종을 개창하였다. 그는 스스로 '우치제일愚痴第一의 호넨', '죄악 범부의 호넨' '말법시대의 범부' 등으로 자신의 범부성을 철저히 자각하고 아미타부처님의 본원에 의지하는 심신 깊은 염불행자가 되었다. 이때 그는 『유심안락도』에 나오는 '정토종의 본의는 범부가 먼저'라는 문구를 보고 종명을 정토종이라고 하였다.

호넨스님은 『무량수경』 48대원 중 제18 십념왕생원十念往生願을 중시하였는데 선도와 같이 십념十念을 십성十聲으로 해석하여 칭명염불로 민중들을 교화하였다. 그리고 오로지 칭명염불만 하면 누구든지 극락에 갈 수 있다고 하는 전수염불專修念佛로 일관하였다. 이로 인해 정토종의 교세가 확장되자 그는 기성교단의 시비로 염불 정지를 명령받고 유배를 당하기도 하였다. 그의 제자로는 정토종 영재들이 많이 모여들었는데 2조인 성광聖光·증공證空스님과 그의 문하인 일편一遍·행서幸西·융관隆寬·장서長西스님, 정토진종의 신란親鸞스님 등이 있고, 저서로는 『선택본원염불집選擇本願念佛集』과 『칠개조제계七箇條制誡』가 있다.

신란스님의 절대타력 염불

신란親鸞, 1173~1262스님은 9세에 히에이산 엔라쿠지에서 출가하여 상행당常行堂에서 20년간 염불수행에 매진하였으나, 자력의 한계를 느끼고 하산하여 교토 육각당六角堂에서 100일 기도 중 성덕태자의 화현으로부터 현몽을 받는다. 이후 호넨스님의 문하에 들어가 전수염불에 귀의하다가 기성교단의 탄압으로 체포되어 승적을 박탈당하고 에치고越後로 유배되어 31세경에 에신니惠信尼를 만나 결혼하여 4남 3녀를 두었다고 한다. 그는 이때부터 비승비속의 재가불교를 실천하면서 호넨스님의 전수염불보다 본원염불에 의지하는 절대타력을 주창하였다. 염불에 의해서 왕생하기보다 아미타불의 본원을 믿는 믿음에 의해서 극락에 갈 수 있다고 하였던 것이다. 이는 아미타불의 본원이 담긴 명호를 듣고 믿는 순간 왕생이 결정되므로 염불은 이러한 부처님 은혜에 감사하는 불은보사佛恩報謝의 염불임을 일컫는다.

신란스님은 호넨스님의 범부관을 심화하여 인간이란 진실은 전혀 없고 악독하기에 부처님의 절대 타력에 의지할 수밖에 없다고 했다. 그의 제자 유원唯圓스님이 정리한 『탄이초歎異抄』에 나오는 '선인도 왕생하는데 하물며 악인이야'라는 악인정기惡人正機설은 악인이야말로 부처님이 구제할 대상이라는 절대타력의 의미를 잘 보여 주고 있다. 계율에 얽매이지 않고 오로지 정토행자가 되어 철저히 아미타불의 본원력을 믿는 것으로 안심을 얻을 수 있다고 하는 절대타력의 가르침은 기근과 전란의 혼란기에 생존 자체가 지옥과 같았던 사람들에게 많은 호응을 얻었다. 그는 자신의 한계에 절망하고 스스로 우독愚禿; 머리 깎은 어리석은 사람이라고 부르기도 하면서 철저한 참회로 자기를 비웠다. 그러나 교단의 내분으로 해종 행위자들이 나왔다. 특히 그의 친아들 젠란善鸞이 부자간의 의절장을 내어 종단을 어지럽게 하였다. 저서로는 『교행신증教行信證』이 대표적이다.

이러한 그의 절대타력의 가르침은 기독교와도 일맥상통하며, 재가불교운동은 명치유신 이후에 기성종단에서도 수용되어 오늘날 일본불교가 대처화되었다. 현재 일본불교의 최대 종파 중 하나로 2만여 사원과 1300만 명의 신자를 지니고 있다. 대표적으로는 교토의 동본원사와 서본원사가 있다.

5. 대승불교와 선사상

1) 인도의 선

　불교의 선은 모두 석가모니 부처님의 정각에 연원을 두고 있다. 물론 부처님의 정각 이전에도 요가라고 하는 인도 고대의 수행법이 있었다. 요가는 바라문교, 자이나교, 불교 등 인도의 종교와 철학 전반에 지대한 영향을 미쳤다. 선정을 의미하는 댜나 dhyāna는 고대 요가의 다른 이름이고, 선은 댜나를 음사한 말이다. 부처님의 선정은 요가의 영향을 받았지만 그것과는 다르다. 부처님은 요가의 최고 단계의 선정을 체험했지만, 그것으로는 완전한 열반에 이를 수 없음을 알고 요가의 수정주의를 버렸다. 선정 상태가 항상 유지되지 않기 때문에 조건이 바뀌면 다시 번뇌가 생기고 괴로움이 발생한다. 그것은 참된 선정이 아니며 참된 해탈이라 할 수 없다. 그 후 고행주의도 버리고, 선정에서 내면을 관찰하고 연기법을 관조하고, 선정에 들어 알아차림에 따른 현재의 마음 상태를 자각하는 획기적인 지관법을 터득한 것이다.
　부처님의 대표적인 지관수행법은 4념처이며, 이것은 '자등명 법등명'의 실천법이기도 하다. 4념처란 몸, 느낌, 마음, 법의 4가지 대상에 대한 지속적인 관찰을 통해서 마음챙김을 확립하여 장애를 극복하고 궁극적으로 사성제를 깨닫는 수행법이다. 몸, 느낌, 마음, 법에 대해 '지속적으로 따라가면서 관찰하는 것'을 4념처의 위빠사나라고 일컫는다. '따라가면서 관찰함'은 알아차림 sampajañña, 지知과 마음챙김 sati, 념念을 수반한다. 알아차림은 4가지 대상에만 국한되지 않고, 옷 입고 공양하고 발우를 챙기고 볼일을 보는 등 행주좌와의 모든 거동과 행위도 알아차림의 대상이다. 공양을 하면서도 자신도 모르는 사이에 지나간 일이나 앞으로 일어날 일 등 이런저런 생각에 빠져들곤 한다. 이때 한참 후 자신이 잡념에 빠져 있다는 사실을 깨닫게 된다. 이것이 알아차림이다.

이와 더불어 현재의 대상으로 마음을 되돌려 유지하는 것이 마음챙김이며, 이런 상태에 대한 분명한 앎을 지니는 것이 알아차림이다. 마음챙김은 감관의 문을 지키는 문지기에 비유된다. 눈, 귀, 코, 혀, 몸, 마음의 6근에서 일어나는 현상에 기민하게 주의를 기울여 불선법不善法이 일어나는 것을 막는다. 마음챙김은 주의집중으로 마음의 혼란과 방황을 막는 데 비중을 두고, 알아차림은 현재의 즉각적인 앎에 비중을 둔다. 이와 같이 알아차림과 마음챙김은 한 쌍으로 서로 긴밀하게 연결되어 있다.

탐·진·치를 뿌리로 그릇된 견해, 자만, 질투, 들뜸, 의심, 게으름, 혼침 등 여러 가지 불선법들이 일어난다. 알아차림은 마음이 불선법에 휩싸이는 것을 방지해 준다. 대상을 주관적으로 판단하면 아상我相과 인상人相이 생긴다. 반대로 있는 그대로 관찰하면 상이 생기지 않으며 무상, 고, 무아의 진리를 깨닫게 된다. 진리를 꿰뚫어 아는 것이 위빠사나이다. 지속적인 알아차림은 실제를 편견으로 왜곡하지 않고 실상에 눈뜨게 한다. 미얀마, 태국, 스리랑카 등 남방상좌부의 위빠사나 선사들은 4념처를 바탕으로 독자적인 가르침을 전개해 왔다. 남방에서도 동아시아의 선종처럼 선사들의 가풍에 따라 독특한 선풍을 전수하고 있다.

2) 중국의 선

조사선은 520년 달마達摩, ?~?선사가 중국에 건너오면서 시작되었다. 달마선사가 등장하기 전에는 인도에서 건너온 스님들이 대승경전과 선경禪經들을 번역하였고, 주로 대·소승의 관법을 익히고 닦는 습선習禪이 널리 실천되고 있었다. 달마선사 이후에는 대·소승의 관법과는 다른 독특한 특징을 가진 직지인심의 조사선이 펼쳐진다. 황벽黃蘗, ?~850선사의 『완릉록』에 의하면 "(달마)조사께서 서쪽에서 오셔서 오직 부처님의 마음을 전하셨으니, 곧바로 너희들의 마음을 가리켜 본래 부처이니라."라고 하였다. 달마선사의 등장과 함께 중국 선종이 형성되기 시작하였다. 석가모니 부처님에 의해 대대로 전해진 불심을 인도의 28번째 조사이자 중국의 초조인 달마선사가 2조 혜가慧可, 487~593선사에게 전하였다. 그리고 3조 승찬僧璨, ?~606, 4조 도신道信, 580~651, 5조 홍인弘忍, 601~674, 6조 혜능慧能, 638~713 선사에게 법의 등불이 전승되었다.

혜능선사의 문하에서 다시 대대로 걸출한 제자들이 배출되어 선의 황금시대가 펼쳐졌다. 혜능선사는 중국의 초기 선종에서 조사선의 기반을 다진 인물로 평가된다. 선사의 언행과 가르침이 기록된 『육조단경』에 의하면 선사는 홍인 문하에서 행자로 방아 찧는 일을 하며 수행하고 있었다. 어느 날 홍인선사의 부름을 받아 처소에 갔

더니 『금강경』을 설해 주셨다. 그때 "응당히 머무는 바 없이 그 마음을 내어야 한다應無所住而生其心."는 구절을 듣고 바로 깨달았다. 이것을 돈오견성頓悟見性이라고 한다.

　조사선은 본래성불의 입장에서 자신이 본래 부처임을 깊이 믿고 그것을 확인한다. 돈오는 일체의 단계나 조건을 거치지 않고 단번에 불성을 자각하는 것을 말한다一超直入如來地. 이것은 중생이 수행해서 부처가 된다고 하는 수인증과修因證果를 의미하는 것이 아니다. 수행하여 번뇌를 없애고 점차적으로 참된 성품을 회복한다고 하는 것은 점수법이다. 조사선에서는 행주좌와에 구애되지 않고 스승과 제자 간의 문답을 통해서 돈오견성이 이루어지고 심인心印이 전해진다. 문답에서 스승은 불자拂子, 소리, 신체 접촉, 언구 등 다양한 방편으로 제자의 근기나 질문에 따라 선지를 보여 준다. 근기가 무르익은 제자라면 그 자리에서 바로 반조하여 깨닫게 된다. 그렇지 못하면 의심이 남아 마음이 갑갑해진다. 이것을 불립문자不立文字, 교외별전敎外別傳, 직지인심直指人心, 견성성불見性成佛의 선이라고 하며, 조사선에 공통적으로 나타나는 특징이다.

　진리는 상대적인 개념의 분별을 떠나 있기 때문에 언어·문자로는 선을 깨닫거나 전수하지 못한다. 이러한 조사선은 인도에서 전래된 선이 언어와 문화, 사유방식이 다른 토양 위에 뿌리를 내리는 과정에서 새롭게 탄생한 것으로 볼 수 있다.

3) 조사선과 대승불교

(1) 조사선과 대승불교 사상
반야공관

예불과 불교행사에서는 빠지지 않고 『반야심경』이 독송된다. 강원에서 학인들은 매일 『금강경』을 독송한다. 그 이유는 『반야심경』과 『금강경』이 반야공의 진수를 담고 있고, 대승불교의 골수가 반야바라밀을 실천하여 반야를 완성하는 데 있기 때문이다. 조사선에서는 반야공을 입으로 외우는 데 그치지 않고 매 순간 공을 실천한다면 깨달음에 이르는 선수행과 결코 다르지 않다고 본다. 반야공은 연기법에 근거하고 있다. 존재는 스스로 존재할 수 있는 자성이 없다. 존재하고 있는 것 같지만 자성이 없는 것을 공이라고 한다. 대승의 초기 경전인 『반야경』에서는 부처님께서 깨달은 후 "모든 것이 공하다일체개공一切皆空."라고 설하셨다.

일체개공의 실천적 의미는 어떠한 것에도 집착하지 않고 그것을 있는 그대로 관하는 데 있다. 어느 한 곳에 집착하면 편견이 생기고 현실의 참된 모습을 보지 못하기 때문이다. 반야나 선을 배우는 것은 있는 그대로의 모습, 즉 실상을 보기 위함이다. 『반야경』은 사상적, 실천적으로 대승불교의 근간을 이루고 있으며, 조사선은 이 사상과 실천을 바탕으로 형성되었다. 초기불교의 계·정·혜 삼학이 팔정도라면 대승의 삼학은 보시, 지계, 인욕, 정진, 선정, 반야의 육바라밀이다.

조사선은 육바라밀행을 선정dhyāna과 반야prajñā로 압축한 가르침으로 이해해도 좋을 것이다. 『반야경』의 반야는 깨달음의 지혜를 가리킨다. 육조 혜능선사에 의하면 "보리반야의 지혜는 세상 사람들이 본래부터 지니고 있는 것이다. 즉 마음이 인연에 미혹하면 스스로 깨닫지 못하는 것이다. … 깨닫게 되면 바로 지혜를 이룬다."라고 한다. 육조 혜능선사는 선정과 지혜의 입장에서 바라밀을 다음과 같이 해석한다.

> 그 뜻은 생멸에서 벗어난다는 것이다. 경계에 집착하면 생멸이 일어나니, 마치 물에 물결이 있는 것과 같은데, 이것을 일러 차안이라고 한다. 경계에서 벗어나면 생멸이 없으니, 마치 물이 늘 통하여 흐르는 것과 같은데, 이것을 일러 피안이라고 한다. -『육조단경』

경계에 집착하면 물에 물결이 일어나는 것처럼 번뇌가 일어난다. 누구나 본래 반야지혜를 가지고 있는데 집착하기 때문에 미혹에 빠진다. 반대로 집착하지 않으면 경계에서 벗어나 번뇌가 일어나지 않고 선정禪定, 깨달음의 지혜가 드러나 피안에 이를 수 있다는 말이다. 반야는 공의 실천을 통해 완성되는 공의 지혜를 의미한다. 따라서 반야바라밀은 공의 실천으로 드러나는 반야지혜로 고해를 건너 부처의 세계에 이르게 한다.

불성관

"모든 것은 공하다."는 부처님의 말씀을 듣고 모든 것이 공하다는 생각에 집착하면 허무주의에 빠질 위험성이 있다. 실제로『반야경』에서 설하고 있는 자성청정심의 청정이란 그곳에 텅 비어 아무것도 없기 때문에 깨끗하다는 것이며 더불어 번뇌가 없음을 상징하기도 한다. 그래서 허무주의와 같은 공에 대한 잘못된 해석 공병空病을 바로잡기 위하여 공한 자리에 부처의 본성, 즉 불성이 있다고 설한 것이다. 공함을 자각하는 주체가 불성이다. 이런 맥락에서 공의 가르침에 근거하여 여래장 계통의 경론들이 등장하였다.

대승의 불자들은 열반에 만족하는 아라한이 아니라 지혜와 자비를 베푼 인간 석가모니와 같은 부처가 되고자 하는 사람들이다. 그러므로 누구나 부처가 될 수 있다는 불성사상은 획기적인 안목이라 할 수 있다. 이런 배경에서 등장한 대승경전들은 부처가 되는 수많은 방편들을 설하고 있다. 조사선에서는 부처님의 지관법과 대승의 방편들을 바탕으로 직지인심直指人心 견성성불見性成佛의 실천방법을 강조한다. 견성성불은 자신의 불성을 보아 부처가 되는 것을 말한다. 선문禪門에 들어온 수행자라면 누구나 어떻게 하면 불성을 자각할 수 있을까 하는 문제에 의식이 쏠리게 된다. 이 문제에 대하여 임제臨濟, ?~866선사는 학인들에게 다음과 같이 설하였다.

> 붉은 고깃덩이 위에 지위 없는 참사람이 늘 그대들의 얼굴에서 출입한다. 아직 밝히지 못한 자는 잘 살펴보아라. 그때 어떤 스님이 나와서 물었다. 어떤 것이 지위 없는 참사람입니까? 임제가 선상에서 내려와 그를 꼼짝 못 하게 움켜잡고서 말하였다. 말해라! 말해! 그 스님이 무언가 말하려는 듯 머뭇거리자, 임제가 그를 밀쳐 버리고 말했다. 지위 없는 참사람이라니 무슨 똥 닦는 막대기 같은 소리냐? 그리고 곧 방장으로 돌아갔다. -『임제록』

이것은 조사가 깨달음의 도리를 직접 보여 주고 학인들이 바로 자신의 불성을 깨닫게 하기 위한 법문이다. 이것을 듣고 참사람이니 불성이니 하는 말과 논리로 따지면 깨달음과는 더욱더 멀어지게 된다. 학인이 알음알이를 내어 따지자, 임제선사는 다그치면서 "무슨 참사람이냐?"라며 다시 부정해 버린다. 불성은 부처가 될 수 있는 원인이자 근본이다. 분별을 떠나 있기 때문에 말이나 생각으로는 알 수 없다. 그러므로 참구參究의 대상이 된다.
　『열반경』에서는 "모든 중생은 불성이 있다."고 설한다. 누구든지 발심수행하면 부처가 될 수 있다는 말이다. 불성은 초기불교의 '자성청정심'에서 그 근원을 찾아볼 수 있다. '청정'은 깨끗함과 빛남의 의미가 있다. 밝은 빛은 여래의 지혜를 상징한다. 그러므로 불성이 있다는 것은 누구나 여래의 지혜를 가지고 있다는 말이다. 조사선에서는 가능성이 아닌 본래 부처라는 입장에서 수행한다. 『화엄경』에 의하면 "믿음은 도의 근원이며 … 구경에는 여래의 처소에 이르게 한다."고 설한다. 자기가 부처라는 믿음이야말로 불성을 자각하는 데 결정적인 힘이 된다.
　불성은 조사선에서 진성, 무일물, 자성, 자심, 법, 도, 마음, 부처, 깨달음覺覺, 근본 등 다양한 명칭으로 불린다. 스승은 할, 주장자, 주먹, 불자 등으로 불성의 작용을 보여 주기도 한다. 핵심은 그 자리에서 사량분별이 끊어져야 돈오할 수 있다는 사실이다. 불성은 언어문자의 개념으로는 알 수 없는 불이법不二法이기 때문이다. 육조 혜능선사는 "불성은 선하지도 않고 선하지 않지도 않으니, 이것을 일컬어 불이不二라고 한다. … 불이의 자성이 곧 불성이다."라고 설한다.

마조스님은 불이중도의 마음을 평상심이라고 하였다. 평상심이란 "조작하지 않고, 옳고 그름을 따지지 않으며, 취하거나 버리지도 않고, 끊어짐이 있다거나 끊어짐이 없다고 헤아리지 않으며, 범부도 아니고 성인도 아닌 것"을 말한다. 법문이나 문답에는 이분법을 벗어나 중도의 실상을 관하는 중관의 논리가 포함되어 있다. 위에서 임제선사가 참사람을 긍정했다가 다시 부정해 버리는 것도 이러지도 저러지도 못하게 하여 중도에 눈뜨게 하기 위한 가르침이다.

(2) 조사선과 대승불전

『능가경』

『능가경』은 육조 혜능六祖 慧能, 638~713선사 이전까지 달마계 선사들의 소의경전이었으며, 8세기 초 마조馬祖, 709~788선사에 의해 다시 중요시되었다. 선종의 불립문자, 교외별전, 이심전심은『능가경』의 일자불설一字不說과 지월指月에 근거를 두고 있다. "나는 어느 날 밤 정각을 얻은 날부터 반열반에 들 때까지 한 글자도 설하지 않았다.", "문자에 의지하지 말고 뜻에 의지하라.", "어리석은 사람은 달을 가리키는 손가락을 보고 달이라고 하는데, 언어문자에 집착하는 자는 나의 진실을 보지 못한다."는 등의 구절이 설해져 있다. 부처님의 언설은 달을 가리키는 손가락이지 달이 아니다. 손가락에 집착하면 달을 보지 못한다.

경전은 병을 치료하기 위한 약응병여약應病與藥이며 강을 건너기 위한 뗏목여벌유자如筏喩者인 것이다. 불립문자란 언어문자를 버리라는 것이 아니라, 선지식의 가르침을 달을 가리키는 손가락으로 보라는 의미이다. 범부는 언어문자로 선지식의 법문을 배우지 않고는 진리를 볼 수 없다.

『금강경』

『금강경』은 혜능선사 이후 선종의 소의경전이 되었고, 오늘날 조계종뿐만 아니라 동아시아 선종의 소의경전이기도 하다. 『육조단경』에 의하면 이 경을 수지독송하는 것만으로도 바로 깨달을 수 있다고 한다.

『금강경』은 『금강반야바라밀경 金剛般若波羅蜜經』이라는 본래 제명에 나타난 바와 같이 반야바라밀의 실천을 설하는 경전으로, 무념無念·무주無住·무상無相과, 긍정-부정-긍정의 논리로 반야공 사상이 전개되고 있다. 혜능선사의 중심사상은 돈오견성설과 반야바라밀이며, 이것은 반야삼매로 돈오하는 것을 의미한다. 그 구체적인 실천 내용이 바로 무념·무주·무상이다. "무상은 모든 모습에서 벗어나는 것이다. 무념은 생각 속에서 생각이 없는 것이다. 무주는 사람의 본성이다."라고 한다. 무주는 이분법의 집착에서 벗어나 어느 쪽에도 머물지 않는 불이중도를 의미한다. 혜능선사는 이런 실천들을 통해 반야지혜로 불성을 자각하여 돈오견성할 것을 강조한다. 무상과 무주는 조사선에서 없어서는 안 되는 반야공사상이다. 긍정-부정즉비卽非-긍정시명是名은 이 경전에서 자주 반복되는 논리이다.

예를 들어 "불국토를 장엄한다는 것은 곧 장엄이 아니라 단지 그 이름이 장엄이다."에서 "불국토를 장엄한다."는 긍정에 머무는 것이고, "곧 장엄이 아니라"는 부정에 머물러 있다. "장엄은 장엄이 아니라 단지 그 이름이 장엄일 뿐이다."는 긍정에도 부정에도 머물지 않고 이분법에서 벗어나 결국 중도실상에 눈뜨게 한다.

『유마경』

번뇌는 실체가 없으며 본래 공한 것이다. 번뇌즉보리煩惱卽菩提와 생사즉열반生死卽涅槃은 『유마경』에서 특히 강조하는 사상이다. 『유마경』은 많은 선어록에 인용되었으며 조사선의 사상에 지대한 영향을 미쳤다.

신회神會, 684~758선사는 북종선을 비판할 때 『유마경』의 연좌를 근거로 삼고 있다. 유마거사에 의하면 "앉아 있는 것만이 좌선이 아니다. … 무릇 좌선이란 멸진정에서 일어나지 않으면서도 온갖 위의를 드러내는 것이며, 마음이 안에도 머물지 않고 밖에도 머물지 않는 것이며, … 번뇌를 끊지 않고 열반에 드는 것"이다. 그는 사람의 몸을 앉혀서 마음을 안정시켜 선정에 들게 하는 북종의 좌선을 비판하면서, 좌선을 이렇게 설명한다. "좌란 한순간도 망념이 일어나지 않는 것이며, 선은 본래의 자성을 보는 것이다." 유마거사와 신회선사의 좌선은 앉아서 선정에 들었다가 좌선이 끝나면 선정에서 나오는 선이 아니다. 선정止에서 관觀으로 행주좌와 어묵동정과 상관없이 항상 선정을 유지하는 것을 의미한다.

4) 동아시아 선의 흐름

(1) 간화선, 묵조선, 염불선

송대960~1279에는 당대의 기연機緣 문답을 활용한 선문학의 확산과 더불어 문자선文字禪과 무사선無事禪이 유행하였다. 이런 현상들은 수행과 깨달음의 체험을 무시하거나 소홀히 여기는 폐단을 초래하였다. 간화선看話禪은 화두참구로 깨달음의 체험을 강조하는 수행법이며 양기파楊岐派의 오조 법연五祖 法演, ?~1104-원오 극근圓悟 克勤, 1063~1135-대혜 종고大慧 宗杲, 1089~1163선사에 걸쳐서 완성되었다.

화두는 선문답 속에서 깨달음을 촉발시키는 키워드이다. 어떤 학인이 조주 종심趙州 從諗, 778~897선사에게 "어떤 것이 조사가 서쪽에서 온 뜻입니까?" 하고 묻자, 조주선사가 뜰 앞에 있는 잣나무를 가리키며 "뜰 앞에 잣나무니라."라고 대답했다. 선수행자라면 선사는 왜 '뜰 앞에 잣나무'라고 했을까? 하는 의심이 생긴다. 문답 전체를 공안公案이라 하고, '뜰 앞에 잣나무'를 화두라고 한다. 앞의 질문은 화두에 의심을 일으키는 전제가 된다. 오조선사는 화두를 '철만두'라고 하였고, 원오선사는 '대문을 두드리는 기와 조각', '심지를 여는 열쇠'라 하였다. 즉 화두는 의미나 생각으로 접근할 수 없으며, 의심으로 깨달음의 문을 두드리는 도구이다.

원오선사는 대혜선사가 전후제단前後際斷을 체험하고 지혜가 살아나지 못하자 "언구를 의심하지 않는 것이 큰 병"이라고 경책하였고, 훗날 대혜선사는 "화두 위에서 한 의심만 타파하면 천 가지, 만 가지 의심이 일시에 타파된다. … 하나를 투철히 깨달으면 일체에 막힘이 없다."라고 하였다. 대의심大疑心은 대신심大信心, 대분심大憤心과 더불어 간화선 수행의 3대 요소이다.

묵조선默照禪은 단하 천연丹霞 天然, 739~824선사의 법을 계승한 진헐 청료眞歇 淸了, 1089~1151선사와 굉지 정각宏智 正覺, 1091~1157선사에 의해 집대성되었다. 묵조에서 묵默은 가부좌 자세로 침묵하고 있는 좌선수행을 의미하고, 조照는 본래 갖추어진 불성을 관조한다는 의미이다. 침묵의 좌선은 달마의 면벽을, 관조는 조사선의 회광반조廻光返照를 계승한 것이다. 묵은 조를 통해 작용하고 조는 묵을 통해 작용한다. 묵과 조가 조화로울 때 묵조의 작용이 드러난다. 깨달음의 진리는 본래 언제 어디에나 생생하게 드러나 있다. 묵묵히 좌선하는 선정묵에서 지혜의 광명이 비추어조 본래 깨달음본증本證의 마음과 관조하는 마음이 하나로 합일된다. 이것을 본증의 자각이라고 한다. 좌선수행은 깨달음이 이미 완성되어 있음을 전제로 하기 때문에 깨달음을 얻기 위한 수행이 아니라 부처의 작용이다 수증불이修證不二. 마치 부처님이 평소에 좌선하는 것과 같은 이치라고 할 수 있다. 언어문자가 끊어진 침묵의 상태가 유지되기 때문에 언어문자의 폐단에 떨어질 위험이 없다. 좌선수행이 전제이기 때문에 수행을 무시하는 무사선의 폐단에서도 자유롭다.

염불은 삼매에 들어 부처님을 친견하는 수행이고 견불見佛, 선은 삼매에 들어 자신의 성품을 보는 수행이다 견성見性. 견불과 견성은 곧 성불을 의미하므로 염불과 선은 다르지 않다. 송대 이후로 선수행과 함께 정토신앙이 유행하기 시작했다.

연수延壽, 904~975선사는 많은 사람들이 선에서 길을 헤매고 있음을 지적하고, 선과 정토의 겸수선정겸수禪淨兼修가 이상적인 수행방법이라고 강조했다. 즉 겸수로 현세에는 인천의 스승이 되고 내세에는 불조가 될 수 있다고 하였다. 혹시 현세에 깨닫지 못했다 하더라도 왕생을 발원하였기 때문에 내세에는 아미타불을 친견하고 반드시 부처가 된다고 보는 것이다.

원대 이후에도 선종의 주된 수행법은 간화선이었지만 정토교와 결합된 염불선이 선종 내에 급속히 확산되었다. 천여天如, 1298~1368 선사는 염불을 화두로 바꾸어, "단지 아미타불의 네 자를 하나의 화두로 삼아 24시간 항상 제시하라. 한 생각도 일어나지 않는 경지에 이르면, 단계를 거치지 않고 불의 경지에 오른다."라고 하였다. 또한 지철智徹, 1310~?선사가 제시한 '염불하는 자가 누구인가念佛者誰' 화두가 널리 유포되기 시작하였다. 무자 화두, 본래면목 화두, 염불 화두 등 참구하는 화두는 각각 다르지만 의정疑情을 일으키는 것은 동일하다. 명대 유행한 염불자수 화두는 선과 정토의 겸수라기보다 일체화된 수행법이라 할 수 있다.

(2) 중국, 한국, 일본의 조사선 전개양상

중국 선종은 9세기 전후로 혜능선사의 법손인 강서의 마조馬祖, 709~788선사와 호남의 석두石頭, 700~790선사의 활약으로 이들 문하에서 많은 뛰어난 선사들이 배출되었다. 다른 종파들은 파불破佛로 큰 타격을 입었지만 선종은 당말을 지나 오대에 크게 발전하였다. 9세기에서 10세기 중반에 걸쳐서 석두 문하에서는 조동종曹洞宗, 운문종雲門宗, 법안종法眼宗, 마조 문하에서는 임제종臨濟宗과 위앙종潙仰宗이 성립되어 선종은 5가家로 발전하였다. 5가는 모두 6조의 남종선법을 계승하였지만 각각 독자적인 조사선의 가풍으로 발전하였다.

임제종은 마조-백장-황벽-임제선사로 이어지는 법맥에서 성립되었는데, 11세기 중반에 이르러 임제종은 황룡파와 양기파로 분파되어 선종은 5가 7종으로 전개되었다. 무사선과 문자선의 유행으로 12세기에는 조동종 문하에서 묵조선이, 임제종의 양기파 문하에서 간화선이 출현하여 차츰 양기파가 선종의 주류로 발전하였다.

원대 이후 묵조선은 쇠퇴하고 간화선이 대세를 차지하였으며, 시대적인 민중신앙의 요청과 함께 선종 내에서 염불선도 유행하기 시작하였다. 선종은 이민족의 지배와 통제를 받으면서 많은 선승들이 일본이나 베트남 등 해외로 망명하였고 더 이상 발전하지 못하였다. 조선은 배불정책을 실시하고 있었기 때문에, 원·명·청의 선승들은 일본으로 많이 망명하였다. 중화민국1912 이후 불교는 근대화과정에서 도교와 함께 극복되어야 할 과거의 유물로 간주되었다.

한국의 경우, 신라 말부터 유학승들에 의해 본격적으로 조사선이 전래되기 시작하여, 고려 초에는 구산선문이 형성되었다. 도의道義, 783~821국사는 마조선사의 제자인 서당西堂, 735~814선사에게 참문하여 인가를 받아 821년에 신라로 돌아왔다. 국사의 법은 염거 화상-보조 체징선사에게 전해져 체징선사가 장흥 가지산 보림사에서 가지산문을 개창하였다. 도의국사는 해동 초조로서 조계종의 종조로 모셔지게 되었다. 그 후 당나라에서 남종선을 전수한 선사들이 속속 지방에서 호족의 후원으로 산문을 개창하였다. 조계는 혜능선사를 의미했지만 고려 초에는 차츰 남종선을 계승한 종파, 즉 조계종을 의미하게 되었다.

고려 중기에는 가지산문과 사굴산문에서 많은 고승들이 나와 선풍을 떨쳤다. 사굴산문의 보조 지눌普照 知訥, 1158~1210국사는 정혜결사로 쇠퇴한 선풍을 진작시켰고, 대혜선사의 간화선을 처음으로 소개하였다. 가지산문의 태고 보우太古 普愚, 1301~1382국사는 화두참구로 깨달음을 얻고 원나라에 가서 임제종 석옥 청공石屋 清珙, 1270~1352선사의 인가를 받고 임제선풍을 들여왔다.

태고국사와 함께 백운, 나옹선사는 여말 3사로 불린다. 이후 태고국사의 법은 환암 혼수幻菴 混修, 1320~1392-구곡 각운龜谷 覺雲-벽계 정심碧溪 淨心-벽송 지엄碧松 智嚴-부용 영관芙蓉 靈觀, 1485~1574-청허 휴정淸虛 休靜선사로 이어졌다. 개화기에는 경허鏡虛, 1846~1912선사가 정혜결사로 훌륭한 고승을 배출하면서 사찰의 선원을 재건하였고, 용성龍城, 1864~1940선사는 수선결사로 선풍을 진작하였고, 만해萬海, 1879~1944스님과 함께 불교계 대표로 3.1운동에 참가하는 등 일제강점기 불교중흥에 힘썼다.

일본에 전래된 선이 종파로 독립한 것은 13세기 가마쿠라의 무신정권 시대이다. 중국에서 온 13명의 도래승과 일본인 유학승에 의해 24파의 유파가 형성되었던 것이다. 그중 3파는 조동계이고 나머지는 모두 임제계에 속한다. 이것은 당시 원대 이후 중국 선종의 세력 판도를 그대로 반영한 결과로 볼 수 있다. 남송의 멸망과 이민족의 지배로 압박에 시달리던 많은 선승들이 일본으로 건너왔다. 처음 임제선을 전한 것은 천태종에서 공부한 후 송에 유학한 영서榮西, 1141~1215선사이며, 조동선을 전한 것은 송에 유학하여 천동산 여정如淨, 1163~1228에게 조동종의 정맥을 전수한 도원道元, 1200~1253선사이다. 임제종의 수행법은 간화선이고, 조동종은 지관타좌只管打坐를 강조하는 묵조선이다. 영산瑩山, 1268~1325선사는 전국에 포교하여 조동종의 초석을 놓았다. 상류층의 지지를 획득한 임제종은 많은 선종 사찰을 남기고 있다. 현재 몇 개로 분파되어, 그중에서도 가장 큰 것은 교토 묘신지妙心寺를 본산으로 하는 묘신지파이다. 임제선과 조동선은 일본선종의 기본적인 골격을 형성하였다.

당시 대륙의 선은 공예에서 일용품에 이르기까지 새로운 문물과 함께 유입되었다. 선과 대륙문화는 무사계급이나 신흥 시민계급에 수용되어 현대까지 일본문화의 기조로서 일상생활에까지 큰 영향을 미치고 있다.

| 참고문헌 |

약어
H   한국불교전서
T   대정신수대장경
X   속장경
PTS   빨리성전협회
Vin   빨리 율장

【원전】

『長阿含經』(T1)

『中阿含經』(T1)

『雜阿含經』(T2)

『增壹阿含經』(T2)

『大般若波羅蜜多經』(T7)

『金剛般若波羅蜜經』(T8)

『道行般若經』(T8)

『大明度經』(T8)

『妙法蓮華經』(T9)

『大方廣佛華嚴經(60卷)』(T9)

『大方廣佛華嚴經(80卷)』(T10)

『大方廣佛華嚴經(40卷)』(T10)

『大般涅槃經』(T12)

『維摩詰所說經』(T14)

『楞伽阿跋多羅寶經』(T16)

『雜阿毘曇心論』(T28)

『攝大乘論釋』(T31)

『大乘起信論』(T32)

『大方廣佛華嚴經搜玄分齊通智方軌』(T35)

『華嚴經探玄記』(T35)

『新華嚴經論』(T36)

『無量壽經宗要』(T37)

『無量壽經連義述文贊』(T37)

『往生論註』(T40)

『法界圖記叢髓錄』(H6, T45)

『華嚴經內章門等雜孔目』(T45)

『華嚴一乘法界圖』(H2, T45)

『華嚴一乘教義分齊章』(T45)

『注華嚴法界觀門』(T45)

『大慧普覺禪師語錄』(T47)

『略論安樂淨土義』(T47)

『安樂集』(T47)

『遊心安樂道』(T47)

『往生禮讚』(T47)

『鎮州臨濟慧照禪師語錄』(T47)

『讚阿彌陀佛偈』(T47)

『修心要論』(T48)

『六祖大師法寶壇經』(T48)

『廣弘明集』(T52)

『出三藏記集』(T55)

『摩訶般若波羅蜜經』(T223)

『小品般若波羅蜜經』(T227)

『大智度論』(T1509)

『阿毘達磨法蘊足論』(T1537)

『阿毘達磨大毘婆沙論』(T1545)

『阿毘達磨俱舍論』(T1558)

『中論』(T1564)

『龍樹菩薩傳』(T2047)

MN : Majjhima - Nikāya, PTS.

SN : *Saṃyutta-Nikāya*, PTS.

Sn : *Sutta-nipāta*, PTS.

The Jataka, PTS.

Vin : Vinaya - Piṭaka, PTS.

Abhidharmakośabhāṣyam of Vasubandhu, ed., P. Pradhan, K. P. Jayaswal Research Institute, Patna, 1975.

Bodhisattvabhūmi, ed., by U. Wogihara, Tokyo, 1930-1936(repr. Tokyo, 1971).

Madhyamakavatara par Candrakirti, pub. par Louis de la Vallee Poussin, Tokyo: Meicho-Fukyu-Kai, 1977.

Mūla-madhyamaka-kārikās de Nāgārjuna avec la Prasannapadā Commentaire de Candrakīrti, publié par Louis de la Vallée Poussin, St. Pétersburg 1903-1913, Bibliotheca buddhica no. 4.

Saṃdhinirmocanasūtra, éd, par Étienne Lamotte, Louvain, 1935.

Sphutārthā Abhidharmakośavyākhyā, ed., Unrai Wogihara, Sankibo Buddhist Book Store, 1971.

Sthiramati's Triṁśikāvijñaptibhāṣya - Critical Editions of the Sanskrit Text andits Tibetan Translation, ed. by Hartmut Buescher, Wien: Verlag der Österreichischen Akademie der Wissenschaften, 2007.

The Dialectical Method of Nāgārjuna(Vigrahavyāvartanī), Translated from the original Sanskrit with Introduction and Notes by Kamaleswar Bhattacharya, ed. by E. H. Johnston and Arnold Kunst, Motilal Banarsidass, 1978.

The Ratnagotravibhāga Mahāyānottaratantraśāstra, ed. by Edward H. Johnston, Patna: The Bihar Research Society, 1950.

【단행본】

각묵스님, 『초기불교입문: 초기불교, 그 핵심을 담다』, 초기불전연구원, 2017.

금강대학교 불교문화연구소, 『지론종 연구』, 씨아이알, 2017.
김경집, 『한국불교통사』, 운주사, 2022.
김잉석, 『화엄학개론』, 법륜사, 1960.
김태완, 『간화선 창시자의 선』, 침묵의 향기, 2011.
권오민, 『유부아비달마와 경량부철학의 연구』, 경서원, 1994.
_____, 『상좌 슈리라타와 경량부』, 씨아이알, 2012.
남수영, 『중관사상의 이해』, 여래, 2015.
동국대학교 불교대학, 『불교입문』, 학교법인 동국대학교, 출판문화원, 2021.
동국대 불교문화연구소 편, 『한국천태사상연구』, 동국대출판부, 1983.
대한불교조계종 교육원 불학연구소, 『계율과 불교윤리』, 조계종출판사, 2011.
불함문화사 편, 『韓國佛敎學硏究叢書. 67, 法相宗』, 불함문화사, 2003.
법장, 『『범망경』 주석사 연구』, 은정불교문화진흥원, 2022.
오지연, 『천태지관이란 무엇인가』, 연기사, 1999.
이기운, 「법화삼매의 사상체계 연구」, 동국대 대학원 박사학위논문, 1996.
이광준, 『법화사상사』, 서울: 세계대각법화회, 2015.
이만, 『한국유식사상사』, 장경각, 2000.
이병욱, 『천태사상』, 태학사, 2005.
_____, 『천태사상연구』, 경서원, 2000/2002.
_____, 『고려시대의 불교사상』, 혜안, 2002.
이영자, 『천태불교학』, 해조음, 2001/2006.
_____, 『법화·천태사상연구』, 동국대 출판부, 2002.
_____, 『한국천태사상의 전개』, 민족사, 1988.
이재창, 『불교경전 개설』, 불교시대사, 2005.
월암, 『돈오선』, 클리어마인드, 2008.
____, 『간화정로』, 현대북스, 2006.
정각, 『한국의 불교의례 I』, 운주사, 2009.
정병삼, 『한국불교사』, 푸른역사, 2020.

정성본, 『선의 역사와 사상』, 불교시대사, 1999.

정운, 『대승경전의 선 사상』, 불교시대사, 2014.

조영록 외, 『동양의 역사와 문화』, 국학자료원, 1998.

지창규, 『천태사상론』, 법화학림, 2008.

하영수, 『『법화경』의 삼보구조에 대한 해석학적 연구』, 씨아이알, 2019.

한보광, 『일본선의 역사』, 여래장, 2001.

해주, 『화엄의 세계』, 민족사, 1998.

혜명, 『마하지관의 이론과 실천』, 경서원, 2007.

각묵 옮김, 『네 가지 마음챙기는 공부: 대념처경과 그 주석서』, 초기불전연구원, 2020.

권오민 역주, 『아비달마구사론』 전4권, 동국역경원, 2002.

김영덕 역주, 『대비로자나성불경소』 1-3, 소명출판, 2008.

김정근 역주, 『쁘라산나빠다』 전4권, 푸른가람, 2011.

해주 역주, 『정선 화엄 I』, 대한불교조계종 한국전통사상서 간행위원회 출판부, 2010.

해주 옮김, 『법계도기총수록』, 동국대학교출판부, 2014.

가마다 시게오, 정순일 역, 『중국불교사』, 경서원, 1996/2012.

가지야마 유이치, 권오민 역, 『인도불교철학』, 민족사, 1994.

_____, 정호영 역, 『공의 논리』, 민족사, 1994.

가츠라 쇼류 외, 김성철 역, 『유식과 유가행』, 씨아이알, 2014.

_____, 박기열 역, 『인식론과 논리학』, 씨아이알, 2017.

교도 지코, 최기표·최승일 옮김, 『천태대사의 생애』, 시대의 창, 2006.

기무라 기요타카, 정병삼 옮김, 『중국화엄사상사』, 민족사, 2005.

나라야스야키, 정호영 옮김, 『인도불교』, 민족사, 1992.

나카무라 하지메, 남수영 옮김, 『용수의 중관사상』, 여래, 2010.

디트리히 젝켈, 백승길 역, 『불교미술』, 열화당, 1993.

미노와겐료, 김천학 옮김, 『일본불교사』, 동국대출판부, 2017.

미찌하디 료오슈, 계환 옮김, 『중국불교사』, 우리출판사, 2016.

뿔리간들라, 이지수 역, 『인도철학』, 민족사, 1991.
사사키 시즈카, 이자랑 역 『인도불교의 변천』, 동국대학교출판부, 2007.
사사키 쿄고 외, 권오민 역, 『인도불교사』, 경서원, 1992.
사이구사 미츠요시, 심봉섭 역, 『인식론·논리학』, 불교시대사, 1995.
사토우 미츠오, 김호성 역, 『초기불교 교단과 계율』, 민족사, 1991.
시모다 마사히로 외 저, 김성철 역, 『여래장과 불성』, 씨아이알, 2015.
아베 쵸이치, 최현각 옮김, 『인도의 선 중국의 선』, 민족사, 1994.
오오타케 스스무 저, 이상민 역, 『『대승기신론』 성립문제 연구』, 씨아이알, 2022.
요리토미 모토히로 외, 김무생 역, 『밀교의 역사와 문화』, 민족사, 서울, 1990.
우에다 요시부미, 원혜영·김광수 공역, 『섭론종 기원』, 씨아이알, 2018.
이시이 코세이, 김천학 옮김, 『화엄사상의 연구』, 민족사, 2020.
츠카모토 케이 아키라, 이정수 역, 『법화경의 성립과 배경』, 운주사, 2010.
K.S. 케네쓰 첸, 박해당 옮김, 『중국불교 상』, 민족사, 1991/2006.
_____, _____, 『중국불교 하』, 민족사, 1994/2006.
타카사키 지키도, 전치수 옮김, 『불성이란 무엇인가?』, 여시아문, 1998.
타무라 요시로·우메하라 타케시, 이영자 옮김, 『천태법화의 사상』, 민족사, 1989.
타무라 요시로·닛타 마사키, 출판부 역, 『천태대사 – 그 생애와 사상』, 영산법화사
　　　출판부, 1997.
토리자와 코에이, 사또시게끼 옮김, 『새롭게 쓴 선종사』, 불교시대사, 1993.
폴 윌리엄즈 외, 안성두·방정란 역, 『인도불교사상』, 씨아이알, 2022.
후지요시 지카이, 한보광 옮김, 『(선과 정토) 선정쌍수의 전개』, 민족사, 1991.
히라카와 아키라, 이호근 역, 『인도불교의 역사』, 전2권, 민족사, 1994.
히라카와 아키라 외, 윤종갑 역, 『중관사상』, 경서원, 1995.
히라이 슌에이, 한보광 역, 『정토교개론』, 여래장, 2004.
_____, 강찬국 역, 『중국 반야사상사 연구』, 씨아이알, 2020.
高峯了州, 『華嚴思想史』, 百華苑, 1963.
瓜生津隆眞, 中澤中 譯, 『全譯 チャンドラキルティ 入中論』, 起心書房, 2012.
鎌田茂雄, 『中国華厳思想史の研究』, 東京大学出版, 1965.

大正大学仏教学部,『仏教学の基礎 1 : インド編』, 大正大学; 改訂版, 2016
　　(한글역: 안성두 역, 인도불교사상, 씨아이알(CIR), 2011)
大竹晋,『『大乗起信論』成立問題の研究:『大乗起信論』は漢文仏教文献からのパッチワーク』, 東京國書刊行會, 2017.
柏木弘雄・高崎直道,『佛性論・大乗起信論』, 東京: 大藏出版, 2005.
山口益 譯註,『月稱造 中論釋 1, 2 合本』, 清水 弘文堂書房 昭和43年 / チヤンドラキールテイ プラサンナパダ : 和譯. 1, 서울 : 東邦苑, 1988.
松長有慶,『インド後期密教』上・下, 春秋社, 2005.
野口善敬,『元代禪宗史研究』, 禪文化研究所, 2005.
伊吹敦,『禪の歴史』, 法藏館, 2004.
＿＿＿＿,『中国禅思想史』, 禅文化研究所, 2021.
伯木弘雄,「(眞諦譯)大乘起信論」,『佛性論・大乘起信論』, 東京: 大藏出版, 2005.
櫻部建,『俱舍論の研究』, 京都: 法藏館 c1969, 1979.
竹村牧男,『大乗起信論讀釋』, 東京: 山喜房佛書林, 1985.
中尾良信,『日本禪宗の傳說と歷史』, 吉川弘文館, 2005.
平川彰,『インド佛教史』上下, 春秋社, 1985.
塚本啓祥 等 編著,『梵語佛典の研究』III, 論書篇, 平樂寺書店, 1990.

Makransky, John 1997, *Buddhahood Embodied*. New York: State University of New York, 1992.

Sadananda Bhaduri, *Studies in Nyāya-Vaiśeṣika Metaphysics*, Bhandarkar Oriental Research Institute, 1975.

Willams, Paul. *Buddhist Thought*, Routledge, London and New York, 2000.

＿＿＿＿＿＿＿＿＿, *Mahāyāna Buddhism: The doctrinal Foundations*. London and New York: Routledge, 2009.

Williams, Paul et.al, *Buddhist Thought: A Complete Introduction to the Indian tradition*. (Second Edition). London and New York: Routledge, 2012.

【논문】

국광희·정성준,「관정의례의 변천에 관한 고찰」,『인도철학』제54집, 인도철학회, 2018.

김성은,「『해심밀경소』십지계위론에 나타나는 고대 동아시아 유식사상의 융섭적 전통」,『한국고대사탐구』Vol.32, 한국고대사탐구학회, 2019.

김성철,「선과 반야중관의 관계」,『불교학연구』제32호, 불교학연구회, 2012.

김제란,「진제 유식과 현장 유식, 웅십력 신유식론의 유식사상 비교」,『철학연구』Vol.23, 고려대학교 철학연구소, 2000.

남수영,「반야중관경론에서 무상정등각과 열반의 성취」,『한국선학』제35호, 한국선학회, 2013.

_____,「중관학파에서 무상정등각의 성취」,『불교학연구』제55호, 불교학연구회, 2018.

박인석,「유가론기(瑜伽論記)의 연구 현황과 과제」,『韓國思想史學』第50輯, 한국사상사학회, 2015.

박창환,「法稱(Dharmakirti)의 감각지각(indriyapratyaksa)론은 과연 經量部적 인가?: 上座 슈리라타(Srilata)의 감각지각 불신론과 이에 대한 世親의 절충론을 통해 본 경량부 前5識說의 전개 과정」,『인도철학』제27집, 인도철학회, 2009.

방인,「新羅 佛敎思想史에서의 太賢 唯識學의 意義」,『白蓮佛敎論集』제2집, 해인사 백련불교문화재단, 1992.

방정란,「오차제(Pañcakrama) 2장의 후대 삽입과 전승의 의미, 사공(四空)과 관련하여」,『불교학연구』제60호, 불교학연구회, 2019.

오광혁(홍선),「경전신앙의 성립에 관한 일고찰」,『중앙승가대학논문집』5, 중앙승가대학교, 1996.

안성두,「眞諦(Paramārtha)의 삼성설 해석과 阿摩羅識(amala-vijñāna)」,『불교연구』제42집, 한국불교연구원, 2015.

안효기,「원오선의 연구」, 동국대학교 선학과 박사학위논문, 2019.

이시우,「천문학에서 본 불교우주관」,『정토학연구』14집, 한국정토학회, 2010.

이주형, 「인도불교에 아미타정토도는 존재하는가」, 『불교학 리뷰』 vol.26, 금강대학교 불교학연구소, 2019.

임승택, 「초기불교의 경전에 나타난 사마타빠사나」, 『인도철학』, 인도철학회, 2001.

_____, 「위빠사나 수행의 원리와 실제」, 『불교연구』, 한국불교연구원, 2004.

정영근, 「한국유식과 중국유식 그 연속과 불연속」, 『한국사상과 문화』 제26집, 한국사상문화학회, 2004.

최복희(오인), 「불교문화 삼원론」, 『불교학연구』 27, 불교학연구회, 2010.

_____, 「불교의례에서의 불상의 의미」, 『불교와 사회』 9, 중앙승가대학교 불교학연구원, 2017.

한보광, 「염불선이란 무엇인가?」, 『佛敎硏究』 권10, 한국불교연구원, 1993.

한재희, 「반주삼매와 대승불교의 기원」, 『印度哲學』 42, 인도철학회, 2014.

가라시마 세이시, 정주희 역, 「누가 대승경전을 창작하였는가? -대중부 그리고 방등경전」, 『불교학 리뷰』 16, 금강대학교 불교문화연구소, 2014.

그레고리 쇼펜, 최연식 역, 「불교문헌학에서 불교고고학으로」, 『대승불교의 아시아』, 씨아이알, 2015.

사이토 아키라, 안성두 역, 「대승불교란 무엇인가」, 『대승불교란 무엇인가』, 씨아이알, 2015.

시모다 마사히로, 김천학·김경남 역, 「초기대승경전의 새로운 이해를 위해」, 『지혜·세계·언어』, 씨아이알, 2017.

加藤純章, 「自性と自相」, 『平川彰博士古稀記念論集: 佛敎思想の諸問題』, 春秋社, 1985.

磯貝誠, 「金字写経の意味するもの」, 『早稲田大学大学院文学研究科紀要』 59, 法制史学会, 2013.

吉元信行, 「三世實有說再考」, 『佛敎學セミナー』 제46호, 大谷大學佛敎學會, 1987.

森山淸徹, 「自性の考察」, 『印度學佛敎學硏究』 제27-2호, 日本印度學佛敎學會, 1979.

渡辺章悟, 「六国史に見る般若心経の受容と展開」, 『東洋思想文化』 2, 東洋大学文学部, 2015.

上田純一, 「中世禅僧の文殊信仰 - 語録・偈頌史料を手がかりとして」, 『禅学研究』 76, 禪學研究會, 1998.

石飛道子,「Vaiśeṣika哲學における原子論」,『印度學佛教學研究』제31-1호, 日本印度學佛教學會, 1982.

櫻部建,「玄奘譯俱舍論における體の語について」,『印度學佛教學研究』제2-2호, 日本印度學佛教學會, 1954.

朝山一玄,「初期大乗経典における「書写」について」『印度學佛教學研究』38-1, 日本印度學佛教學會, 1989.

村上真完,「大乗経典の創作(sūtrântâbhinirhāra, 能演諸経, 善説諸経)」『論集』25, 印度学宗教学会, 1998.

平川彰,「有刹那と刹那滅」,『金倉博士古稀記念・印度學佛教學論集』, 平樂寺書店, 1966.

＿＿＿＿,「原始佛教における法の意味」,『平川彰博士還暦記念論集：佛教における法の研究』, 春秋社, 1977.

Harrison, Paul, "Is Dharma-kāya the Real 'Phantom Body' of the Buddha?", *The Journal of the International Association of Buddhist Studies* 15.1, 1992.

Kano, Kazuo, "Sarvatathāgatatattvasaṃgraha", *Brill's Encyclopedia of Buddhism*, Brill, Leiden and Boston, 2015.

＿＿＿＿, "Vairocanābhisaṃbodhi", *Brill's Encyclopedia of Buddhism*, Brill, Leiden and Boston, 2015.

Nagao, Gajin, "On the Theory of Buddha-Body (buddha-kāya)", *The Eastern Buddhist* 6.1, 1973.

Tanemura, Ryugen, "Guhyasamāja", *Brill's Encyclopedia of Buddhism*, Brill, Leiden and Boston, 2015.

교육교재 편찬추진위원회

위 원.　　지우스님(조계종 교육원 교육부장)
　　　　　 덕림스님(조계종 교육원 불학연구소장)
　　　　　 정덕스님(동국대학교 불교대학 불교학부 교수)
　　　　　 법장스님(해인사승가대학 학감)
　　　　　 오인스님(중앙승가대학교 불교학부 교수)
　　　　　 원법스님(운문사승가대학 교수)
　　　　　 박찬욱(밝은사람들연구소장)
　　　　　 석길암(동국대학교 WISE캠퍼스 불교학부 교수)
　　　　　 이자랑(동국대학교 불교학술원 HK교수)
　　　　　 황순일(동국대학교 불교대학 불교학부 교수)

집필진.　　보광스님(조계종 호계원장, 전 동국대학교 총장)
　　　　　 법장스님(해인사승가대학 학감)
　　　　　 오인스님(중앙승가대학교 불교학부 교수)
　　　　　 휴담스님(동국대학교 불교대학 불교학부 외래교수)
　　　　　 고명석(전 조계종 교육원 불학연구소 사무팀장)
　　　　　 김성철(금강대학교 불교문화연구소 교수)
　　　　　 남수영(능인대학원대학교 불교학과 교수)
　　　　　 박보람(충북대학교 인문대학 철학과 교수)
　　　　　 방정란(일본 다이쇼대학교 종합불교연구소 교수)
　　　　　 안성두(전 서울대학교 인문대학 철학과 교수)
　　　　　 이병욱(고려대학교 문과대학 철학과 외래교수)
　　　　　 조인숙(동국대학교 불교대학 불교학부 외래교수)